上海研究院
智库报告系列　丛书主编　李培林

SHANGHAI

"一带一路"：
多边推进与务实建设

THE MULTILATERAL POSSIBILITIES AND
PRACTICAL WAYS FOR THE BELT AND ROAD INITIATIVES

王灵桂　李永强／著

社会科学文献出版社
SOCIAL SCIENCES ACADEMIC PRESS (CHINA)

目 录
CONTENTS

前　言 / 001

绪论　"一带一路"：实现中国与世界共同发展的"中国方案" / 001

　一　"一带一路"建设国际多边合作研究的基本背景 / 002

　二　"一带一路"国际多边合作的研究意义与研究内容 / 010

　三　本项研究的基本框架、研究方法与创新 / 020

第一章　"一带一路"建设
　　　　——国际多边合作框架 / 038

　第一节　"一带一路"建设的理论解读与国际多边合作 / 041

　第二节　"一带一路"建设的实践与国际多边合作的对接 / 063

　第三节　"一带一路"建设的国际多边合作战略思辨 / 083

第二章　"一带一路"建设与传统国际多边合作的比较 / 113

　第一节　"一带一路"：中国与世界的关系的历史拐点 / 114

　第二节　对比传统国际多边合作的"一带一路"建设 / 128

第三章　“一带一路”建设国际多边合作的初步成效 / 144

第一节　东北亚地区国际多边合作对接“一带一路”建设 / 145

第二节　东南亚地区国际多边合作与“一带一路”建设 / 157

第三节　中国与欧洲、中国与中东欧国际多边合作对接
　　　　“一带一路”建设 / 161

第四章　“一带一路”建设国际多边合作未来推进的基础：
　　　　中国角色 / 174

第一节　国际多边合作下的“一带一路”建设与中国角色定位 / 175

第二节　“一带一路”建设国际多边合作的中国角色本质理解 / 202

第五章　国际多边合作战略博弈中“一带一路”建设的
　　　　路径探索 / 217

第一节　“一带一路”建设路径探索的起点：国际多边合作
　　　　战略博弈优化 / 218

第二节　基于国际多边合作战略博弈拓展与衍伸的“一带一路”
　　　　建设路径探索 / 239

第三节　路径探索的现实——东半球国际关系互动中“一带一路”
　　　　建设国际多边合作 / 264

第六章　“一带一路”建设国际多边合作推进的建议
　　　　——基于中国与世界的关系 / 284

第一节　中国与世界的关系再确立：传承于“一带一路”
　　　　建设的领导与参与兼具 / 285

第二节　中国与世界的关系完善：战略优化与结构重组 / 307

结　论 / 324

前　言

　　不断推进与拓展的"一带一路"建设，以 2017 年"一带一路"国际合作高峰论坛召开为节点，已经成为推进中国与世界的关系持续互动中举世瞩目的重大举措、中国与世界实现共同发展的关键进程。经过"提出与落实阶段"后，"一带一路"建设进入了"项目落地阶段"和"规范建构阶段"。为此，本项研究将着重于探讨如何借助多边合作框架推动"一带一路"建设进入新的发展阶段。

　　"项目落地阶段"和"规范建构阶段"意味着"一带一路"建设将进一步依托更为全面、合理与有效的国际合作。同时，随着相应的国际合作开展，如何开展明确的国际合作以助力"一带一路"建设的顺利实施以及"人类命运共同体"的构建？"一带一路"建设国际多边合作，是本项研究的侧重点。

　　针对"一带一路"建设国际多边合作的研究，大致概述为：以"一带一路"建设作为实现中国与世界共同发展的"中国方案"为导向，进一步明确"一带一路"建设国际多边合作的基本框架。从"一带一路"建设国际合作与中国角色的作用发挥阐释，明确中国在"一带一路"建设国际多边合作中"领导与参与兼具"的角色定位。

在本项研究中，需要强调以下三点内容：第一，对于"国际多边合作"的双重界定。主要涉及对于国际多边合作的理解定位："国际多边合作"既可以作为"一带一路"建设的重要路径之一，也可以作为现代国际关系的现实所在。这种双重界定，不仅能够为"一带一路"建设提供更具有现实性与前瞻性的分析视角与逻辑，而且能够为"一带一路"建设的相关研究提供更为全面与深入的研究论证指引。

第二，对于"一带一路"建设"项目落地阶段"和"规范建构阶段"的界定与运用。在本项研究中将上述两个阶段定位为在2017年国际合作论坛后，"一带一路"建设同时推进的两个阶段。这两个阶段相似但却存在明确的不同，所谓相似意指两个阶段的推进进程密切相关，即"项目落地"与"规范化建构"两者之间存在着明确且密切的相关性，这不仅在于"项目落地"的有效实现需要"规范化建构"给予相应的保障，同时也在于"规范化建构"需要借助"项目落地"作为其相应的客观基础。所谓不同意指在两个阶段实施中，"项目落地"意在展现"一带一路"建设的具体规划与落实，更多地倾向于开展实质性的合作，同时"规范化建构"意在为"一带一路"建设提供更为有效的保障。

第三，对于"人类命运共同体"与"一带一路"建设的关系阐释，需要明确为"一带一路"建设的推进，尤其是在"一带一路"建设"项目落地阶段"和"规范建构阶段"的相关进程推进中，"人类命运共同体"构建的导向需要加以明确。依托"人类命运共同体"的导向，进一步阐释中国推进"一带一路"建设所具有的共同发展理念与意义。进而言之，从更为广泛的中国与世界关系分析，"一带一路"建设可以视为中国实现"人类命运共同体"构建的重要组成部分之一，也构成其中显著与有效考虑的进程所在。

　　"一带一路"建设的现实与发展趋势表明，对于"一带一路"建设的理解，不能也不应仅仅局限于中国的对外交往，而是基于内政外交全面统筹、协调的国家治理与对外交往全面联动。以此为背景，针对"一带一路"建设国际多边合作的研究，应明确重视中国与世界的关系演变，尤其是依托"人类命运共同体"建设的导向与"一带一路"建设推进之间的互动。

　　本项研究获得上海研究院支持，在此表示感谢！

绪论 "一带一路"： 实现中国与世界
共同发展的 "中国方案"

　　回顾 2013 年中国政府提出 "一带一路" 建设以来的全球范围内国际关系互动的现实与大国战略博弈的趋势，"一带一路" 建设已经成为 21 世纪第二个十年全球范围内国际战略博弈乃至人类历史发展中最为重要的进程之一。2013 年以来中国对于 "一带一路" 建设的积极贯彻与落实，促使 "一带一路" 建设在相当广泛的时间与空间范围内得到更为积极且有效的支持与认可。进而 2017 年 "一带一路" 国际合作高峰论坛后，更多 "一带一路" 建设相关的项目与规范不断落实与推进。上述现实已然明确，在 "一带一路" 建设推进中的国际多边合作，作为 "一带一路" 建设实施的重要且不可或缺的路径得到相当明确的体现。

　　因此，针对 "一带一路" 建设的研究尤其是针对 2017 年 "一带一路" 国际合作高峰论坛后 "一带一路" 建设现实与未来的研究，"一带一路" 建设国际多边合作的相关设想、实践，构成 "一带一路" 建设从现实实践到政策解读再到战略分析的重要组成部分。"一带一路" 国际多边合作的相关设想、实践，需要首先明确对于 "一带一路" 国际多边合作的理解，意在依托 "一带一路" 建设整体布局与具体实施的基础上，阐释对于"一带一路"国际多边合作的相关分析、论证等。"一带一路"建设的整体布局中，国际多边合作具有的重要性已然相当显著，进而需要在"一带一路"建设的"项目落地阶段"和"规范建构阶段"得以明确落实与优化。"一带一路"建设的具体实施中，国际多边合作在相当程度上已经构成落实"一带一路"建设相关项目的关键路径所在，并需要进一步依循中国推进"一带一路"建设的具体内容加以不断明确。

国际多边合作，作为"一带一路"建设得以推进的路径之一，在"一带一路"的具体落实进程中得到有效体现。"一带一路"建设的推进，需要从"一带一路"沿线国家积极参与的客观现实出发，更多地展现为国际层面的多边互动。中国与"一带一路"沿线国家之间更多互动的开展，在依托多边互动的基础上进一步展现为开展全面且深入、有效且务实的国际多边合作。因而，对于"一带一路"建设多边推进的分析、论证与评估，需要考虑以"一带一路"建设的落实作为基础，以"一带一路"建设的理论解读与现实考量作为内容，以"一带一路"建设的发展前景作为出发点，展开针对"一带一路"国际多边合作的整体研究。理解"一带一路"建设国际多边合作的应有之义，应考虑以中国与世界的关系发展为出发点与落脚点，以有效阐释"一带一路"建设的基本内容作为"一带一路"建设国际多边合作的基本逻辑与现实理解的依据。进而结合"一带一路"建设作为世界和平与发展的"中国方案"，进一步明确"一带一路"建设国际多边合作的现实与趋势等。

一　"一带一路"建设国际多边合作研究的基本背景

自 2013 年"一带一路"建设提出以来，关于"一带一路"建设的研究成果汗牛充栋，涉及"一带一路"建设的诸多方面，诸如从

"一带一路"建设的理念设想到宏观布局再到具体实践等。但直接涉及"一带一路"国际多边合作或者以国际多边合作的视角审视"一带一路"建设的研究成果并不多见。其原因在于：第一，固有的思维惯性制约，即对于"一带一路"建设的研究中，无论是从文明交流到国际战略层面的解读，还是针对"一带一路"建设具体案例的分析等，更多地表现为针对中国发挥作用的专门性研究或者双边层面的国际关系互动等。这一思维惯性在相当程度上限制了对于多边层面"一带一路"建设的探寻。同时，在中国国内的研究中，多边合作研究本身弱于双边合作研究，这一现实也限制了多边合作研究视角下对于"一带一路"建设的分析。较之第一点，第二点更为重要的是"一带一路"建设自身进程的演变与推进，即到2017年"一带一路"国际合作高峰论坛后，随着"一带一路"建设更多的项目需要落地、更多的规范需要建构，或者说"一带一路"建设进入"项目落地阶段"与"规范建构阶段"，国际多边合作对于"一带一路"建设的重要意义得以更为明确与有效地凸显。

根据上述分析，"一带一路"倡议国际多边合作的研究背景在于：随着"一带一路"建设进入"项目落地阶段"和"规范建构阶段"，"一带一路"建设的外在表现更多地呈现为依托国际多边合作得以实现。这一进程的实现，正在逐步展现为"一带一路"倡议更多地依托国际多边合作的有效推进。

整体上审视"一带一路"国际多边合作的研究背景，这一背景主要体现为21世纪第二个十年中后期国际战略博弈进入更为复杂多变与中国作为临近世界舞台中心位置的进程中，"一带一路"建设在"项目落地阶段"和"规范建构阶段"呈现为何种路径、何种形式与何种表现？"一带一路"倡议在2017年"一带一路"国际合作高峰论坛后，"一带一路"建设的具体表现与走向趋势的关键是什么？从

"一带一路"建设落实的具体实践考虑，国际多边合作已然成为"一带一路"倡议在"项目落地阶段"与"规范建构阶段"应当关注的与不可或缺的组成部分之一。

首先，2017年"一带一路"国际合作高峰论坛后，"一带一路"建设面临着更多的项目需要推进与更为有效的规范需要制定、落实的局面，因此需要相应的路径。国际多边合作作为其中的路径之一，可以为上述局面的积极推进提供相应的支持。

"一带一路"国际多边合作的推进，客观上为中国与更多的"一带一路"建设沿线国家开展更为有效的合作提供相应的组织形式乃至运行平台。结合"一带一路"建设的"贸易畅通""资金融通""设施联通""政策沟通"与"民心相通"的相关布局，"一带一路"国际多边合作的推进对于上述"五通"的积极作用在于，能够保障与促进更多的国家依托国际多边合作开展对话、协商等，进而达成涉及"一带一路"建设的共识并落实为相应的实践。

其次，结合当前与未来"一带一路"建设更多项目落地的现实考虑，"一带一路"建设相关的基础设施建设、产业规划建设等领域的具体项目等，其具体执行的进程需要国际多边合作的相关保障。"一带一路"建设得以真正意义上的推进，客观上需要落实中国与"一带一路"沿线国家之间开展有效的合作。这一合作不应也不能仅仅局限于双边层面的国际合作，而且也涉及更具有普遍意义的多边国际合作。

"一带一路"倡议的项目落地，意味着互利互惠的持续，进而落实中国与"一带一路"沿线国家的共同发展。共同发展的实现，符合"一带一路"倡议的基本设想。随着这一设想的不断实现，国家多边合作对于项目落地的积极作用得以展现。

结合当前与未来"一带一路"倡议更多规范建构的现实考虑，"一带一路"建设国际多边合作所推进的规范建设是自新航路开辟以来，非西方国家对于规范建构发挥积极作用的关键起点。"一带一路"建设开启了非西方国家对于国际规范的有效建构，有助于这些规范建构真正意义上促进共同发展的实现乃至人类命运共同体的构建。

"一带一路"建设的规范建构对于全球范围内的国际关系互动，具有相当有效的导向作用。即以保障并进一步推动"一带一路"建设的规范建构为全球国际关系互动的规范建构发挥积极作用。

最后，有鉴于21世纪第二个十年中后期乃至更为长远的时间范围内，国际战略博弈的变化尤其是大国战略博弈仍然充斥着某些不确定性，国际多边合作作为"一带一路"建设的组成内容之一，正在发挥着至关重要的作用。即以国际多边合作的推进作为落实"一带一路"建设的有效路径之一，以有效推进"一带一路"建设。

作为"一带一路"建设的首倡国，中国正在借助国际多边合作，推进"一带一路"建设的项目落地与规范建构。这与当前与未来国际战略博弈的现实与趋势构成正相关关系，随着"一带一路"建设国际多边合作的推进，国际战略博弈的发展演变也将呈现为更为积极的、更具有导向性的局面。这不仅体现为中国正在借助国际多边合作实现"一带一路"建设引导下的共同发展，而且更为重要与关键的是，这也助力于依托"一带一路"建设所推进的"人类命运共同体"的持续构建。

从上述研究背景分析，"一带一路"建设在21世纪第二个十年中后期的积极推进，尤其是随着"一带一路"国际合作高峰论坛后的项目落地与规范建构，需要更多地顾及、关注"一带一路"建设国际多边合作。这不仅源自"一带一路"建设的现实与趋势，而且也与"一带一路"建设的积极推进密切相关。下面结合国内外"一带一路"建设国际多边合作的相关研究现状进行阐释。

中国社会科学院亚太与全球战略研究院研究员赵江林主编的《"一带一路"：多边范式与研究路径》一书（2017年9月出版），从"一带一路"建设提出到经济走廊建设等相关实践的落实，以大区域价值链作为理论基础，进一步结合"一带一路"建设的具体实践，从中国与东盟价值链重构、中国与东北亚国家互联互动等方面阐释"一带一路"建设的主要进程。同时，该书也阐释了"一带一路"建设的经济走廊建设中的典型案例，诸如孟中印缅经济走廊和中巴经济走廊等。此外，该书还关注到亚洲基础设施投资银行、绿色区域治理、"一带一路"建设与联合国可持续发展议程关系梳理等内容，以充实对于多边范式与研究路径的相关内容。

整体审视与分析，该书的研究是对于"一带一路"建设国际多边合作整体研究、案例研究与比较研究的综合。这一研究为"一带一路"国际多边合作的研究提供了相应的方向。尤其是对于"一带一路"国际合作高峰论坛后"一带一路"建设国际多边合作的进一步研究，提供了值得借鉴的分析框架与研究模式。

厉以宁、林毅夫和郑永年等著述的《读懂"一带一路"》一书（2015年11月出版），从经济、外交、历史等诸多方面，系统地阐述了"一带一路"建设从整体布局到战略解读等诸多内容，并从中国的对外开放、对外战略等领域加以必要的分析与论证。同时，该书也关注到"一带一路"建设与中国国内发展之间的关系梳理，也涉及丝绸之路经济带、海上丝绸之路经济带的具体布局与实践等，同时也对"一带一路"建设的风险有所关注。

该书的研究，为中国积极推进"一带一路"国际多边合作的动因提供了相应的分析逻辑。这一逻辑分析进一步表现为，对"一带一路"建设提供的基于经济、外交、历史等诸多方面的分析与论证。这为进一步阐释"一带一路"建设国际多边合作的背景，提供了相对详实的论证。

牛津大学教授彼得·弗兰科潘所著的《丝绸之路：一部全新的世界史》（浙江大学出版社，2016 年 10 月出版），从历史角度阐释了丝绸之路开辟 2000 年来，以丝绸之路为核心的历史演变历程，并为理解当前中国政府的"一带一路"建设提供了历史性的解读。同时，通过历史与现实的对比分析，进一步阐释作为人类文明成果的"一带一路"建设所具有的重要意义。

文明领域的相关研究，对于"一带一路"国际多边合作的研究提供了文明分析的视角。其中，来自文明领域的分析，是对"一带一路"建设在文明领域的有效解读，也是对"一带一路"建设在推进人类命运共同体建设方面的明确支持。换言之，来自文明领域对于"一带一路"建设的解读，为"一带一路"建设国际多边合作提供了明确的研究导向。

多丽丝·奈斯比特（著名未来学家）、约翰·奈斯比特和龙安志所著的《世界新趋势："一带一路"重塑全球化新格局》一书（中华工商联合出版社，2017 年 6 月出版），全面把握"一带一路"建设与世界发展之间的对接，以全球视角审视"一带一路"建设，以问题分析的形式展开对"一带一路"建设的介绍。同时，这些问题也对应"一带一路"建设在全球范围内的实施进程。对于"一带一路"建设是对"现有全球化框架进行了革命性改造"的阐述，明确了"一带一路"建设对于全球化具有的积极意义。更为具体的研究与论证，涉及"一带一路"建设的参与国家、"一带一路"建设的金融、"一带一路"建设的行业战略等诸多内容。

此书的研究，与本项研究中对于"一带一路"国际多边合作的研究之间，存在着一定的相关性。这一相关性进一步体现为在"一带一路"国际多边合作的项目落地阶段，项目落地的相关分析与此书的论证密切相关。同时，此书关于世界格局的相关分析，对于"一带一路"国际多边合作推进中的具体建议也提供了相应的借鉴意义。但有必要明确的是，"一带一路"建设对于世界格局的影响，更多地体现为对于现有格局的优化与升级而非颠覆现有的世界格局。

巴黎高等商学院教授让·保罗·拉尔松和清华大学副教授李东红主编的《"一带一路"：当中国和欧洲邂逅在波罗的海》一书（清华大学出版社，2017年6月出版），以中国与波罗的海国家之间的经贸关系等为出发点，阐释"一带一路"建设对于更多处于"一带一路"沿线重要贸易通道的国家具有的重要意义。其中涉及德国、波兰、俄罗斯、白俄罗斯、波罗的海三国以及北欧国家对于"一带一路"建设的参与以及相关作用的发挥等，同时该书介绍了多个"一带一路"建设的项目执行与推进情况。

以"一带一路"国际多边合作的研究视角解读此书，此书的优点是提供了充足的案例分析。这些案例进一步体现为中国与德国等欧洲国家开展"一带一路"建设的具体对接实践，其中具体案例的引述与论证，在相当程度上为"一带一路"国际多边合作的项目落地与规范建构提供一定的基础。

中央党校国际战略研究所教授赵磊所著的《一带一路：中国的文明型崛起》一书（中信出版社，2015年10月出版），摒弃了地缘政治学和政治经济学视角对于"一带一路"建设的解读，而是从"文化经济学"的视角阐释"一带一路"。该书的相关论述意在明确通过"一带一路"将中国的经济发展红利转化为解决实际问题的能力，这与中国和平发展的红利惠及世界相比，具有一定的相似性。

此书摒弃地缘政治学和政治经济学视角，这不仅符合中国政府对于"一带一路"建设的基本定位，而且也符合未来"一带一路"建设的发展趋势。因此，对于针对"一带一路"国际多边合作的专项研究，此书具有相应的借鉴意义。

中国科学院地理科学与资源研究所研究员刘卫东、国家发展和改革委员会西部开发司司长田锦尘和国家发展和改革委员会西部开发司巡视员欧晓理所著的《一带一路：战略研究》一书（商务印书馆，2017 年 1 月出版），从借助"丝绸之路"的文化内涵出发，探索与推进"一带一路"沿线国家开展合作的路径与模式。同时，结合"中欧班列"等"一带一路"建设的具体案例，为推进"一带一路"建设提供更为详尽的分析与论证。

文化研究是此书研究的重要特点，借助文化研究的运用，可以为"一带一路"国际多边合作提供更为广泛的研究视域与选择议题。在"一带一路"建设的"五通"进程中，跨文化交流构成其中关键性的组成部分之一。在"一带一路"国际多边合作的相关进程中，"一带一路"建设的项目落地阶段，可以以考虑落实相应的文化交流项目作为案例。

中国社会科学院亚太与全球战略研究院研究员王灵桂所著的《"一带一路"：理论构建与实现路径》（中国社会科学出版社，2017年 3 月出版），以回顾"一带一路"建设三年来的行动与成就为出发点，结合"一带一路"建设国外智库的观点等，阐释"一带一路"建设的理论与实践。其中，对于"一带一路"建设的现实考虑和理论解读，为"一带一路"建设的相关理论理解以及进一步的实践指导等提供了必不可少的指引与依据。

针对"一带一路"国际多边合作的具体研究，此书中的相关论证具有相当重要的借鉴意义。结合"一带一路"建设国际多边合作的规范建构与相关建议分析，此书的研究能够提供相应的路径分析与模式建构。

整体审视上述涉及"一带一路"建设的研究成果，对于"一带一路"建设国际多边合作的相关研究能够提供更为全面与合理的论证。但同时，也需要在国际多边合作的框架下，尤其是结合进入"项目落地阶段"和"规范建构阶段"后的"一带一路"建设的现实与未来趋势，进一步以"一带一路"建设国际多边合作的研究充实与完善推进"一带一路"建设的智力支撑与保障等。

对比上述研究，针对"一带一路"国际多边合作的本项研究，需要更多地依靠"一带一路"建设国际合作高峰论坛后的相关现实与前景展望。进而依照"一带一路"国际多边合作，提供更具有针对性、现实性与逻辑性的分析与论证。

二 "一带一路"国际多边合作的研究意义与研究内容

"一带一路"国际多边合作的研究意义阐释，需要以"一带一路"建设的基本意义理解为基础，进而根据"一带一路"建设的现实与趋势，分析国际多边合作具有的相应意义。根据 2015 年中国政府对于"一带一路"建设的早期规划阐释："'一带一路'建设是一项系统工程，要坚持共商、共建、共享原则，积极推进沿线国家发展战略的相互对接"；"共建'一带一路'致力于亚欧非大陆及附近海洋的互联互通，建立和加强沿线各国互联互通伙伴关系，构建全方位、多层次、复合型的互联互通网络，实现沿线各国多元、自主、平衡、可持续的发展"；"'一带一路'的互联互通项目将推动沿线各国发展战略的对接与耦合，发掘区域内市场的潜力，促进投资和消费，创造需求和就业，增进沿线各国人民的人文交流与文明互鉴，让各国人民相逢相知、互信互敬，共享和谐、安宁、富裕的生活。"① 按照上述阐释，大致明确"一带一路"建设的基本布局与主张在于，中国

---

① 《〈推动共建丝绸之路经济带和 21 世纪海上丝绸之路的愿景与行动〉发布》，中华人民共和国国家发展和改革委员会网站，http://www.sdpc.gov.cn/gzdt/201503/t20150330_669162.html，访问时间：2015 年 8 月 26 日。

对于"一带一路"建设的相关规划更多地表现为致力于通过"一带一路"建设，推进中国与亚欧非大陆（近乎整个东半球）的共同发展。通过对这一发展愿望的理解、分析，进一步明确中国推进"一带一路"建设意在展现中国自身的发展、中国与周边的关系、中国与世界的关系等。回顾自 2013 年"一带一路"建设提出以来的实施演变进程，中国积极推进的"一带一路"建设，为中国与"一带一路"沿线国家的共同发展提供了良好的平台。通过"一带一路"建设的积极推进，从中国与"一带一路"沿线国家之间关系推进到"一带一路"建设自身的发展、从整个东半球的发展到中国与世界的关系的构建等，都展现出中国致力于发展的积极努力。对此，结合本项研究涉及的"一带一路"建设国际多边合作的相关论证与分析，能够在"一带一路"建设相关研究的基础上，解读与明确"一带一路"建设的积极意义。

到 2016 年，联合国对于"一带一路"的积极认可也得以展现。（2016 年）11 月 17 日，第 71 届联合国大会协商一致通过关于阿富汗问题第 A/71/9 号决议，呼吁国际社会进一步凝聚援阿共识，在政治、经济、安全领域向阿富汗提供援助。决议欢迎"一带一路"等经济合作建设，敦促各方通过"一带一路"建设等加强阿富汗及地区经济发展，呼吁国际社会为"一带一路"建设提供安全保障环境。决议通过后，中国常驻联合国代表刘结一向媒体表示，自安理会今年（2017 年）3 月通过包括推进"一带一路"倡议内容的第 S/2274 号决议后，联合国大会第 A/71/9 号决议首次写入"一带一路"倡议，得到 193 个会员国的一致赞同，体现了国际社会对推进"一带一路"倡议的普遍支持。① 联合国决议对于"一带一路"建设的认可，可以

---

① 《联合国大会一致通过决议呼吁各国推进"一带一路"倡议》，中华人民共和国驻联合国代表团网站，http://www.fmprc.gov.cn/ce/ceun/chn/gdxw/t1416496.htm，访问时间：2017 年 12 月 7 日。

更为明确地展现国际社会对于"一带一路"建设的积极态度，这对于有效推进"一带一路"建设、争取更多的国家积极参与，具有重要意义。

"一带一路"建设的提出与落实，意在明确在中国实现和平发展的同时，积极推进世界发展——明确落实中国与世界的共同发展。同时，结合中国和平发展的现实考虑，随着中国与世界共同发展的实现，这也意味着将中国和平发展的成果能够明确且有效地惠及世界。

"一带一路"建设是中国政府在新时期顺应内外形势发展需要作出的重大而长期的战略决策，是新一轮扩大改革开放的重要举措。[①]如何有效认知"一带一路"建设，其中相当重要的观点在于："一带一路"旨在促进、实现中国与世界的共同发展；进而，"一带一路"构成实现中国与世界共同发展的"中国方案"。结合实施现实，这一方案所展示的是：已经成为世界第二大经济体和作为世界上最大的社会主义国家，中国提出并得以积极落实的"一带一路"建设，相当程度上展现了中国和平发展的实现、中华民族伟大复兴的中国梦的实现之于世界所具有的积极意义。

首先，"一带一路"建设的推进，中国将自身发展与世界发展进行有效结合，并积极助力世界发展。"一带一路"建设的推进，并不单纯意味着中国向"一带一路"沿线国家提供单向的援助，而是更多地意味着中国与更多的"一带一路"沿线国家通过各种形式的合作实现共同发展。

由此对比"一带一路"建设国际多边合作，在"一带一路"建设的提出与落实相关的具体进程中，国际多边合作作为其中至关重要的范式之一，正在发挥着相当重要的作用。在中国与"一带一路"

---

① 王灵桂：《"一带一路"：理论构建与实现路径》，中国社会科学出版社，2017，第 34 页。

沿线国家的具体合作中，无论是中国与俄罗斯、乌克兰等前苏联地区国家，还是中国与德国、法国、英国等西方国家，或是诸如巴基斯坦、伊朗、沙特阿拉伯、土耳其、波兰、捷克、匈牙利等国家，涉及"一带一路"建设的相关合作，除在双边层面的相关合作外，也包括相当普遍的多边合作框架以及进程。对于前者，比如作为"一带一路"建设的标志性项目之一的中巴经济走廊的建设，可以视为"一带一路"建设在双边层面合作的典型。同时，涉及中英法三国的欣克利角核电站项目，可以视为"一带一路"建设的多边层面合作的案例之一。"一带一路"建设相关规划中，较为典型的案例还涉及孟中印缅经济走廊的建设，即孟加拉国、中国、印度与缅甸四国之间开展区域经济合作的相关进程。

对于"一带一路"建设相关的国际多边合作和国际双边合作之间的关系，需要明确阐释与强调的是：对于"一带一路"建设在整个东半球的布局抑或基于全球视阈分析"一带一路"建设，多边与双边作为推进"一带一路"建设的范式，都具有相当积极、可靠的效用。针对"一带一路"建设多边与双边的实施范式分析，不能单纯地肯定多边而否定双边或者肯定双边而否定多边，应考虑结合"一带一路"建设的具体现实推进多边与双边的合作实现。对于"一带一路"建设相关的多边与双边合作的实施范式研究，需要根据更具有现实性的"一带一路"建设具体项目的需要，落实多边或双边的合作进程。比如，涉及"一带一路"沿线国家之间有效"互联互通"的实现、涉及中国与中东欧国家之间"16 + 1"进程相关的"三海港区合作"（即爱琴海、亚得里亚海和黑海）、"中欧海陆快线"等，这些国际合作更多地呈现为多边层面的国际合作。中巴经济走廊的建设，相当程度上展现为中国与巴基斯坦结合"一带一路"建设，落实双边层面的相关合作。因此，在结合"一带一路"建设落实的相关范式阐释与分析中，多边国际合作与双边国际合作本身，构成"一带一路"建设在范式领域的统一与协调。这不仅在"一带一路"建设的整体布局中得到有效落实与推进，而且在"一带一路"建设的具体进程中也得以体现。因而，本书针对"一带一路"建设国际多边合作的研究并不意在强调国际多边合作优于双边合作，而是意在强调国际多边合作具有的必要性、重要性与应然性。

继而需要指出的是，"一带一路"将是中国未来两个一百年的奋斗目标之一，至少从近期来看，"一带一路"无论是实践还是理论探讨都将处于"在路上"的状态，需要随时依据客观实际需要和出现的新问题开展研究。① 以此为基础，结合上述分析，从对于"一带一路"建设的基本理解阐释，国际多边合作与国际双边合作共同构成"一带一路"建设整体布局与具体实施的路径。针对"一带一路"建设国际多边合作的研究，并不在于评价多边与双边之间的孰优孰劣，而是在致力于"一带一路"建设整体实施的基础上，将国际多边合作进一步落实为推进"一带一路"建设的相关学理解读、战略与政策评估等。

其次，"一带一路"建设的提出与落实，从整个亚欧大陆到东半球乃至全球范围审视，更为有效、合理的发展将得以实现，这需要依托国际合作的落地。借助"一带一路"建设的推进，在中国和平发展的红利得以惠及"一带一路"沿线国家的同时，更为显著的效应在于能够助力全球范围内发展的进一步推动与优化。从世界经济发展的整体态势考虑，无论对亚欧大陆还是整个东半球经济发展的积极推进，"一带一路"建设具有的效应都是有益的。

---

① 王灵桂：《"一带一路"：理论构建与实现路径》，中国社会科学出版社，2017，前言，第2页。

按照中国政府对于"一带一路"建设的官方解读：共建"一带一路"倡议借用古丝绸之路的历史符号，融入了新的时代内涵，既是维护开放型世界经济体系，实现多元、自主、平衡和可持续发展的中国方案；也是深化区域合作，加强文明交流互鉴，维护世界和平稳定的中国主张；更体现了中国作为最大的发展中国家和全球第二大经济体，对推动国际经济治理体系朝着公平、公正、合理方向发展的责任担当。① 根据这一解读，"一带一路"建设的推进所展示的中国方案、中国主张与中国责任，是对于"一带一路"建设的积极说明。以发展的视角分析，"一带一路"建设的推进意在展示中国与"一带一路"沿线国家的共同发展。结合这一发展对于全球经济的作用，展现出中国发展具有的全球视野，也展现出中国发展所具有的优越性。以合作的视角分析，区域合作深化的突出，展现出中国"一带一路"建设的诚意，也展现出借助"一带一路"推进中国和平发展的积极作为。以全球治理的视角分析，中国国际责任的体现，能够有效对接"一带一路"建设的具体落实。

　　根据全球范围内国际关系互动的阐释，全球范围国际关系互动的趋势到21世纪初成为更为显著的积极与消极并立的整体进程。一方面，随着"一带一路"建设的推进，中国与"一带一路"沿线国家之间所不断推进的国际关系互动等局面，正在积极推进全球范围内国际关系互动的优化。换而言之，这一优化进程更多地展现为通过中国与"一带一路"沿线国家之间的积极合作、推进中国与"一带一路"沿线国家共同发展的实现，能够积极助力中国与世界的共同发展。但另一方面，无论是霸权主义、强权政治仍然在全球范围内肆意横行，

---

① 受权发布：《共建"一带一路"：理念、实践与中国的贡献》，新华网，http://news.xinhuanet.com/politics/2017 – 05/10/c_ 1120951928.htm，访问时间：2017 年 5 月 10 日。

还是西亚北非地区自 2011 年以来的乱局持续，客观上造成国际关系互动呈现出相对消极的局面。换言之，这一消极进程更多地展现为从区域到全球范围的大规模动荡，并冲击经济发展、造成社会动荡。由此对比"一带一路"建设国际多边合作的推进，对于这一消极进程的有效应对具有相应的助力作用。

再次，在针对"一带一路"建设的相关研究中，需要明确"一带一路"建设自身所具有的核心所在——能够进一步落实"一带一路"建设意在对于中国与"一带一路"沿线各国之间，在共同推进"一带一路"建设的进程中，实现以合作为主线国家间合作的进程。

合作，作为"一带一路"建设的主导理念，其所发挥的作用需要加以强调："一带一路"建设的根本在于合作——这源自于"一带一路"建设作为跨国合作需要落实不同国家的认可与支持。结合到 21 世纪第二个十年中后期，"一带一路"建设推进的现实性进程，"一带一路"建设相关的合作，包括双边合作与多边合作两种不同的范式。在涉及"一带一路"建设的跨国合作进程中，上述两种范式多得以体现。

倘若缺失合作，"一带一路"建设就无从谈起。结合"一带一路"建设的具体案例得以阐释：无论是中巴经济走廊还是孟中印缅经济走廊的建设，倘若脱离了合作，这两大经济走廊的建设就难以推进，从而沦为空中楼阁。更为甚者，失去以合作为根本的"一带一路"建设，在"一带一路"建设具体项目的落实进程中，就可能带来相应的困难、困境。

"一带一路"建设的动力在于合作——这源自推进"一带一路"建设需要国家间的合作作为动力。国际合作的实施，是"一带一路"建设得以推进的基本动力所在。诚如上述分析，国际合作构成"一带一路"建设的动力，随着合作的逐步拓展与推进，能够有效实现

"一带一路"建设更为充分的发展与不断完善。以中国与巴基斯坦两国涉及"一带一路"建设的积极推进的典范——中巴经济走廊为例，中国外交部对于中巴经济走廊的表态为：中巴经济走廊是中巴两国政府达成的共识，对加强两国互联互通和经贸务实合作具有重要意义。当前，中巴双方已就走廊建设建立良好的沟通协调机制，有关项目顺利推进，走廊已进入全面实施阶段。我们愿与巴方一道，推动走廊建设不断取得进展，使走廊成果早日惠及两国人民。① 中巴经济走廊的确立，以及"中巴经济走廊是全球化世界中的经济区域化体现。其立足于和平、发展与所有参与者的共赢"② 的解读阐释，应明确中巴两国合作与协调的实现。如果没有中巴两国之间在合作意向、具体领域（包括交通、经济特区等）合作的落实等，中巴经济走廊的建设很难得到有效推进。

还需要明确的是，结合"一带一路"建设自身实践的考量，对于"一带一路"建设相关"合作"的理解，需要关注对于中国国内合作的积极实现——中国政府所积极推进的"一带一路"建设在实施现实中，并不仅仅也不能仅仅涉及中国政府的某些中央政府部门，诸如国家发改委、商务部、外交部等，还需要至少涉及三个方面的国内合作，包括中央政府及其相关部门与地方政府的合作、地方政府之间的合作以及地方政府内部的合作。对于国内合作的相关释义，进一步理解为：在中央政府的统筹布局与具体指导下，整体统筹与全面协调"一带一路"建设所需求的合作进程安排，包括以中央政府层面的整体布局为主导，以中央政府与地方政府的积极合作为内容，以地

---

① 《2016年8月31日外交部发言人华春莹主持例行记者会》，中华人民共和国外交部网站，http://www.fmprc.gov.cn/web/fyrbt_673021/jzhsl_673025/t1393375.shtml，访问时间：2016年9月12日。

② Introduction, the web of China-Pakistan Economic Corridor, http://cpec.gov.pk/introduction/1，访问时间：2017年12月2日。

方政府之间、地方政府内部的合作为有效支持，全面落实"一带一路"建设的合作进程，实现以合作推进"一带一路"建设的动力打造。

"一带一路"建设的保障也在于合作，对于得以有效推进的"一带一路"建设，更具有持续性的发展，在于落实"一带一路"建设的积极合作的实现而致力于构建相应的保障。这一保障的关键在于：通过"一带一路"建设相应的合作，来自合作的保障具有的意义在于为合作的积极持续与不断发展提供支持。同样以上文所涉及的中巴经济走廊为例，中巴经济走廊自21世纪第二个十年初期提出以积极响应"一带一路"建设的落实以来，到21世纪第二个十年中后期，包括港口、电站等设施的落地，取得了一系列显著的成果。进而明确，面向未来，在基础设施建设得以有效落实的基础上，推进中巴两国的良好合作是继续提升与拓展中巴经济走廊建设的保障所在。

根据合作具有的保障意义阐释，合作的保障意义在于通过合作的推荐能够有效支撑与助力"一带一路"建设的积极推进。毕竟，从更为广泛与现实的意义分析，"一带一路"建设的进一步落实，不可能脱离国际合作的不断实现与优化。

由此对比"一带一路"建设国际多边合作，"一带一路"建设的推进相关的分析不能也不可能脱离合作。结合本项研究的现实考虑，合作作为"一带一路"建设的核心理念，在"一带一路"建设具体实施进程中势必需要体现。同时，"一带一路"建设的现实表明，国际多边合作作为其中的重要组成部分之一，得以发挥相当有效的作用。通过开展对于"一带一路"建设相关的国际多边合作的研究，能够相当有效地落实与充实针对"一带一路"建设的理论解读与现实论述，能够全面而有效地优化针对"一带一路"建设的相关认知。

最后，从人类历史发展的进程阐释，"一带一路"建设的提出与落实，对于"人类命运共同体"的构建具有相当积极的意义。"人类命运共同体"的构建中，"一带一路"建设的推进为其提供相当坚实的经济基础与政治基础等。这一意义不仅在于衍伸为中国与"一带一路"沿线国家的共同发展所带来的诸多收益，而且在于通过落实这一共同发展，积极助力人类命运共同体的积极构建。换言之，"一带一路"建设的推进，对于真正意义上实现"人类命运共同体"的构建具有相当重要且不可忽视的意义——通过"一带一路"建设的落实与不断优化，能够在相应的时间与空间、在相当程度上从实现共同发展等领域实现对人类命运共同体的积极建设。

按照对"人类命运共同体"的官方解读：构建人类命运共同体是一个美好的目标，也是一个需要一代又一代人接力跑才能实现的目标。中国愿同广大成员国、国际组织和机构一道，共同推进构建人类命运共同体的伟大进程。① "人类命运共同体"的构建，是中国对人类未来发展所提出的宏伟蓝图——"一带一路"建设作为其中的重要组成发挥着相当积极的作用。换言之，"一带一路"建设的积极推进，对于"人类命运共同体"的建设能够发挥相当积极而有效的作用，即实现中国与世界共同发展为基础的人类命运共同体的建设。

由此对比"一带一路"建设国际多边合作，共同发展的落实路径之一在于围绕"一带一路"建设开展的国际多边合作。针对"一带一路"建设多边合作的研究，主要涉及将合作的有效实现与不断优化，作为"一带一路"建设得以推进的核心性举措。相对于"一带一路"建设的整体布局与具体实践，合作所具有的积极效用在于：

---

① 习近平：《共同构建人类命运共同体——在联合国日内瓦总部的演讲》，人民网，http：//politics. people. com. cn/n1/2017/0119/c1001 - 29033860. html。

以合作尤其是"一带一路"建设所密切相关的国际多边合作为重点，进一步结合"中国与世界的关系"维度的"一带一路"建设研究作为起点，展开针对"一带一路"建设作为中国与世界共同发展的"中国方案"的解读。

三　本项研究的基本框架、研究方法与创新

本项研究的基本框架解读，大致考虑以对"一带一路"建设的解读作为基础，落实对于"一带一路"国际多边合作的基本研究框架的分析、论证。"一带一路"建设的提出与落实，为以中国和平发展惠及世界进而实现中国与世界共同发展提供了切实可行的"中国方案"。之所以将"一带一路"建设阐释为中国与世界共同发展的"中国方案"，其原因在于：第一，"一带一路"建设具有典型的中国特色，不仅在于对中国古代历史上陆上丝绸之路与海上丝绸之路昔日辉煌的积极解读，而且在于中国以古代的"丝路精神"推进现实发展；第二，"一带一路"建设是中国和平发展的积极传承与拓展，继而能够更为有效地落实以中国发展促进世界发展。除上述分析涉及的"中国方案"的传统解读外，对于"一带一路"建设的"中国方案"解读，还涉及国际多边合作的实现与完善。中国在推进"一带一路"建设中的具体实践，需要以国际多边合作助力"一带一路"建设具体项目的落实。这不仅在于"一带一路"建设尤其是涉及区域合作、跨区域合作所需要多国合作支持的客观性，而且在于"一带一路"建设自身需要落实更为有效的国际多边合作。

中国"一带一路"建设正在推进世界经济发展的新模式，即通过多边路径，创造"$1+1>2$"的效果，形成区域乃至世界范围内的整体互动发展。同时，中国也必将成为这一新模式的践行者与主导

者。当然，多边发展也必然面临着多边挑战和多重难题，但这恰恰是为多边发展、整体发展提供一种新机遇，突破多边发展的困境也必将为"一带一路"建设创造新的局面。① 结合对"一带一路"建设的基本释义，有分析提出："一带一路"是促进共同发展、实现共同繁荣的合作共赢之路，是增进理解信任、加强全方位交流的和平友谊之路。"一带一路"建设不是对现有国际合作机制的挑战和替代，而是与现有机制互为助力、相互补充，针对国际合作中的瓶颈和制约因素提出"中国方案"，以开放、合作、共赢的理念为世界经济注入正能量。② 对此，"中国方案"的解读进一步明确为："中国方案"是中国为世界做出积极贡献的关键所在。作为"中国方案"的"一带一路"建设所具有的积极意义在于中国对于助力世界发展乃至实现繁荣的积极布局与实践。

比如，在整个"一带一路"建设的基础设施建设体系构建中，从东亚到中亚，到中东欧或西亚北非，最终到西欧的交通物流体系构建，涉及海陆空和网络等多领域的多边合作联动。进而涉及内容：第一，政府间多边合作的推进，包括中央政府以及交通、外交、海关、司法等部门之间开展相当有效的磋商与协调等；第二，涉及开展交通物流等各种设施相关企业之间的合作，包括铁路、航空、海运、网络等相关企业合作；第三，涉及在开展相关合作的基础上，进一步落实上述合作的制度、机制建立与完善。上述合作内容，需要落实"一带一路"建设的国际多边合作作为基本平台与出发点。

---

① 赵江林：《"一带一路"：多边范式与推进路径》，中国社会科学出版社，2017，前言，第1页。

② 潘盛洲：《构建人类命运共同体的伟大探索和实践——深入学习贯彻习近平同志关于"一带一路"建设的重要思想》，《人民日报》2017年4月19日。

作为促进中国与世界共同发展的"中国方案"，对于"一带一路"建设的明确认知为，无论是通过中国政府公布的相关文件进行文本分析还是结合"一带一路"建设相关的中国内政外交的具体实践，解读为：第一，"中国方案"意在明确中国通过"一带一路"建设落实相应的国际合作，进而实现中国与世界的共同发展。进而，更为明确的是，这一方案的实施在于落实有效的国际多边合作并基于多边合作开展有效的国际互动。第二，通过国际多边合作的实现，助力"一带一路"的"五通"目标实现，进而落实中国与更多的"一带一路"沿线国家实现真正意义上的互利共赢。这一互利共赢的落实，能够借助国际多边合作促进对于相关国家的收益实现。第三，"一带一路"建设的实践已然表明，通过国际多边合作落实多边合作机制、制度的相关建设与完善，助力"一带一路"建设相关的共同发展的设想、愿景等。这一进程的实现，是当前与未来"一带一路"建设推进所需要关注的重点之一。

根据"一带一路"建设的整体实施进程阐释：中国主动推动共建"一带一路"与"一带一路"沿线国家的国家战略、发展愿景、总体规划等有效对接，寻求共建"一带一路"的合适切入点。截至 2016 年底，已有 100 多个国家表达了对共建"一带一路"倡议的支持和参与意愿，中国与 39 个国家和国际组织签署了 46 份共建"一带一路"合作协议，涵盖互联互通、产能、投资、经贸、金融、科技、社会、人文、民生、海洋等合作领域。① 由此可见，作为惠及全人类的"中国方案"，"一带一路"建设的提出与落实，已然具有相应的普遍性意义。从表达参与意愿到签署合作协议说明，作为推进世界发

---

① 受权发布：《共建"一带一路"：理念、实践与中国的贡献》，新华网，http：//news. xinhuanet. com/politics/2017 - 05/10/c_ 1120951928. htm，访问时间：2017 年 5 月 10 日。

展乃至人类命运共同体构建的具体方案，"一带一路"建设获得的共识性支持是客观存在的。同时，上述表述也说明："一带一路"建设在2017年5月的"一带一路"国际合作高峰论坛召开前，在其"提出与落实阶段"，这一建设落实进程中关注的重点在于展现"一带一路"建设推进中外部的积极参与（包括国家和国际组织）以及具体的参与进程中合作意向的达成。这一阶段的成就，为进一步全面提升与推进"一带一路"建设在"项目落地阶段"以及同时展开的"规范化建构"阶段提供相对坚实的基础、充分有利的条件等，这是当前审视"一带一路"建设的客观存在。

这一客观存在具有的现实影响在于：第一，"一带一路"建设能够作为中国与"一带一路"沿线国家开展有效合作的基础。这一合作多属于中国与"一带一路"沿线国家之间开展的国际多边合作进程——这其中不仅涉及依托政府间合作所达成的相关意向与共同合作的进程，而且也涉及在国际多边合作进程中结合具体的合作开展国家间合作的提升与优化。

从"中国方案"的现实考虑，这一合作基础进一步表现为中国与"一带一路"建设沿线国家之间所构建的显著的互利互惠格局。互利互惠，是推进"一带一路"建设的基础所在。依托这一基础，进一步推进"一带一路"建设具体项目是对于"一带一路"建设相关合作落实的出发点。

第二，结合作为"中国方案"的"一带一路"建设推进现实考量，到2017年"一带一路"国际合作高峰论坛召开前，"一带一路"建设在"提出与落实阶段"所取得的成就能够在相当程度上展现出"中国方案"所具有的合作理念。这一合作理念在于，通过涉及"一带一路"的政府交流、媒体宣传、智库交流等路径，进一步落实"中国方案"应有的相关理念并争取来自其他国家更为普遍的认可与支持。

第三，结合"中国方案"的具体落实分析，以"一带一路"建设的相关案例阐释，"中国方案"意在明确中国对于世界发展的积极贡献——包括在经济领域落实中国对于世界经济发展的积极支持；在国家治理层面，中国所发挥的作用在于通过建构中国的发展模式引领世界的发展而非促使他国复制中国的发展模式。其中，有必要强调的是，通过"中国方式"所展示的中国模式，并不意味着要求各国或者"一带一路"沿线国家效仿中国的发展路径，或者遵循中国的发展需求。对于中国模式的理解，相当重要的意义在于：以中国的发展推动世界的发展为目标，落实中国与"一带一路"沿线国家通过国际多边合作，实现共同发展。

此外，对于"一带一路"建设作为"中国方案"解读，还需要关注到"一带一路"建设自身的相关认知："一带一路"建设根植于历史，但面向未来。古丝绸之路凝聚了先辈们对美好生活的追求，促进了亚欧大陆各国互联互通，推动了东西方文明交流互鉴，为人类文明发展进步做出了重大贡献。我们完全可以从古丝绸之路中汲取智慧和力量，本着和平合作、开放包容、互学互鉴、互利共赢的丝路精神推进合作，共同开辟更加光明的前景。① 结合这一阐释分析，从人类文明的视角审视"一带一路"建设，"一带一路"建设是文明交流的关键路径所在。"和平合作、开放包容、互学互鉴、互利共赢"的丝路精神，能够在相当程度上助力与支持不同文明的交流。尽管21世纪以来全球范围内国际关系互动的现实一再表明，文明的冲突在相当程度上阻碍着不同文明的交流、阻碍着世界和平稳定的实现。但是，丝路精神作用的发挥在于通过"和平合作、开放包容、互学互鉴、

---

① 《习近平在"一带一路"国际合作高峰论坛圆桌峰会上的开幕辞》，新华网，http：// news. xinhuanet. com/politics/2017 – 05/15/c_ 1120976082. htm，访问时间：2017 年 5 月 15 日。

互利共赢"的明确落实，实现不同文明之间的交流与共同发展。文明的冲突所带来的纷争，需要借助富有丝路精神的"一带一路"建设来应对；同时，在"一带一路"建设引导下，文明之间的对立与冲突得以缓和、化解，能够从根本上有助于文明交流的不断实现。从这一意义阐释，作为"中国方案"的"一带一路"建设具有相应的文明交流的意义。

总之，对于"一带一路"建设作为助力世界发展（不仅仅局限于经济发展）所展现的"中国方案"加以理解，"一带一路"建设的中国方案意在能够相当有效地落实中国发展对于世界发展所具有的积极意义。从未来"中国方案"的发展趋势分析，"中国方案"以"一带一路"建设的逐步落实与完善为基础，其推进与落实能够进一步展现为实现中华民族伟大复兴的中国梦。同时，进一步推进中国与世界关系的积极发展，进而能够在真正意义上落实对文明冲突的化解、对文明交流的实现。

本项研究的基本框架为，以"一带一路"国际多边合作为研究重点，阐释"一带一路"建设的多边推进进程与具体务实建议。这一框架厘定的根源在于：中国与世界的关系作为研究视角，审视中国提出与落实的"一带一路"建设。其原因为，中国与世界的关系演变是理解中国提出与落实"一带一路"建设至关重要的出发点与落脚点。

从中国与世界的关系阐释，自古以来中国曾经主导乃至主宰世界，直到19世纪的近代中国落后于西方，逐渐沦为半殖民地半封建社会。到20世纪末，随着改革开放的不断推进，到2018年已经持续超过40年的改革开放将中国打造为全球性大国，并积极致力于中国成为世界级的强国。尽管中国在某些方面仍然存在着不足，比如在国家治理的诸多领域还需要进一步改善，但是

40 年来改革开放所取得的成就不容忽视——中国已经成为具有全球影响的大国并积极推进中国与世界的共同发展；中国和平发展的红利正在惠及世界，中国对于世界发展的助力正在逐步得以体现。

从中国与世界的关系维度审视，"一带一路"建设的提出，构成在 21 世纪第二个十年乃至更为长远的时间与空间范围内，中国与世界的关系的积极塑造在有效落实和谐世界、和平发展等相关理念的同时所需要的现实布局与具体实践。结合"一带一路"建设推进的现实考虑，中国与世界的关系的落实，其现实表现为中国与世界的共同发展。

随着"一带一路"建设推进，中国与世界的关系也将随之呈现更为积极的局面——中国对于世界的贡献将得以显著体现。从全球治理乃至更为广泛的全球视阈解读"一带一路"建设：共建"一带一路"倡议是促进全球和平合作和共同发展的中国模式。共建"一带一路"倡议是所有国家不分大小、贫富，平等相待共同参与的合作；是公开、透明、开放，为世界和平与发展增添正能量的合作；是传承丝绸之路精神，追求互利共赢和优势互补的合作；是各国共商共建共享，共同打造全球经济治理新体系的合作；是推动要素高效流动和市场深度融合，实现多元、自主、平衡和可持续发展的合作；是推动地区发展，促进繁荣稳定，扩大文明对话和互学互鉴的合作。① 结合中国与世界的关系的演变进程与趋势分析，中国与世界的关系的发展能够在相当意义上借助"一带一路"建设的提出、落实与不断完善得以彰显。

---

① 受权发布：《共建"一带一路"：理念、实践与中国的贡献》，新华网，http://news. xinhuanet. com/politics/2017 – 05/10/c_ 1120951928. htm，访问时间：2017 年 5 月 10 日。

"一带一路"建设的提出与落实，可以被视为中国与世界的关系得以进一步发展的重要起点所在。依托这一起点进一步阐释中国与世界的关系为：正在实现中华民族伟大复兴的中国梦的中国，通过自身和平发展的落实与完善，能够实现以中国的发展推进世界的发展、以中国的发展保障世界的发展等，进而实现中国与世界的共同发展。

从"一带一路"建设的视角审视中国与世界的关系，"一带一路"为中国积极引领世界的发展，提供了相当显著的支持。更为具体的表现为：第一，中国的经济发展为世界经济的发展提供了持续性的动力构建。这一表现源自中国经济发展对于世界经济的贡献。通过这一贡献的作用发挥，进一步优化中国在世界经济发展中所具有的作用。以中国国家统计局公布的相关数据分析，2016 年，我国 GDP 占世界经济总量的 14.8%，比 2012 年提高 3.4 个百分点，稳居世界第二位。2013～2016 年，我国对世界经济增长的平均贡献率达到 30% 左右，超过美国、欧元区和日本贡献率的总和，居世界第一位。[①] 这些数据表明，中国对于世界经济的贡献，正在通过中国经济的发展得以体现。同时，结合上述数据分析，这些数据也说明中国在对于世界经济增长的平均贡献率有所表现的同时，更为重要的是中国的贡献率超过美国、欧元区和日本贡献率的总和——这是中国的国际责任，也是中国对于世界发展所具有的重要性、必要性得以体现的关键所在。

第二，中国发展所造就的中国模式，相当程度上引领着世界的发展。中国模式的积极作为并不意味着中国要求更多的国家，包括"一带一路"建设沿线国家必须依循中国的发展道路，包括中国社会与经济制度等，而是以中国发展、中国模式所取得的积极收益，进一步推进中国对于世界经济的积极贡献。比如，通过"一带一路"建

---

① 《中国经济一枝独秀》，《人民日报》2017 年 10 月 11 日。

设所落实的中国与"一带一路"沿线国家之间的产业优化——别于世界经济发展进程中已有的产业转移，是更多地推进中国与"一带一路"沿线国家的整体产业实现升级、优化。换言之，从中国与世界的关系的维度审视，"一带一路"建设的推进所展现的是中国与世界的积极关系构建的重要路径之一。

从中国模式的作用发挥阐释，中国模式的作用发挥能够有效助力世界发展。从国家治理的视角分析，致力于实现中华民族伟大复兴的中国梦的实现以及中国国家治理所积极推动的国家治理体系和治理能力现代化的落实，相当充分地展现了中国发展所取得的成就与成功。这一成就与成功对于中国与世界的关系的积极塑造同样具有不可忽视的作用——为中国引领世界提供基础与保障；以中国的发展支持世界的发展，进而塑造与优化中国的国际形象。

第三，通过"一带一路"建设的推进，能够相当程度上彰显中国对于积极构建人类命运共同体所做出的积极努力与贡献，这也是中国与世界的积极关系构建的重要路径之一。通过中国积极致力于中国与世界的关系的构建，尤其是以中国的发展推进中国与世界的共同发展，进而实现对于全人类的贡献——这一贡献并不仅仅局限于中国经济发展对于世界经济的贡献，而且还需要着眼于中国发展对于全人类的贡献——从经济发展到社会稳定再到实现良性的全球治理等，都体现出中国通过"一带一路"建设所做出的积极贡献。

人类命运共同体的实现并非一蹴而就，而是需要经过漫长的努力，尤其是借助中国与世界的关系的积极互动得以实现。与所谓"山巅之城""上帝选民""美国例外论"等美国式的美国与世界关系的演变立场、论调所不同的是，中国的发展意在通过"求同存异"，以共同发展促进中国与世界的关系的积极建构，进而在中国与世界共同发展的基础上实现人类命运共同体。

总之，从中国与世界的关系阐释，无论是中国经济发展对于世界经济的贡献，还是中国模式、中国对于人类命运共同体的支持，都能够展示出借助"一带一路"建设的推进，中国"一带一路"建设的应有之义。对于其中路径的研究，国际多边合作构成其重要组成部分之一。

结合"一带一路"建设的推进现实，国际多边合作表现相当显著，除了"一带一路"建设直接相关的具体合作进程，国际多边合作覆盖的影响相当广泛。结合中巴经济走廊的建设进程阐释，对中巴经济走廊的理解，不能仅仅关注到中巴经济走廊对于中巴两国所具有的积极效应，而且需要落实中巴经济走廊所具有的国际多边合作效应。

在对"中巴经济走廊"的官方解读中，"中巴经济走廊是地区合作框架。中巴经济走廊不仅使中国和巴基斯坦获得收益，也将对伊朗、阿富汗、印度、中亚各个国家和地区具有积极影响"与"中巴经济走廊是和平、发展和经济增长的未来地区的更好希望"① 的相关阐释中，能够进一步明确"中巴经济走廊"的现实意义：一方面，在关注到中巴经济走廊对于中巴两国经济收益、中国与巴基斯坦开展经济合作与国家治理层面积极协调的同时，另一方面，也需要关注到中巴经济走廊对于南亚地区、中亚地区、西亚地区等具有的辐射效应。结合中巴经济走廊的具体现实意义考虑：通过中巴经济走廊的积极构建，不仅对于中巴两国各自具有积极影响，而且能够辐射周边地区。

以"一带一路"建设背景下的中巴经济走廊建设作为出发点，大致明确在中巴两国双边层面、在中巴两国密切相关的多边互动下区

---

① Introduction, the web of China-Pakistan Economic Corridor, http：//cpec.gov.pk/introduction/1，访问时间：2017 年 12 月 2 日。

域合作层面所具有的具体意义。在中巴两国的双边合作层面：第一，中巴两国以经济合作为中心，积极推进两国经贸领域的合作并进一步将中巴经济合作的进程向金融、数字经济等领域进行延伸；第二，借助中巴经济走廊的建设，整体上提升中巴两国的全天候战略合作伙伴关系，逐步凸显中巴经济走廊建设对于巴基斯坦国家治理整体进程（包括经济、政治、外交、国防、民族和社会治理等）所带来的种种收益；第三，借助中巴经济走廊推进更具有广泛意义的国际区域协同发展，涉及中巴经济走廊建设对接孟中印缅经济走廊建设、对接从中东到中亚地区的区域发展以及对接南亚地区的区域发展，这是对于双边层面合作的有效扩展。继而言之，结合中巴经济走廊的现实分析，尽管双边合作仍然具有主导地位，但是也不能否定随着中巴经济走廊建设的深入、中巴两国之间战略协调的开展，也随着中巴经济走廊建设与"一带一路"建设之间的相关关系不断展现，中巴经济走廊具有的国际多边合作意义也随之得以彰显。基于中巴经济走廊具有的区域效应，中巴经济走廊建设对于整个南亚地区乃至毗邻的中亚地区等所具有的影响，能够进一步落实中巴经济走廊在国际多边合作领域所具有的影响：第一，依托中巴经济走廊建设，能够推进中巴合作为基础的"中巴＋N"模式合作进程。其中，对于"N"的定位在于"N"并不仅仅局限于一个国家而是涉及多个国家的多边经济合作模式，比如"中巴＋伊朗"模式、"中巴＋印度＋斯里兰卡＋马尔代夫"模式等。"中巴＋N"模式的提出与推进，构成"一带一路"建设推进进程中的对于国际多边合作的有效体现。第二，结合"一带一路"建设推进涉及的国际多边合作进程，可以进一步明确"一带一路"建设推进进程中相关国际组织对于中巴经济走廊的积极参与。比如，亚洲基础设施投资银行对于中巴经济走廊建设的参与等，能够发挥相当有效的作用以助力中巴经济走廊建设的升级。

对此，可以结合中国政府对于中巴经济走廊建设的相关立场表态分析：中巴经济走廊是中巴两国着眼双方各领域合作长远发展搭建的新的合作框架。走廊建设不针对第三方，有助于促进地区互联互通建设，有利于地区和平、稳定与发展。① 这一表态说明，中巴经济走廊的建设不仅局限于中巴两国之间的双边合作，而且随着未来中巴经济走廊建设的拓展与深入，中巴经济走廊能够相当有效地展示为对于南亚地区的发展进程。作为"一带一路"建设的重要组成部分之一，从整体合作方式分析，中巴经济走廊所展现的是国际双边合作与多边合作的有效整合、统一。换言之，中巴经济走廊建设本身是开放性的，能够借助国际多边合作推进中巴经济走廊建设，符合对于中巴经济走廊建设的设计理念。

　　从未来的发展趋势分析，"一带一路"建设的提出与落实，在当代国际关系的现实互动中实现中国与世界的关系的积极构建。"一带一路"建设的推进对于未来中国与世界的关系的进一步构建也提供了必要的指引与支持。未来中国与世界的关系，围绕打造"人类命运共同体"作为核心理念积极开展。其原因在于：21 世纪第二个十年的中国已经成为全球国际关系博弈中不可或缺的重要角色之一。中国所发挥的作用通过当前"一带一路"建设的推进阐释，中国这一重要角色的作用已然得以明确。同时，随着"人类命运共同体"建设推进，中国的重要角色将进一步得以强化。继而依循"一带一路"建设的"项目落地阶段"和"规范建构阶段"的不断推进，中国与世界的关系在展现中国重要作用中所具有的表现也将随之得以不断明确。同时，从世界发展的角度考虑，世界的发展已然不可能脱离

————————

① 《2016 年 8 月 31 日外交部发言人华春莹主持例行记者会》，中华人民共和国外交部网站，http：//www. fmprc. gov. cn/web/fyrbt_ 673021/jzhsl_ 673025/t1393375. shtml，访问日期：2016 年 9 月 12 日。

中国的发展而得以持续，这是中国与世界的关系的现实所在。

围绕"人类命运共同体"构建，中国与世界的关系逐步展现为："一带一路"建设的推进，为中国与世界的关系积极构建的具体化提供了重要的平台。通过"一带一路"建设的推进与落实，中国与世界的关系通过中国发展助力世界发展、中国发展保障世界发展等进程彰显中国与世界的关系的基本现实所在。同时，作为中国与世界的关系构建的核心理念——人类命运共同体的提出与落实，已经在中国与世界的关系构建的具体路径中得以明确。按照中国国家主席习近平的相关阐释："提出'一带一路'建设，就是要实践人类命运共同体理念"。"人类命运共同体，顾名思义，就是每个民族、每个国家的前途命运都紧紧联系在一起，应该风雨同舟，荣辱与共，努力把我们生于斯、长于斯的这个星球建成一个和睦的大家庭，把世界各国人民对美好生活的向往变成现实"。① 这些阐释说明借助"一带一路"建设的提出与落实，人类命运共同体已然得到明确彰显与有效推进；面向未来，随着"一带一路"建设的"项目落地阶段"和"规范建构阶段"的不断落实，中国与世界的关系也将随之呈现更为积极的互动：中国在全球范围内的大国博弈进程中所发挥的作用得以明确彰显，进而助力与支持大国关系的良性博弈；中国对于重特大国际事务的参与不断提升，展现中国对于全球治理的积极支持并推进全球治理整体的良性运行。

未来随着"一带一路"建设的推进，中国与世界的关系的演变路径大致涉及：以围绕人类命运共同体构建为核心，展现中国对于构建人类命运共同体的诸多设想而非仅仅局限于促进在经济领域的共同发展，结合全球范围的国际关系博弈与重特大国际事件相关进程展

---

① 《携手建设更加美好的世界》，《新华每日电讯》2017 年 12 月 1 日。

开，展现中国在上述进程中所发挥的重要且无可取代的作用，这是未来中国与世界的关系演变的路径之一。未来中国与世界的关系演变的路径之二在于，通过中国的发展优化世界的发展。这一优化的进程不仅取决于中国经济发展与国家治理等领域的优势对于世界发展所具有的积极作用，而且也展现为中国的发展取得的整体效应并通过相应的国际合作等国际关系现实性互动得以向世界明确。未来中国与世界的关系演变的路径之三在于，中国与世界的关系随着中国对于世界的积极贡献而得到更多国家的实质性支持。有别于当前"一带一路"建设推进中更多的"一带一路"沿线国家认可与支持中国的发展，未来中国与世界的关系的塑造需要明确落实在全球范围内的更多国家支持中国的发展，这与"'一带一路'所具有的全球意义、'一带一路'建设属于全人类"的中国政府相关主张是对应、相关与契合的。

依循上述路径的推进，未来中国与世界的关系的发展，将整体上展现为中华文明与世界文明的交流互动。一方面，作为世界文明的一部分，中华文明所发挥的作用值得肯定与重视。随着中华文明的发展与进步，世界文明的发展也将随之受益——中华文明的发展作为世界文明的动力发挥着至关重要的作用。另一方面，从世界文明自身的发展分析，世界文明的发展需要依赖中华文明所给予的积极助力。尤其是随着世界文明的多样性发展，能够为中华文明与世界文明之间、中华文明与其他文明之间的积极互动、共同发展提供相应的基础与支持。

以上述分析为基础，展开"一带一路"国际多边合作的研究框架，这一研究框架主要包括：以"一带一路"国际多边合作的理论与现实解读作为出发点，进一步为展开针对"一带一路"国际多边合作的全面研究提供基础，作为第一章的基本内容。同时，第一章的关注重点也在于，通过国际战略学的理论运用与解读等，为研究

"一带一路"国际多边合作提供相应的分析视角与辩证理解。第二章以"一带一路"建设发展作为切入点，在对比"一带一路"建设较之传统国际多边合作的基础上，阐释"一带一路"建设国际多边合作的优势。进而以此明确"一带一路"建设国际多边合作中中国的贡献与作用。第三章主要介绍"一带一路"国际多边合作的初步成效，结合"一带一路"建设在东北亚、东南亚、欧洲等实施进程，阐释中国推进"一带一路"国际多边合作的积极效应。进而为后文阐释"一带一路"国际多边合作的中国角色提供必要的依据。第四章明确提出以中国角色作为未来推进"一带一路"建设国际多边合作的基础。中国角色的提出、分析与评价，是对于"一带一路"建设国际多边合作得以有效开展的基础建构与战略支撑。第五章介绍国际多边合作战略博弈中的"一带一路"建设的路径探索，这一路径探索的关键在于明确认知"一带一路"国际多边合作的背景与现实源自中国的相关布局与实践。第六章介绍"一带一路"建设国际多边合作推进的建议，这一建议意在以路径探索为基础，进一步诠释在"项目落地阶段"和"规范建构阶段"，推进"一带一路"建设国际多边合作的相关设想、具体布局与实质性建议。

本书的研究方法主要涉及以下三种：

第一，文献分析法。根据中国政府自2013年以来的与"一带一路"建设密切相关的政府文件、国家领导人讲话等，展开相应的文献解读。同时，文献分析的运用还在于通过文献解读进一步诠释"一带一路"国际多边合作的背景与具体布局。

借助对文献分析的落实，为"一带一路"国际多边合作的研究提供更具有权威性的解读。根据"一带一路"国际多边合作的现实与趋势分析，国际多边合作作为中国与更多的"一带一路"建设沿线国家开展合作的重要且不可忽视的平台，其相关研究需要借助官方文献的解读加以明确。

第二，历史研究法。针对"一带一路"国际多边合作的整体研究，历史研究方法的运用主要体现为以下两个方面，但并不局限于这两个方面。一方面是，针对国际多边合作的历史研究梳理，尤其针对国际联盟、联合国、欧盟与世界贸易组织等国际多边合作的历史梳理。其用意在于，为国际多边合作研究提供具有针对性的历史经验分析。另一方面是，针对"一带一路"建设的历史研究分析。其用意在于，为"一带一路"建设国际多边合作的研究提供历史演变进程的分析基础。

历史研究的分析还体现为，在"一带一路"国际多边合作的影响与意义研究中以中国与世界的关系变迁作为分析视角，历史研究可以提供必要的经验论证。同时，借助历史研究的分析，也可以进一步助力诠释"一带一路"国际多边合作的世界意义。

第三，案例分析法。对于"一带一路"国际多边合作的整体研究进程，案例研究构成其中必不可少的一部分。案例分析的运用，主要体现为结合"一带一路"建设已有的进程，作为分析国际多边合作的案例。相关案例涉及"一带一路"建设在全球范围内的实施进程，包括"一带一路"建设在东北亚、东南亚地区和在欧洲的实施案例，进而为国际多边合作提供相应的论证。

案例分析的运用，其意义在于为论证"一带一路"建设国际多边合作的相关观点与研究模式提供实证性的论证与支持。这一论证与支持，进一步体现为通过具体的政策解读、产业布局与实践等，展现"一带一路"建设国际多边合作的现实。案例分析的运用，进一步体现为随着"一带一路"建设的推进，对于未来"一带一路"国际多边合作的演变趋势提供相应的研判依据等。

第四，比较研究法。主要涉及"一带一路"国际多边合作与其他国际多边合作的对比，但需要明确的是，"一带一路"国际多边合作研究中，这一对比主要关注于在中国与世界的关系迎来历史拐点的进程中国际多边合作具有的作用等。

结合国际多边合作的对比研究，进一步关注到借助比较研究的运用，阐释中国与世界的关系变化呈现出更为明确的针对性。随着"一带一路"建设的不断落实、深入，"一带一路"建设更多地借助国际多边合作，展现中国作为负责任的大国，进而作为全球第二大经济体、最大的发展中国家和最大的社会主义国家，对于世界的和平与发展、对于"人类命运共同体"的构建所发挥的不可或缺的重要作用。

本书的创新性体现为："一带一路"国际多边合作的研究以国际战略学在国际战略互动中的作用发挥为基础，阐述国际战略在国内治理与国际关系中的相关关系。进而，对于"一带一路"国际多边合作的具体论证，本书的创新进一步体现为：

第一，针对"一带一路"国际合作高峰论坛后"一带一路"建设的基本走向，阐释"一带一路"建设在国际战略博弈中面临的新局面与新进程。因此，本书的创新体现为：紧随"一带一路"建设的新形势，表述"一带一路"国际多边合作面临的现实性进程。

面对21世纪第二个十年中后期"一带一路"建设面临的新形势，中国的积极作为有必要结合国际多边合作，作为推进"一带一路"建设的关键性平台。本书的创新意在明确这一关键性平台的重要作用与地位。

第二，"一带一路"国际多边合作"项目落地阶段"和"规范建构阶段"的推进，构成本书创新的重要表现。这一表现意在明确中国在积极推进上述阶段中，需要借助与作用国际多边合作，展现中国推进"一带一路"建设的布局与实践。

上述两个阶段的划分，并不是将"一带一路"国际多边合作明确划分为两个相互孤立甚至有所对立的阶段，而是意在明确两个阶段的相互关联与密切统一，进而不断完善针对"一带一路"建设国际多边合作的整体研究、比较研究与案例研究。

第三，对于"一带一路"建设的未来趋势，本书针对"一带一路"国际多边合作的研究，进一步阐述"一带一路"建设的未来是对接"人类命运共同体"的重要组成部分之一。进而，根据这一阐释明确中国推进"一带一路"建设国际多边合作的相关建议。

这一创新的落实，还需要关注到随着"人类命运共同体"构建的推进，即通过"一带一路"建设的推进，对于人类命运共同体的构建，需要明确落实国际多边合作应具有的作用。此外，还需要强调在落实这一作用的进程中，历史分析与现实分析的对比研究。对于这些建议的表述，相关的创新在于，既要关注到这些建议对于国际战略博弈的整体性影响，尤其是格局与秩序，也要关注到"一带一路"建设国际多边合作相关建议的具体案例。对于格局与秩序的关注、对于案例的运用，需要强调其动态的发展进程，而非仅仅局限于其阶段性成果。

第一章 "一带一路"建设

——国际多边合作框架

　　结合"一带一路"建设实施的过往、现实与趋势，国际多边合作进程的推进，作为"一带一路"建设落实的具体范式之一不断得到彰显与落实。在"一带一路"建设视域下，中国推进"一带一路"建设涉及中国与"一带一路"建设诸多沿线国家开展旨在推进共同发展、相对普遍的合作与协调。其中，国际多边合作主要包括"一带一路"建设具体项目实施、相关规范建构与运行中相关国家之间开展相当有效的国际合作进程。鉴于"一带一路"建设本身构成相对复杂的进程并涉及包括国家、非国家等诸多国际关系行为体，对于"一带一路"建设多边推进的研究，考虑以国际多边合作作为切入点与研究对象，能够更为有效地阐释多边推进在主体领域的相关界定。依据"一带一路"建设的客观现实与依据参与"一带一路"建设诸多参与主体的调研，国家和国际组织等作为国际多边合作的主体与平台，可以更多地被视为参与"一带一路"建设的主要行为体。因而，对"一带一路"建设相关的国际多边合作研究大致界定为：对包括国家和国际组织在内等涉及"一带一路"建设中发挥重要作用的国际关系行为体，在推进"一

带一路"建设中的多边国际关系互动发挥的相关作用进行梳理、
评估与分析。同时，在涉及"一带一路"建设的国际合作中，也
需要进一步明确相关的比较研究、案例研究中对于国际多边合作相
关主体的重视。

整体审视"一带一路"建设的进程走向，大致能够阐释为自
2013年中国国家主席习近平提出共建"一带一路"倡议以来，到
2017年"一带一路"国际合作高峰论坛，"一带一路"建设的整体
进程走向逐步由"提出与落实阶段"进入"项目落地阶段"与"规
范建构阶段"。较之"一带一路"建设的"提出与落实阶段"，在
"一带一路"建设的"项目落地阶段"意味着"一带一路"建设的
推进不仅意味着中国与"一带一路"沿线国家开展更多的、更为有
效的项目合作，包括在推进"五通"的同时，进一步落实相应的产
业合作乃至更具有普遍意义的国家间协调。与这一阶段密切相关的
是，"一带一路"建设的"规范建构阶段"也随之开启。对于"规范
建构阶段"的理解在于，"五通"推进的同时，需要有效保障"五
通"的制度、机制等建设，构成"规范化建设阶段"的基本进程。
整体上审视"一带一路"建设的"项目落地阶段"与"规范建构阶
段"，这两个阶段存在着密切相关关系："项目落地"的有效实现需
要"规范化建构"给予相应的保障，同时"规范化建构"需要借助
"项目落地"作为其相应的客观基础。

依循上述分析，大致能够明确"一带一路"建设自2013年提出
以来所经历的发展历程：第一阶段为"提出与落实阶段"（自2013
年提出到2017年"一带一路"建设国际合作高峰论坛召开），这一
阶段"一带一路"建设展现的相关进程在于推进"一带一路"建
设在整体上争取外部的认可与支持、达成相关领域的合作意向，并
积极展示中国推进"一带一路"建设的决心与能力。第二阶段为

"项目落地阶段"（自 2017 年"一带一路"国际合作高峰论坛后开始），这一阶段"一带一路"建设所展现的相关进程在于落实"一带一路"建设的相关保障，支持更多的"一带一路"建设相关项目的执行。这一阶段所涉及的项目落地，相当程度上是积极推进与实现中国与"一带一路"沿线国家共同发展。第三阶段为"规范建构阶段"（自 2017 年"一带一路"国际合作高峰论坛后开始），这一阶段"一带一路"建设所展现的相关进程在于保障"一带一路"建设的项目落地，涉及为"一带一路"建设相关项目提供具体保障，包括相关的制度创设与完善等。有必要明确的是，"一带一路"建设第二阶段和第三阶段在具体落实时间上是重合的，其中的原因在于，整体审视"一带一路"建设的进程，"项目落地阶段"与"规范化建构阶段"存在着相当密切的相关性，但也存在着相当显著的差异性。从相关性分析，主要体现为对于"一带一路"建设的具体项目执行，需要落实相应的规范性保障，尤其需要为保障"一带一路"建设具体项目实施，提供相当有效的支持。同时，旨在保障"一带一路"建设的相关制度建构，也需要依托"一带一路"建设项目落地进程作为实施基础。因而，涉及"项目落地阶段"与"规范建构阶段"的相关性分析表明，这两个阶段存在既相似也不同的逻辑与现实关系。

同时，结合"项目落地阶段"与"规范建构阶段"的差异性阐释，当"项目落地阶段"更多地关注于"一带一路"建设相关的项目进程时，"规范化建设阶段"更多地关注于"一带一路"建设相关项目的保障与支持。换言之，"一带一路"建设的整体进程中，"项目落地"更多地涉及中国与"一带一路"沿线国家之间所开展的相关合作以及相应的收益等，"规范化建构"更多地关注对于收益的保障。

第一节 "一带一路"建设的理论解读
与国际多边合作

对于"一带一路"建设的理论解读阐释，首先需要明确的是，不能仅仅依靠国际关系理论的相关解读，毕竟当代国际关系理论更多地关注到国家间关系或者国际组织或者重特大国际问题等相关事务，也涉及包括全球治理、区域治理等现实性问题。但同时，结合"一带一路"现实与趋势分析，也结合"一带一路"发展所面临的主客观形势，对于"一带一路"建设的理论解读需要关注更为有效的理论解读模式。对此，建议考虑以国际战略学作为理论分析的框架，进一步明确对于"一带一路"建设的理论理解。即明确阐释以国际战略学作为理论基础，阐释"一带一路"建设之前，可以尝试以西方国际关系理论解读"一带一路"建设的相关理解，这不仅有利于明确西方国际关系理论视域下，西方国际关系理论解读"一带一路"建设在理论层面的缺陷与实际层面的某种荒谬，也有利于依托国际战略学尤其是内政外交的全面统筹、协调与发展的综合治理视域下解读"一带一路"建设所具有的必要与必须。

一 "一带一路"理论理解的基本梳理与对比研究

在结合国际战略学对于"一带一路"建设学理解读的基础上，进一步明确国际战略学视域下"一带一路"建设国际多边合作的相关理论解读。大致明确从国际战略学的整体研究与评估分析，"一带一路"建设"项目落地阶段"与"规范建构阶段"层面，应考虑落实作为"一带一路"建设主导国家的中国，在实现更为有效的内政外交全面统筹、协调与发展的基础上，推进涉及“一带一路”建设的国际多边合作进程。

威廉·扎特曼在其著作中对合作的定义为，在合作被定位为在付出一些代价时作为一种各方同意开展共同工作以取得对参与者的新收获的一种条件，这对于这些参与者采取单独行动是不可能获得（这些收获）的。① 结合对于合作的理解，进一步明确对于国际合作的基本认知为：在对于国际政治结构限制合作形式的研究中，肯尼斯·沃尔兹提出，一国也担心由于合作的开展以及商品和服务等交换而变得依附于他国。② 进而，他进一步提出一国的进出口额越大，对他国的依赖越深。如果劳动分工能够更为细化，世界的整体福利都将得到增长，但是国家也将因此处于更深的相互依赖之中。③ 这一定位是基于现实主义国际关系理论对于国际合作的理解。

同时，结合冷战后国际关系发展的现实考虑，从相互依赖的不断发展到更具有普遍意义的国际合作不断推进、基于国际合作的国际组织在国际事务中所发挥的作用不断提升与拓展，类似国际组织模式的治理，“称为现在支配世界的政治结构”④。结合对于国际合作的研究阐释，国际合作对于当代国际关系博弈所具有的影响已经相当显著。

但更为重要的是，来自西方国际关系理论的相关分析，对于21世纪第二个十年的国际关系现实演变的说明与阐释，往往很难实现必

---

① William Zartman and Saadia Touval, Introduction: return to the theories of cooperation, International Cooperation: The Extents and Limits of Multilateralism, Cambridge University Press, 2010, p.1.
② 〔美〕肯尼斯·沃尔兹著、信强译、苏长和校：《国际政治理论》，上海人民出版社，2003，第140~141页。
③ 〔美〕肯尼斯·沃尔兹著、信强译、苏长和校：《国际政治理论》，上海人民出版社，2003，第140~141页。
④ Jennifer Sterling-Folker, Theories of International Cooperation and the Primacy of Anarchy, State University of New York Press, 2002, p13.

要的契合。"一带一路"建设的推进，在相当程度上已经超越了西方国际关系理论所主张的国际合作以及对于国际合作的相关见解。"一带一路"建设国际多边合作的提出与推进，在彰显"人类命运共同体"导向的背景下，有效实现"一带一路"建设助力中国与"一带一路"建设其他参与国、中国与世界的共同发展。这是"一带一路"建设为国际关系理论在合作领域从国际关系实践到理论发展、升级所提供的贡献所在。

西方国际关系理论对于"一带一路"建设解读的偏颇之处在于：西方国际关系理论产生与演变，是基于西方国家的霸权与强权的持续演变。结合当代西方国际关系理论的演变历程看，无论是理想主义国际关系理论还是现实主义国际关系理论，或者新现实主义国际关系理论与新自由制度国际关系理论，这些源自欧美国家的主流国际关系理论对于国际关系互动历程与现实的解读，更多地与欧美国家内部的意识形态、政治制度等密切相关，也与西方国家的霸权主义、强权政治密切相关。这些相关所展现的是，欧美国家的主流国际关系理论，对于国际关系演变的基本释义，对于霸权与强权自身的解读势必具有相应的色彩。此外，对于包括英国学派、哥本哈根学派与和平学等非美国的国际关系理论，其对于国际关系演变的基本释义，也并未脱离来自西方国家战略思想的种种局限。无论是对于霸权与强权的释义，还是对于西方国家战略思想的局限，其相关缺陷性表现在于：或有意或无意地忽视了非西方国家对于当代国际关系演变的认知，同时否认当代国际关系演变中非西方国家所具有的积极作用。此外，还需要强调的是，西方国际关系理论的偏见在于：西方国家所固有的西方优越理念，认为世界的主宰是西方国家——这不仅在于西方的国家在国际关系互动中所发挥的重要作用，而且在于西方国家对于包括非西方国家在内的整个世界的影响。这一影响的作用在于：第一，西方国家能够在当代国际关系的演变中发挥主导性作用，尤其是在涉及诸多重特大国际问题的应对中，西方国家的影响相当显著；同时，借助对于现有国际秩序的有效掌控，西方国家能够实现相应的议题设置、话语建构等，影响乃至主导国际秩序的运行。第二，西方国家的国际关系理论建设具有相应的主导性，这一主导性影响着西方战略界对于非西方世界的基本判断。在很多西方国家的战略研究中，非西方国家往往被视为西方国家所宣扬的民主、自由中的另类。这些国家对于国际事务的参与，也往往被视为不具有积极作用。

据此，可以结合西方国际关系理论对"一带一路"建设的相关解读加以明确：以西方国际关系学理论中往往被奉为经典的地缘政治理论作为分析"一带一路"建设的理论模型阐释，地缘政治理论框架下的"一带一路"建设，被视为中国对于亚欧大陆乃至整个东半球进行战略控制的诉求。比如，罗伯特·沃尔特斯"地缘政治学能够提供一张与现实更相符的世界地图"① 的论断，认为按照地缘政治学的理解，"一带一路"建设的推进，将进一步加强中国对于"一带一路"沿线国家的经济控制与政治影响。进而，以此为基础，建构与强化对于亚欧大陆的中国地缘霸权。同时，鉴于中国依托"一带一路"建设所建构的地缘权势，能够进一步强化中国在整个东半球的地缘优势。这种依托西方国际关系理论的分析，其相关论断的基本失当在于——运用西方国家所谓的霸权思维阐释中国的"一带一路"建设。这一霸权思维的困境在于，当地缘政治思想能够解读第一次世界大战与冷战前后的列强争霸、第二次世界大战的轴心国集团对外侵略扩张与冷战时期美苏两个超级大国间博弈背后的权力角逐时，甚或

---

① 〔英〕杰弗里·帕克：《地缘政治学：过去，现在和将来》，刘从德译，新华出版社，2003，第 193 页。

可以解读冷战后历届美国政府在亚欧大陆的霸权经营，但却无法解读中国积极推进"一带一路"建设——毕竟，当前者致力于霸权与强权的分析、对比与评估时，后者涉及"一带一路"建设的相关解读致力于共同发展。

可以进一步结合这一荒谬的研究逻辑加以明确的是，地缘政治学解读"一带一路"建设的固有缺陷在于难以在真正意义上摒弃权力政治的思维与逻辑，同时，"一带一路"建设积极致力于中国与世界的共同发展，无法通过带有霸权主义、强权政治色彩的地缘政治学说加以解读。具体结合"一带一路"建设的相关项目阐释，以地缘政治学说解读"中巴经济走廊"建设，中巴经济走廊似乎可以被视为中国强化在南亚地区乃至整个印度洋地区权势的战略布局。尤其是随着中巴经济走廊建设的推进，中国在南亚地区的军事存在也将得到有效落实，进而强化中国在南亚的霸权。依据地缘政治学说的这一理解，能够进一步将中国借助"一带一路"建设所建构的国家形象为中国追求在南亚地区的霸权。但是，带有西方霸权与权力政治色彩的地缘政治学说，并不能充分解释，随着中巴经济走廊建设的推进，中巴两国经济建设的实现、中巴两国互利互惠的落实，能够使中巴两国和南亚地区乃至更为广泛的其他地区获得相应的收益。与之相类似的是，中巴经济走廊的建设对于巴基斯坦经济发展、社会治理所带来的收益，也是地缘政治学说所无法有效解读的。

与地缘政治学说无法有效解读"一带一路"建设相类似的是，同样具有西方霸权与权力色彩的现实主义国际关系理论抑或新现实主义国际关系理论等，对于权力的追逐与对于安全的过分热衷等，往往造成西方国家将中国等非西方国家在国际关系博弈中所采取的相关举措视为与西方国家争夺霸权相类似的行为。进而，在对于"一带一路"建设的相关解读中，西方国家的现实主义国际关系理论、新现实主义国际关系理论，往往将中国对世界、对人类的贡献，视为对霸权的争夺，进而将中国对于世界发展、对于人类进步所具有的贡献，在西方国际关系理论视域下建构为对于世界的威胁等。

当以带有霸权与强权色彩的西方国际关系理论解读"一带一路"建设时，这一解读往往从理论层面将中国视为霸权主义、强权政治的图谋。其更为深远的影响在于：颠覆与丑化中国"一带一路"建设的成就，同时，为中国"一带一路"建设的落实人为地制造障碍与困境。进而结合中国积极推进"一带一路"建设所面临的现实为例加以分析——当中国在东南亚地区积极推进"一带一路"建设时，所谓"南海仲裁案"的风波，在西方国家的有意炒作下，将中国对南海地区和平与稳定的积极贡献、对中国自身合法权益的积极维护等，更多地被人为建构为中国对于南海地区航行自由的干扰与影响、建构为中国对于南海地区和平与稳定的威胁。然而，南海地区国际关系互动的现实表明，正是美国等国家的有意而为，尤其是人为编造所谓"航行自由"的借口，在南海地区屡屡发起军事挑衅，并造成南海地区安全局势的普遍紧张。即南海地区所谓的仲裁案风波，加剧了南海地区国际形势的紧张程度，进而对"一带一路"建设在南海地区的推进构成的国际环境构成损害。

但是，按照西方国家对现实主义国际关系理论、新现实主义国际关系理论的相关解读看，中国似乎应该强化中国在南海地区的霸权优势并采取更为积极的军事行动应对所谓的南海仲裁，甚至采取相当必要的措施实施针对菲律宾、越南等国家的制裁。中国针对南海局势以及南海仲裁案对于"一带一路"建设的种种冲击所采取的举措在于：强化中国对于"一带一路"建设的积极推进，并积极致力于从双边层面到多边层面的国际合作，以"一带一路"建设引导下的共同发展，助力中国与南海沿岸国家关系的改善。在南海地区，依托"一带一路"建设的落实，实现对于南海地区局势的有效改善。这一系列举措，既有效应对所谓"南海仲裁案"带来的被动，也在相当程度上助力南海地区国际形势的改善，更为有效地实现了在"一带一路"建设得以有效推动下中国与南海地区国家的积极互动。

进一步结合进入 21 世纪第二个十年以来对于西方国际关系理论的理解与现实行为的分析，追根溯源，需要关注西方国家、西方社会所出现的新保守主义回潮局面。所谓新保守主义回潮，意指自 21 世纪初美国小布什政府上台后，在西方社会所兴起的新保守主义思潮，在 21 世纪第二个十年初期相继在西方世界出现回潮，这种回潮最初体现为在西方国家再度出现新保守主义思潮的政府和执政理念。结合 21 世纪第二个十年初期以来，西方国家出现新保守主义回潮基本状况分析，这一趋势尤为突出地体现为新保守主义的回潮并不单纯地意味着具有新保守主义色彩的政党或政府开启执政历程，而是更多地意味着具有新保守主义的政治思潮在相当普遍的西方国家内部发挥着更为显著的影响。比如，针对特朗普成为美国总统，有分析提出，自从 11 月 8 日（2016 年）特朗普赢得总统选举，自由倾向的评论就对国际秩序的命运发出预警的呼声：美国治下的和平终结了。[1] 也许对特朗普执政所具有的新保守主义思想界定，到 2017 年乃至 2018 年仍然存在疑虑，但是，这并不影响特朗普政府在执政进程中所明确强调的"美国优先"、推翻奥巴马政府医疗改革方案、奉行具有单边主义倾向的对外政策诸如退出巴黎气候框架协定等，其中所蕴含的新保守主义色彩已经相当鲜明。对此，明确具有新保守主义色彩的小布什政府，其单边主义色彩显著的对外政策实施，与特朗普政府到 2018 年

---

[1] Stephen Wertheim, Trump and American Exceptionalismhttps：//www.foreignaffairs.com/articles/united-states/2017－01－03/trump-and-american-exceptionalism，访问时间：2017 年 1 月 4 日。

初春尚未成型的对外政策具有相当显著的相似性。继而，从新保守主义回潮的现实考虑，美国的新保守主义回潮整体演变进程呈现为，新保守主义思潮在奥巴马政府任内得以彰显，在特朗普政府任内得以落实等，构成新保守主义思潮回潮的基本表现所在。其实，早在特朗普执政之前，新保守主义回潮的进程已经在西方国家的国家治理中得到凸显。

比如，2012 年日本安倍政府的再度执政，开启了日本新保守主义回潮的基本进程。安倍晋三的再度执政，不仅标志着执掌日本政坛三年之久的民主党政府执政进程的终结，而且也开启了新保守主义回潮引导下的安倍政府执政进程并构成对日本国家战略的显著影响。自安倍主义作为一种外交理念在 2013 年提出以来，随着安倍政府执政进程的推进，安倍主义已然逐步演变为日本国家治理的整体理念，并展现出相应的新保守主义色彩：不单单体现为安倍政府主导下的日本国家战略所呈现出的一系列调整与更新，包括出台新版的日本国家安全战略（2013 年）等，而且在日本对外战略的实施中也得到充分落实，尤其是展现出相应的日本对于国际事务积极参与、对于中国的积极遏制等。

与日本相类似但却存在显著不同的是，欧洲的新保守主义回潮更多地在选举政治中得以彰显并随着难民危机在 21 世纪第二个十年持续发酵，造成欧洲新保守主义回潮的不断凸显。无论是在属于西欧的法国、荷兰还是在中东欧国家，新保守主义回潮更多地表现为在选举政治中新保守主义的色彩渐趋浓重。比如，在法国，尽管马丽娜·勒庞领导的"国民阵线"并未赢得选举，但屡次进入总统选举第二轮的"国民阵线"背后所蕴含的新保守主义回潮的趋势已经在法国政坛的现实互动中得到彰显。

在新保守主义回潮的影响下，包括国际关系理论在内的西方国家

理论界、战略界，对于中国等非西方国家所发挥的作用，尤其是
"一带一路"建设等相关理念，其解读本身也蕴含着相应的缺陷。在
西方国际关系理论乃至西方的理论界、战略界看来，中国所积极倡导
的"一带一路"建设更多地表现为：第一，这是中国对于国际战略
博弈中原本属于西方的权势的争夺，或者说"一带一路"建设意味
着中国权势的扩大与西方权势的缩小。然而，这种观点的根本缺陷在
于，这一零和博弈的战略思维并非重视中国积极倡导"一带一路"
意在落实中国与世界的共同发展，这一发展进程并不意味着"一带
一路"建设的推进会损害西方国家的利益。相反，结合"一带一路"
建设的现实分析，尤其是共同发展的落实能够在相当程度上反驳来自
西方的某些误读、误判。第二，西方对于"一带一路"建设的有意
误解，客观上造成了误判"一带一路"建设的重要根源——西方国
家并不认可中国等非西方国家所取得的成就以及对于世界发展所做出
的积极努力。结合"一带一路"建设的具体落实现实考虑，当中国
积极推进亚洲基础设施投资银行时，引发西方国家的质疑甚至阻碍。
尽管英国等西方国家作为亚洲基础设施投资银行的创始国参与其中，
但是美国、日本等国家的态度更多地反映出西方国家的种种质疑等。
以对中国所发挥的作用加以怀疑为基础，进一步检视西方国际关系理
论所相关的"一带一路"理论解读，其中对于中国所发挥作用的理
论误读，往往构成在理论解读"一带一路"建设方面的相关误判。
从这一误判出发，可以更为明确地了解西方国际关系理论对于"一
带一路"建设的种种误读误判，进而影响到对于"一带一路"建设
更为客观的学理研究、战略分析与政策评估等。对此，以中国持续将
近四十年的改革开放（到 2018 年）所取得的显著成果，尤其是中国
和平发展的有效推进作为基础，阐释中国"一带一路"建设所具有
的相关进程，需要剥离西方国际关系理论所带来的种种制约等，并结

合更符合"一带一路"建设现实的国际战略学分析作为基础，有效阐释"一带一路"建设的相关理论解读并能够以此为依托，进一步明确推进国际多边合作对于"一带一路"建设所具有的积极意义的解读。

进而言之，从21世纪初乃至21世纪第二个十年以来，当代国际关系的演变已经说明，西方国家对于当代国际关系演变的影响并不具有百分百的决定性。相反，由于包括中国、俄罗斯、印度等国家在内的非西方国家所积极推动的非西方国家群体性崛起，正在积极促进全球范围内国际关系变化呈现为更为积极的态势，尤其是中国和平发展的落实与不断完善，已经实现对于西方国家以新航路开辟以来由西方国家主导全球事务局面的某些改变。中国等非西方国家对全球国际关系互动的参与，正在改变全球范围国际关系生态——以往西方国家在国际关系互动中主宰一切的境遇正在发生改变。这些改变，为中国国际关系理论的发展，进而为中国国际战略学的发展提供了客观基础。

结合中国国际关系理论的发展现实，国际战略学在21世纪初以来的有效运用，尤其是在中国国际关系理论得到全面建构的基础上，国际战略学的发展得以充分落实，为从理论层面解读"一带一路"提供了相对有效的理论范式之一。对此，还需要明确国际战略学自身发展所具有的相关优势：

第一，中国自身的发展尤其是中国特色社会主义建设所取得的显著成就。作为世界上最大的社会主义国家和全球第二大经济体，中国的发展已经得到了世界的肯定。这也意味着中国的发展已经为中国国际战略学学科的发展提供了坚实的基础。

有别于20世纪80年代到21世纪初中国国际战略学自身的发展轨迹，进入21世纪第二个十年以来，随着综合国力的增长与国际地位的提升，中国国际战略学的发展正在进入更为全面与深化的新阶段。这一新阶段的显著特征与趋势在于，正在接近国际舞台中心的中国，在更多的国际事务中所发挥的作用较之改革开放初期到20世纪90年代中国对国际事务的浅层次参与、较之21世纪第一个十年初期中国加入世界贸易组织后更多地参与国际事务，到21世纪第二个十年初期中国已经以更为强大的综合国力、更为明确的国家自信，实现对于国际事务的积极参与，同时在不同的时间与空间领域，中国对于国际事务的参与展现出中国具有的主导地位与作用。结合"一带一路"建设的相关落实进程，"一带一路"建设对于中国积极参与国际事务的影响，通过国际战略学的解读能够充实相应的理论性与现实性，并实现理论性与现实性的积极互动。

第二，中国国际战略学自身发展的学科建设在一定程度上得到充实。中国国际战略学的学科建设得以发展的整体背景在于，进入21世纪以来，中国社会科学研究的发展得到更为充分与有效的落实，包括政治学、经济学、法学等领域相关学科的发展直接推动了国际战略学的学科建设。同时，人文科学的发展尤其是历史学等学科的发展，对于社会科学所具有的助力作用也值得肯定。

国际战略学学科建设的发展，还需要进一步关注到国际战略学自身属性的明确。其中，最为显著的属性在于国际战略学所具有的方法论属性。这一属性主要表现为通过国际战略学的理论解读，能够有效明确对于国际形势，对于国内外的战略互动之间所具有的规律性、规制性的相关梳理。对于"一带一路"建设的理论理解，运用国际战略学作为理论工具，能够有效地诠释"一带一路"建设所具有的内容与前景。

第三，结合中国与世界的关系互动的现实，也结合中国积极推进"一带一路"建设的"项目落地阶段"与"规范建构阶段"的相关进程与前景，国际战略学的相关学理论证与分析，能够在相对广泛与普遍的程度上落实"项目落地阶段"与"规范建构阶段"的具体理论解读等。这一理论解读进一步表现为，为"一带一路"建设在具体落实的进程中提供相应的理论支持与指引——能够更为有效地从理论层面实现对于国际战略学的相关解读。

同时，依托相应的理论解读为基础，"一带一路"建设自身的积极推进，是对于中国与世界的关系积极构建的明确落实。"项目落地阶段"与"规范建构阶段"，在其具体实践进程中的推进，能够在相对普遍的意义上展现出"一带一路"建设自身进程的强化与优化。进一步结合"一带一路"建设相关的国际合作进程分析，"项目落地阶段"与"规范建构阶段"相关进程落实中对于国际多边合作的相关实践，来自国际战略学的理论解读，能够提供必要的智力支持。

从国际战略学的相关理论解读分析，"一带一路"建设的国际战略学理论解读在于："一带一路"建设展示为，国际战略学在统筹协调内政与外交领域所发挥的积极作用。结合国际战略学的相关理论分析，依托国际战略学所落实的基本内容在于：以内政外交的全面统筹作为出发点，有效明确对于"一带一路"建设推进中的中国内政外交实施，对于落实中国自身的发展助力"一带一路"建设所具有的基础性作用。同时，鉴于中国的支持，能够更为明确与全面地解读"一带一路"建设。此外，从战略理念的传播阐释，基于"一带一路"建设的战略理念传播，能够进一步诠释中国内政外交的积极作为。

二 基于国际多边合作的"一带一路"建设分析背景

在阐释"一带一路"建设理论认知的同时，国际多边合作作为"一带一路"建设实施的重要范式之一，能够有效充实对于"一带一路"建设的理论解读。同时，基于国际多边合作的"一带一路"建设分析需要关注到：将国际多边合作置于国际战略学的理论解读下，拓展与优化国际多边合作的理论理解。国际多边合作的理论理解表现为，为"通过整合各种积极参与'一带一路'建设的国际关系行为体，确立相应的国际合作目标、进程与规则等，落实'一带一路'建设的推进"提供相当有效的理论支持。

这一理论支持也涉及："一带一路"建设的提出与落实中，国际战略学的理论解读从学理层面阐释"一带一路"建设具有的理论意义——这不仅是作为国际关系互动的现实理论，而且是作为国家治理的现实理论。从国际关系互动的现实理论阐释，"一带一路"建设相关的国际合作，是对于现有国际交往、国际关系博弈的提升与优化。考虑到全球范围的国际关系博弈，"一带一路"建设相关的国际合作能够作为良性国际关系博弈的基础与出发点。"一带一路"建设所展现的是，基于合作的国际关系博弈及其优化进程。在西方国际关系理论的解读中，更为明显的现实在于"事实上，关于具有支配地位的合作理论，较之其实际的表现，其研究更加晦涩"①。实际上，关于国际合作的理论解读，无论是基于共同利益还是应对共同问题等，较之合作的现实呈现，也许理论层面的解读看似并不重要。西方国际关系理论的解读，可以被视为一种理论分析框架。结合实践阐释，回顾自 2013 年"一带一路"倡议提出以来"一带一路"建设实施的整体进程，合作作为"一带一路"建设的主线已然在发挥着相当显著的主导性作用。通过合作所展示的国际交往，尤其是以"和平合作、开放包容、互学互鉴、互利共赢"为内涵的丝路精神作为国际交往的核心理念，是对于现有国际关系互动的积极优化，其理论意义在于

---

① James N. Rosenau, Theories of International Cooperation and the Primacy of Anarchy, State University of New York Press, 2002, p2.

对现有国际关系理论中涉及国际交往的优化。

结合 21 世纪以来，尤其是自 21 世纪第一个十年后期的华尔街金融危机以来，全球范围内国际战略博弈的现实演变中，如何解决发展问题，构成各国面临的现实性境遇。到“一带一路”建设以及“人类命运共同体”的提出，客观上为发展问题的解决提供了一种相当有效的应对进程与范式。

较之西方国际关系理论所关注的国际合作，“一带一路”建设中所推进的国际合作更为显著地展现为：以互利互惠为基础的共同发展——进而展现为“丝路精神”引领下的国际合作。回顾近现代以来的国际关系史与当代国际关系的现实，丝路精神所展现的“和平合作、开放包容、互学互鉴、互利共赢”看似容易在国际关系的博弈中达成共识，但从国际关系博弈的基本现实出发，“矛盾与对立、冲突与战争”仍然在国际关系博弈的整体现实中屡屡出现。

因而，结合国际交往的现实考量，对于“一带一路”建设，国际战略学的相关理解解读在于：在以“和平合作、开放包容、互学互鉴、互利共赢”为内容的丝路精神指引下，为“一带一路”建设相关国际合作提供理论支持。在国际关系现实互动中，国际战略学的相关解读能够提供必要的理论指引并基于“一带一路”建设相关的国际合作，进一步推进与实现理论创新。

从国家治理的视角阐释，中国与“一带一路”沿线国家合作的实现，对于各国国家治理的提升与优化，具有相当积极的助力意义。从国际战略学的基本要义出发：注重国内国外双向统筹与全面布局的国际战略学理念，展现对于国际国内事务的双向并重。需要明确的是，这一双向并重意在以国内治理为基础，依循“外交是内政延续”的逻辑，在关注“一带一路”建设相关国际关系博弈的同时，也关注到“一带一路”建设对于国内治理的积极作用，通过国际战略学的相关理念加以解读为,"一带一路"建设的实施能够有效推动中国沿海沿边地区以及内地更为全面的发展。无论是基础设施建设还是产业结构优化,无论是社会治理还是民族关系等,都可以随着"一带一路"建设的逐步落实而得以彰显。此外,"一带一路"建设的落实在国家治理进程中也对应国家治理体系和治理能力现代化的相关进程、对应实现中华民族伟大复兴的中国梦的相关进程,能够在真正意义上助力中国自身的发展、实现以中国的发展支持世界的发展。

因而,结合国家治理的现实考量,国际战略学的相关理解解读在于,结合"一带一路"建设具体实践,有效落实与充实"一带一路"建设对于国家治理具有的积极影响。这一积极影响,对于包括国家治理体系和治理能力现代化、实现中华民族伟大复兴的中国梦等相关进程具有显著的支撑性意义。进而,通过国际战略学国内国际的双向统筹与全面布局,对于"一带一路"建设在具体落实中的理论解读相当重要。

通观国际战略学对于"一带一路"建设国际多边合作的理论解读,国际战略学的理论理解在于结合国际交往与国家治理之间的密切相关、联动,解读中国"一带一路"建设在国际交往和国家治理进程中所具有的布局、实践、影响与评估。除了上述基于国际交往、国家治理等层面的国际战略学解读"一带一路"建设,国际战略学解读"一带一路"建设的国际合作,尤其是国际多边合作,还需要加以明确的是国际战略学自身的学理发展说明,合作作为当前国际关系发展的主题,在"一带一路"建设的相关项目提出与落实、项目落地和规范化建构等阶段需要突出合作的重要意义与作用。从"一带一路"建设在"提出与落实阶段"的发展历程、在"项目落地阶段"和"规范建构阶段"所面临的现实,"一带一路"建设需要明确依托包括国际多边合作在内的国际合作进程作为主导性方向与路径,推进

"一带一路"建设的不断落实，助力"一带一路"建设实现真正意义上推进共同发展、惠及"人类命运共同体"的构建。上述论述，为进一步明确"一带一路"建设的实践与国际多边合作的对接，提供相应的理论基础。

同时，对于各种各样的国际纷争等，仍然贯穿于国际关系博弈的整体进程。比如，在中美关系的发展演变中，尽管自特朗普 2017 年执政以来中美关系的发展在相当程度上得到了提升并形成了相应的共识，但是中美两国在经贸问题、朝鲜半岛问题等领域仍然存在着相当显著的矛盾与对立。诚然，这是国际关系复杂性的体现，但需要明确的是，倘若中美关系的发展尤其是美国对华战略与政策的制定、落实能够依循丝路精神具有的"和平合作、开放包容、互学互鉴、互利共赢"理念，中美关系的发展很可能实现相当显著的提升。到 2018 年初春，由经贸纠纷所带来的中美贸易摩擦与美国国内通过所谓"台湾旅行法"等，为中美关系的发展再度蒙上阴影。这一局面直接造成中美关系的对立持续升级，进而影响中美两国在一系列领域的合作进程。

上述分析表明，对于涉及诸多领域的中美关系，其发展进程在相当程度上呈现为诸多不可预测性。这一不可预测性在 2017 年至 2018 年初春的演变说明，对于中美关系的有效把握之于中国积极推进"一带一路"建设的作用，是复杂的甚或需要给予必要的警惕。继而从国际战略学的学理分析阐释，中美关系的这一复杂变化是对于当前国际战略整体变幻的缩影。审视中美关系发展变化的国际战略学解读，需要进一步明确的是：第一，中美关系顺利发展的实现，难以一蹴而就。这不仅源自中美关系自身构成的诸多复杂变量，而且也源自美国国内相对复杂与多变的国家治理环境。第二，中美两国之间的战略博弈存在相应的复杂性。尤其是台海问题、朝鲜半岛问题、中美经贸问题等诸多问题的相互关联，造成中美关系在战略层面的困局渐趋显著。第三，在针对中美关系的战略评估中，不应忽视在全球国际战略博弈中对于中美战略互动的理解。中国在进入 21 世纪后迅速发展，成为世界第二大经济体并不断缩小中美两国之间的差距。这使得来自美国的战略压力逐步强化，并进一步造成美国对华政策长期存在的"接触＋遏制"呈现出"遏制"渐趋显现的局面。

较之中美关系的复杂演变，对于全球范围内国际战略博弈的复杂局势也需要给予更为明确的认知，这是解读"一带一路"国际多边合作的关键背景所在。这一复杂局势尤为突出地表现为，进入 21 世纪第二个十年后西方世界所出现的"再国家化"进程，这一进程不仅造成西方国家在内部治理方面出现了一系列的保守化倾向，而且也在相当程度上造就了"盎格鲁—撒克逊"模式影响下的全球治理失灵，也进一步造成全球战略博弈的复杂乃至更多的不确定。

比如，整体上审视英国的特里莎·梅与美国的特朗普对于其国家治理的相关布局，特里莎·梅与特朗普有所类似的执政理念可以被视为 21 世纪第二个十年中后期，西方国家在国家治理中所呈现出的"双 T 主义"。结合两者执政后的相关政策布局与审视的现实，特里莎·梅和特朗普执政进程中"双 T 主义"的相关理念，其定位与阐释为："双 T 主义"是在经贸领域，注重再国家化、反全球化与反区域化的相关理念体现；其相关的政策理念，更多地考虑本国而有意忽视或对抗他国、全球与区域，进而在世界经济领域进一步激化西方国家与非西方国家已有的矛盾与对立。

结合英国与美国国家治理的现实阐释，"双 T 主义"所带来的效应在于：英国与美国等某些西方国家的国家治理实施相关进程中，在更多注重本国利益的同时，可能对他国利益、对全球治理构成相应的损害。从"双 T 主义"的影响范围阐释，"双 T 主义"的执政理念，很可能进一步影响到全球治理的诸多领域，诸如对环境领域全球治理的冲击、对安全领域全球治理的冲击等。以国家治理的视角审视"双 T 主义"的演变，"双 T 主义"更多地意味着西方国家在世界领域的全球治理进程中采取更为激进的政策，进而造成西方国家内部的分裂与对立、西方国家与非西方国家对立与对抗的持续升级。这一局面的出现与持续相当程度上展示为，在全球治理的推进中，由上述对立与对抗所带来的困境已经成为制约世界经济发展的关键障碍之一。

继而在整体长期主导全球事务的西方国家的作为中，随着"双 T 主义"对西方国家施政进程的不断影响，西方国家治理的相关进程，更多地展现为对西方国家"再国家化"进程的思考与实践。所谓"再国家化"，意指在国家治理的整体进程中，更多地顾及本国的战略利益并有意限制本国对区域治理、全球治理的相关参与；"再国家化"，也意指在国家治理的理念中更多地倾向于保守理念，与新保守主义思想在 21 世纪第二个十年在全球范围内的回潮密切相关；"再国家化"，还意味着在国家治理的具体实践中，实施更为强硬的甚或缺少弹性的政策，诸如强硬的贸易保护主义政策等，往往会带来更多的矛盾与对立。比如，2018 年 3 月，美国特朗普政府发起针对中国的贸易战，这是对于这种矛盾与对立的反映。

结合西方国家治理的现实阐释，西方国家的国家治理进程，因受到"再国家化"的影响，其国家治理进程中，尤其是内政与外交层面的相关政策进一步呈现为：强化具有贸易保护主义色彩的对外贸易、强化对本国经济发展（尤其是就业与至关重要的产业）加以保护、抵制外来移民（尤其是大量难民入境）等。同时，在对外政策领域，相对明显地限制乃至制止本国对于区域治理与全球化治理的参与。比如特朗普政府重新审议《北美自由贸易协定》、退出跨太平洋伙伴协定等；再如特里莎·梅政府推进英国退欧进程。而在法国，即使作为在野党，"国民阵线"主席玛丽娜·勒庞也宣称要对是否退出欧盟进行公投。

对"再国家化"的关注，不应仅仅局限于某些西方国家在自身国家治理的进程中强化对本国的治理与弱化对国际事务的参与，还应当关注到西方国家对某些国际事务进一步加以强硬应对的措施。比如，在反恐领域，尤其是在应对"伊斯兰国"问题上，即使美英等西方国家积极推动所谓"再国家化"进程，但对于积极打击恐怖主义、打击"伊斯兰国"，却采取更为强硬的政策并进一步开展西方国家之间在反恐问题上的相关合作与协调。同时，更值得关注的是，西方国家所谓的"再国家化"进程中，很可能推动更多的西方国家在包括区域治理与全球治理进程中的进一步合作与协调。因而，对于全球治理视阈下的"再国家化"认知，需要更为全面与深入的理解与分析。

与"再国家化"所密切相关的是，借助"新保守主义"思想的回潮，西方国家"极右"政治思潮与势力得以不断提升，在西方国家看来，从匈牙利的欧尔班政府执政，再到法国的"国民阵线"影响扩大，从特里莎·梅接手英国政权到特朗普当选总统，这些西方国家内部"新保守主义"回潮进程的出现，使"极右"政治势力在西方国家的影响得以显著拓展与提升。需要明确的是，以全球治理的视角加以分析，"极右"政治势力在西方国家影响的不断扩大，即使并不直接掌控政权，但其在国内的影响已然得到显著的提升并能够在相当大的程度上影响乃至作用于相关政策的制定与走向。对于任何首脑和政府，当"极右"政治势力在本国的影响得以扩大时，就不得不在施政的进程中顾及"极右"政治势力的相关主张。

基于"再国家化"的定位，进一步阐释"再国家化"对于西方国家实现国际参与的进一步影响。"再国家化"的影响还在于某些西方国家在推动其"再国家化"的进程中，其对国际事务的参与呈现出对现有国际秩序的颠覆。即结合对"再国家化"相关的诸如美国、英国等国家对现有国际秩序的相关作为，从某种意义上讲，构成针对国际秩序的颠覆，诸如退出或准备退出现有的区域治理架构。

在西方七国集团中，"再国家化"进程中最为值得关注的治国模式在日本，即2012年再度执政后的安倍政府所推进的国家治理进程，更多地可以被视为"再国家化"的典型进程之一。安倍政府的"再国家化"进程，是以"安倍主义"为名的国家治理理念加以推进。从日本国家治理的整体进程阐释，"安倍主义"所推动的国家治理中最为重要的内容在于：推动新保守主义回潮背景下的日本国家治理进程，更多地考虑展现强化与优化日本的国家认同，诸如构建"强有力的日本"的提出，以进一步强化安倍政府的国家治理能力。首先，在国家治理的整体进程中，积极强化自民党的执政地位；其次，在安倍政府具体的国家治理理念实践中，进一步强化对国家治理的制度化构建，尤其是致力于修改战后日本的"和平宪法"；再次，进一步强化日本的对外战略布局与实施，尤其是通过"俯瞰地球仪的外交"有效强化日本全球外交的战略优势；最后，在特朗普政府执政进程开启后，安倍政府采取更为积极的对美外交，进一步强化美日关系。继而，对于安倍政府的"再国家化"进程，通过上述措施得以有效实现——可以被视为日本国家权力的积极强化。显然，较之英美的所谓"双T主义"，包括安倍经济学等诸多理念在内的安倍主义，在其国家治理中更多地表现出相应的模式化进程。

在阐释当前西方国家中典型代表美国、英国、日本所积极开启的"再国家化"进程的同时，还需要关注"再国家化"整体进程的演变历程与影响。自17世纪威斯特伐利亚体系建立以来，主权国家成为数百年来国际关系演变进程中至关重要的主体之一；主权国家的相关构成要件，诸如领土、人口和政府等，渐趋在国际关系的相关互动中发挥着相当关键与重要的作用。比如，在 1814 年影响欧洲国际关系的"维也纳会议"上，会议的核心意在讨论拿破仑战争后关于欧洲领土分配与国际秩序，其中关键变量之一在于对于主权的认可。然而，到 20 世纪中叶，尤其是二战结束后，欧洲国家对国际事务的思考与参与，更多地注重重新评估主权国家相关构成要素。随着 1967 年欧洲共同体的建立，也随着 1993 年《马斯特里赫特条约》的生效，开启一体化进程的欧洲，实现了经济、政治、货币、防务等诸多领域的整合，主权国家的相关理念得以淡化。然而，到 21 世纪第二个十年中期，随着欧债危机的持续深入与西亚北非地区危机的爆发等诸多因素的相互作用，欧洲一体化进程逐步陷入相对紧张的状态。继而，随着希腊退欧的提出，欧洲一体化进程的危机得以凸显；到 2016 年，英国通过脱欧公投，欧洲一体化的危机持续深入。随着这一危机的持续，"再国家化"的趋势得以明确彰显。

对于上述局面，"一带一路"建设国际多边合作推进所面临的国际战略背景在于：一方面，国际合作已然成为当前全球范围内国际战略博弈的主流理念。这一理念更为有效地通过"一带一路"建设国际多边合作的推进，在相应的时间与空间范围内呈现出共同发展的态势与进程。因而，通过"一带一路"建设"项目落地阶段"和"规范建构阶段"推进与落实相应的国际合作，已然成为明确的共识。另一方面，国际局势的变化，尤其是西方国家以及西方国家在全球治理领域所呈现的"治理失灵"，继而西方国家所推行的具有浓重保守主义色彩的"再国家化"，或显性或隐性地影响或冲击着 21 世纪西方国家在战略博弈中的基本态势与进程。因而，这一战略背景逐步演化，在国际合作得以推进的同时，西方国家未必能够实现有效参与；在国际合作不断深化的同时，西方国家的"再国家化"很可能迟滞国际合作；在中国推进"一带一路"建设国际多边合作的同时，来自美国等国家的作为未必能够真正意义上助力这一合作的推进。结合国际战略互动的现实审视，包括"一带一路"建设在内的、以国际合作为导向的相关态势与进程，其推进的过程中不可避免地因西方国家与非西方国家之间的互动博弈而呈现某些对立乃至对抗。

因此，对于"一带一路"建设国际多边合作推进的国际战略博弈的背景审视，全球范围内的战略博弈构成"一带一路"建设推进的现实状况。在国际合作获得相应共识并推进"一带一路"建设的同时，来自西方国家的某些非议甚或阻碍也得以呈现。比如，来自西方国家的典型观点认为：二战的灰烬中诞生的自由国际秩序维护着大国间的和平、促进经济繁荣与减少自由传播的障碍，对于其未来轨迹的担忧在于，对于一个以开放的规则为基础的体系遍及世界的挑战，全球秩序面临着来自俄罗斯对乌克兰和他国主权的暴力、"伊斯兰国"的崛起和对中东长期以来边界的破坏、中国对南海和更多地区海洋秩序的挑战。[1] 这一观点的荒谬之处在于，尽管其对二战后国际秩序的阐释符合客观历史的现实，但是，这一观点对未来的分析，基本不符合当前国际关系的现实；同时，将俄罗斯、中国与"伊斯兰国"对国际秩序的影响加以等同，这是对国际关系现实的基本违背。以中国在南海问题的举措为例，中国在南海问题上的相关举措比如岛礁建设等，客观上可以视为推进南海地区国际区域治理的公共产品，进而能够有效保障南海地区的国际局势稳定、海上交通安全等。与之相类似，即使中国未来划设南海防空识别区，作为一种公共产品，这也是对于南海地区国际安全的有效保障。

---

[1] Richard Fontaine, Salvaging the Global Order, http://nationalinterest.org/feature/salvaging-the-global-order – 12390，访问时间：2017 年 10 月 11 日。

结合针对"一带一路"建设国际多边合作的国际战略学学理分析，国际战略自身演变已然说明，国际合作共识达成是否得以有效推进与来自西方国家的战略掣肘，构成推进"一带一路"建设国际多边合作现实性进程的基本背景。从这一背景出发，应明确考虑在对于"一带一路"建设国际多边合作具有积极意义的"项目落地阶段"与"规范建构阶段"，实现"一带一路"建设的实践与国际多边合作的对接。

第二节 "一带一路"建设的实践与国际多边合作的对接

"一带一路"建设与国际多边合作的对接，大致概述为："一带一路"建设的推进为国际多边合作的进一步有效实施、拓展与提升，提供相当的基础与支持；国际多边合作，作为一种国际合作的范式进而作为当代国际关系的现实，有效助力于"一带一路"建设的积极落实。这是对接"一带一路"建设的实践与国际多边合作的基础。同时，依托这一基础与"一带一路"建设在2017年国际合作高峰论坛后进一步的积极发展现实与态势，"一带一路"建设的实践与国际多边合作的对接，将不仅仅局限于国际多边合作对于"一带一路"建设落实所具有的积极效应，而且落实为国际多边合作对于"一带一路"建设在"项目落地阶段"与"规范建构阶段"所具有的战略性作用。这一作用既来自"一带一路"建设自2013年开启实施进程以来所取得的一系列成果，也来自"一带一路"建设更为积极的发展前景，这与"一带一路"建设落实进程中有效运用国际多边合作密切相关。未来"一带一路"建设的落实中，鉴于国际多边合作所具有的重要影响与作用，国际多边合作能够在真正意义上助力"一带一路"建设的进一步落实与优化。

一　"一带一路"建设的实践与国际多边合作对接的基本条件

以上述分析为出发点阐释国际多边合作的战略性作用在于，在"一带一路"建设实践的整体落实中，国际多边合作所具有的优势地位得以凸显。国际多边合作对于"一带一路"建设的落实、推进以及未来"一带一路"建设的进一步落实与优化等，具有相当显著的作用而非仅仅局限于作为一种实施路径。从"一带一路"建设未来的发展趋势阐释，国际多边合作所展现的多边范式、多边效应，能够相当有效地推进"一带一路"建设、实现共同发展的同时，也可以进一步助力"一带一路"建设的整体效用提升，使之能够更为全面且有效地支持"人类命运共同体"的构建。继而，结合"一带一路"建设的有效推进，对于国际多边合作的战略性在于"一带一路"建设的积极推进能够进一步展示国际多边合作所具有的相关作用：

依托"一带一路"建设的国际多边合作，可以进一步有效落实"一带一路"建设自身的发展。国际多边合作的实现，在拓展"一带一路"建设相关路径的基础上，进一步优化了"一带一路"建设的客观发展环境与主观条件。

"一带一路"建设自身的发展，通过国际多边合作的推进，可以进一步争取国际社会范围内的认可与支持。国际多边合作在发挥路径作用的基础上，可以视为"一带一路"建设得以推进的动力所在。国际多边合作的推进，可以在整体上助力"一带一路"建设在多边层面的落实与优化，而非仅仅局限于作为"一带一路"建设的路径之一而发挥作用。

依托"一带一路"建设的国际多边合作，能够明确地展现中国在"一带一路"建设中具有的积极作用，尤其是领导性作用。这一领导性作用在于借助"一带一路"建设的积极推进，在"一带一路"建设的"项目落地阶段"和"规范建构阶段"落实中积极推动相关项目，并提供相应的保障，这一局面需要借助中国发挥相应的领导作用。这一领导性作用，既要体现为中国对于积极贯彻"一带一路"建设在国际多边合作中的物质基础，包括相应的战略资源投入等，又要体现中国贯彻这一项目的决心与意志，还需要展现出中国在国际多边合作中所提供的制度化建构，以保障"一带一路"建设的顺利实施与风险应对。

依托"一带一路"建设的国际多边合作，可以进一步诠释中国与世界之间关系的积极互动。中国与世界的关系的互动中，国际多边合作除作为路径而发挥作用外，还可以表现为借助"一带一路"倡议所推进的国际话语体系的建设、议题设置权的建设等。

中国与世界的关系借助国际话语体系、议题设置的有效运用，能够更为明确地展现出"一带一路"建设中中国所具有的国际责任与大国风范。进而，借助"一带一路"建设国际多边合作的推进，优化中国与世界的关系的整体布局、推进中国与世界的关系依循更为积极的发展方向全面推进。

依托"一带一路"建设的国际多边合作，有助于推动国际关系整体发展的良性进程。从全球范围内国家关系互动的现实考虑，国际关系整体进程的良性发展，更多地取决于国家关系互动自身的积极进程。"一带一路"建设作为全球范围内国家关系互动中的重要组成部分，能够发挥相当有效的助力作用。

这一助力作用不仅在于中国积极推进国际关系整体博弈的优化，而且在于进一步强调中国在相应国际关系互动的变化中所具有的积极作用。借助"一带一路"建设所推进的国际多边合作，可以更为有效地落实全球范围内国际关系整体博弈的优化。

通过上述作用的阐释，进一步明确"一带一路"建设与国际多边合作之间的对接——"一带一路"建设中，国际多边合作作为一种有效的国际合作发挥着相当积极的作用；国际多边合作的推进，也能够为"一带一路"建设提供相应的路径并发挥更为有效的战略性作用。对于"一带一路"建设与国际多边合作之间的对接，应进一步考虑以"一带一路"建设已有的成果作为分析对象，阐释"一带一路"建设落实进程中国际多边合作所发挥的积极作用。同时，还可以结合"一带一路"建设未来的发展趋势，分析国际多边合作所具有的积极影响。

从 2013 年提出到 2017 年"一带一路"国际合作高峰论坛，"一带一路"建设的现实进程取得的成就值得肯定。对此，根据 2017 年"一带一路"建设国际合作高峰论坛上，中国国家主席习近平在《携手推进"一带一路"建设》的讲话中明确提出：4 年来，全球 100 多个国家和国际组织积极支持和参与"一带一路"建设，联合国大会、联合国安理会等重要决议也纳入"一带一路"建设内容。"一带一路"建设逐渐从理念转化为行动，从愿景转变为现实，建设成果丰硕。① 进而，结合中国国家主席习近平的具体阐释，进一步以"一带一路"建设相关的"五通"为导向，明确"一带一路"建设自 2013 年提出以来到 2017 年"一带一路"建设所取得的具体成就：

---

① 《习近平在"一带一路"国际合作高峰论坛开幕式上的演讲》，新华网，http://news.xinhuanet.com/politics/2017–05/14/c_1120969677.htm，访问时间：2017 年 5 月 14 日。

表1-1 "一带一路"建设涉及"五通"的成就阐释①

政策沟通	"一带一路"建设不是另起炉灶、推倒重来,而是实现战略对接、优势互补。我们同有关国家协调政策,包括俄罗斯提出的亚欧经济联盟、东盟提出的互联互通总体规划、哈萨克斯坦提出的"光明之路"、土耳其提出的"中间走廊"、蒙古提出的"发展之路"、越南提出的"两廊一圈"、英国提出的"英格兰北方经济中心"、波兰提出的"琥珀之路"等。中国同老挝、柬埔寨、缅甸、匈牙利等国的规划对接工作也全面展开。中国同40多个国家和国际组织签署了合作协议,同30多个国家开展机制化产能合作。本次论坛期间,我们还将签署一批对接合作协议和行动计划,同60多个国家和国际组织共同发出推进"一带一路"贸易畅通合作建设。各方通过政策对接,实现了"一加一大于二"的效果。
设施联通	我们和相关国家一道共同加速推进雅万高铁、中老铁路、亚吉铁路、匈塞铁路等项目,建设瓜达尔港、比雷埃夫斯港等港口,规划实施一大批互联互通项目。目前,以中巴、中蒙俄、新亚欧大陆桥等经济走廊为引领,以陆海空通道和信息高速路为骨架,以铁路、港口、管网等重大工程为依托,一个复合型的基础设施网络正在形成。
贸易畅通	中国同"一带一路"参与国大力推动贸易和投资便利化,不断改善营商环境。我了解到,仅哈萨克斯坦等中亚国家农产品到达中国市场的通关时间就缩短了90%。2014~2016年,中国同"一带一路"沿线国家贸易总额超过3万亿美元。中国对"一带一路"沿线国家投资累计超过500亿美元。中国企业已经在20多个国家建设56个经贸合作区,为有关国家创造近11亿美元税收和18万个就业岗位。
资金融通	中国同"一带一路"建设参与国和组织开展了多种形式的金融合作。亚洲基础设施投资银行已经为"一带一路"建设参与国的9个项目提供17亿美元贷款,丝路基金投资达40亿美元,中国同中东欧"16+1"金融控股公司正式成立。这些新型金融机制同世界银行等传统多边金融机构各有侧重、互为补充,形成层次清晰、初具规模的"一带一路"金融合作网络。
民心相通	"一带一路"建设参与国弘扬丝绸之路精神,开展智力丝绸之路、健康丝绸之路等建设,在科学、教育、文化、卫生、民间交往等各领域广泛开展合作,为"一带一路"建设夯实民意基础,筑牢社会根基。中国政府每年向相关国家提供1万个政府奖学金名额,地方政府也设立了丝绸之路专项奖学金,鼓励国际文教交流。各类丝绸之路文化年、旅游年、艺术节、影视桥、研讨会、智库对话等人文合作项目百花纷呈,人们往来频繁,在交流中拉近了心与心的距离。

---

① 《习近平在"一带一路"国际合作高峰论坛开幕式上的演讲》,新华网,http://news.xinhuanet.com/politics/2017-05/14/c_1120969677.htm,访问时间:2017年5月14日。

综合上述成就分析，自 2013 年 "一带一路" 建设提出到 2017 年 "一带一路" 国际合作高峰论坛，"一带一路" 建设取得的成就已在 "五通" 领域积极促进中国与 "一带一路" 沿线国家的共同发展。其中对于共同发展的释义为，中国与 "一带一路" 沿线国家的发展呈现为显著的体系化趋势。继而，结合 "一带一路" 建设 "五通" 的具体进程阐释：

这一体系化趋势中以政策层面的沟通以及以沟通为基础的协调，进一步优化中国与 "一带一路" 沿线国家之间开展相应的政策整合、优化等。继而，依托政策优化能够推进其他诸多领域的国家间合作与协调等，实现 "战略对接、优势互补"。整体上审视 "一带一路" 建设自 2013 年以来在 "提出与落实阶段" 所取得的成就，基于政策领域的沟通以及与之密切相关的政策协调，对于 "一带一路" 建设的推进具有显著的基础性作用。

对于涉及 "一带一路" 政府间合作相关的政策协调，在关注到中国与 "一带一路" 沿线国家与 "一带一路" 建设相类似的政策对接的同时，还需要考虑到在 "一带一路" 建设相关项目落地的进程中，对接中国与相关国家之间的政策等。这一政策协调的基本出发点在于，与 "一带一路" 建设类似的政策主张，诸如俄罗斯的 "业欧经济联盟"、哈萨克斯坦的 "光明之路" 等，具有推动本国与他国共同发展的属性，能够在相当普遍的意义上推进 "一带一路" 建设的积极发展。"共同发展" 的属性界定等所凸显的是 "一带一路" 建设的本质，这一属性的彰显也明确说明了 "一带一路" 与所谓具有霸权强化属性的 "亚太再平衡" 战略与具有侵略战争属性的 "大东亚共荣圈" 不具有相似性的关键所在。

以设施联通作为保障，借助设施联通能够为更为有效的经贸与人文交流提供物质基础。继而，依托设施联通，有效落实涉及 "一带一路"沿线国家的交通物流体系建立与健全。随着设施联通相关的"互联互通项目"的推进,设施联通所具有的积极意义也随之得以明确:不仅成为中国与"一带一路"沿线国家在政策沟通领域相关成果的具体化表现,更可以视为对于"一带一路"建设相关项目的有效支持。

其中,包括铁路、公路、水运、航空在内的复合型基础设施网络建设得以推进,构成设施联通的客观表现。陆上丝绸之路、海上丝绸之路等相关进程的不断落实,诸如中欧班列等,有效地体现了"一带一路"建设在基础设施领域的成就。

以贸易畅通作为动力,积极推进中国与"一带一路"沿线国家开展并强化相应的贸易关系。贸易畅通的积极推进是对于"一带一路"建设的具体落实,不仅促进中国与"一带一路"沿线国家通过贸易畅通获得相应的经济收益,而且在于借助贸易畅通构建更为有效的互信互利。经贸领域具有的动力性作用表现为积极推进"一带一路"建设所涉及的相关国家之间经贸合作的开展,进而积极助力以经贸合作为基础的更为普遍与广泛的国家间合作。

贸易畅通的落实,使"贸易和投资便利化"正在随着"一带一路"建设得以推进。依托政策沟通、设施联通的积极支持,"贸易畅通"可以更为有效地保障中国与"一带一路"沿线国家获得相当可观的经济收益。从更为广泛的意义分析,"一带一路"建设引导下的经贸合作得以开展。更为重要的是,贸易畅通的落实与推进,能够在相当程度上助力"一带一路"建设真正意义上得以实现中国与"一带一路"沿线国家的共同发展。同时,随着贸易畅通的实现与不断发展,与贸易畅通密切相关的衍伸领域——资金融通、民心相通也将随之受益。

以资金融通作为支柱,即优化中国与"一带一路"沿线国家之间的金融合作与交往。继而，在明确金融支持的基础上，进一步构建"一带一路"建设更为有效的支持。到 21 世纪初，金融具有的重要意义不言而喻。借力"一带一路"建设推进的金融合作，尤其是包括人民币国际化在内的积极措施不断推进，对于从根本上推进"一带一路"建设具有相当重要的支撑性意义。倘若缺失金融领域的支持，"一带一路"建设的落实与推进，不仅面临着来自金融领域的诸多风险，而且币权的缺失可能造成中国"一带一路"建设在整体实施中陷入困境。

因而，从目前"一带一路"建设已经取得的成就阐释，资金融通领域中国与"一带一路"沿线国家所推进的相关合作、具体项目已经得以推进，并借助亚洲基础设施投资银行、丝路基金等金融机构得以有效实现。比如，中国国家主席习近平在"一带一路"国际合作高峰论坛上宣布，中国向丝路基金增资等。这展示了中国对于"一带一路"建设的积极支持与坚定决心。结合"一带一路"建设的整体布局阐释，金融领域的支持对于有效落实"一带一路"建设具有相当显著的支撑作用。

以民心沟通作为保障，积极推进与筑牢"一带一路"建设的民意基础，进而实现对于"一带一路"建设的持续动力构建。"民心沟通"是积极推进"一带一路"建设的关键保障所在，通过"民心沟通"能够进一步影响"一带一路"沿线国家的社会舆论、媒体报道与公众心理的定位与走向。通过"民心沟通"能够在相应的时间与空间范围内，推进更多的"一带一路"沿线国家在社会、媒体与公众等领域支持"一带一路"建设的落实。随着"一带一路"建设的不断推进，尤其是"一带一路"建设进入"项目落地阶段"与"规范建构阶段"，"民心沟通"所具有的重要意义正在得以凸显。

"民心沟通"如果出现问题，往往造成"一带一路"建设在具体落实中遭遇困境。大致表现为来自国外社会的媒体与公众等对于中国"一带一路"建设的怀疑、不信任；将中国"一带一路"建设积极推进的共同发展简单地视为与中国的不平等贸易甚至经济侵略，进而"民心沟通"的困境往往进一步影响到中国的海外国家形象、影响到中国与"一带一路"沿线国家之间的整体关系走向。因而，在"民心沟通"领域，需要对"一带一路"建设的相关部署与实践加以关注与肯定。

"一带一路"建设的实践以及通过实践所取得的成果表明，旨在实现共同发展的"一带一路"建设在其"提出与落实阶段"，借助"五通"的积极推进，实现了对于"一带一路"建设相关主张的明确落实，使中国与"一带一路"建设沿线国家从"一带一路"建设的落实中获得了相当明显的收益。可以将"一带一路"沿线国家所获得的收益大致概括为，围绕"五通"的不断贯彻与落实，中国与"一带一路"沿线国家通过"政策沟通"进一步扩展其对外交流的空间与路径。"一带一路"建设的推进，可以落实更多的国家开展行之有效的合作进程。依托"政策沟通"所建立健全的国家间协调，对于未来进一步推进"一带一路"建设提供了必要的基础。依托这一基础进一步推进与"一带一路"建设相关的政策沟通，"共同发展"为政策沟通的推进提供了明确的指向。借助这一指向，能够明确在政策沟通领域的更多细节，也为未来"一带一路"建设的规范化建构提供相应的支持。

通观上述论述所涉及的"一带一路"建设实施取得的显著成就，可以明确在上述成就的展现中，国际多边合作具有相当重要的作用。依托国际多边合作的作用发挥，"一带一路"建设得以有效推进，可以考虑结合上述"五通"中的具体实践分析。在"五通"所取得的显著成果中，"一带一路"建设的推进中国际多边合作所发挥的作用具体表现为：

以"五通"中的"设施联通"作为分析对象，进一步说明"一带一路"建设中落实国际多边合作所发挥的作用。鉴于"设施联通"的积极推进更多地涉及国际多边合作，借此展示在国际多边合作框架下的"设施联通"的现实状况与未来趋势。

"设施联通"的推进，为"一带一路"建设在"项目落地阶段"的设施提供了物质支持。随着"设施联通"的建设落实以及与之密切相关的"设施联通"的升级，"一带一路"建设相关项目的推进也将获得相应的支持。比如，无论在中巴经济走廊还是在中国与中东欧国家在制造业、交通运输业等领域的合作，"设施联通"以及相应的基础设施升级，能够为上述领域相关产业的进一步发展提供实质性的助力。

以"一带一路"建设交通基础设施为例：到 2017 年 4 月，根据相关统计表明，"一带一路"建设提出 3 年多来，交通运输部坚持"共商、共建、共享"的原则，利用既有机制平台，推动共识和规划标准对接。亚太经社会交通部长会议通过了《亚太地区可持续交通互联互通部长宣言》及其 5 年行动计划；中国—中东欧国家主管部门达成了关于设立中国—中东欧海运合作秘书处的共识，并签署了有关谅解备忘录。中国与沿线有关国家制定了中亚区域交通发展战略、大湄公河次区域交通发展战略，与东盟签署了有关交通规划对接和技术合作文件。目前，我国已与"一带一路"沿线国家签署了包括《上海合作组织成员国政府间国际道路运输便利化协定》《中国—东盟海运协定》等 130 多个涉及铁路、公路、海运、航空和邮政的双边和区域运输协定。据统计，我国通过 73 个公路和水路口岸，与相关国家开通了 356 条国际道路客货运输线路；海上运输服务已覆盖"一带一路"沿线所有国家;与43个沿线国家实现空中直航,每周约4200个航班。同时,还简化了国际铁路联运办理手续,促进中欧间国际铁路货物联运,开展国际铁路运邮合作。[①] 上述"一带一路"建设相关成果以及数据表明,在基础设施领域"互联互通"的实现,客观上为中国与"一带一路"沿线国家之间开展积极互动提供了相应的基础。

通过互联互通的实现对于国际多边合作所带来积极效应在于:通过阐释中国与中亚、中国与东盟、中国与中东欧之间建立的相当庞大与有效的交通物流体系,对于国际多边合作视角下的交通基础设施建设的体系化的理解,应考虑从交通基础设施建设自身的发展与互联互通的实现的视角,以国际多边合作的落实为基础,进一步推动多国之间大范围、多领域的协调与合作,进而实现涉及基础设施领域的有效联动,落实交通基础设施体系化的建设进程。

在落实交通基础设施体系化建设的同时,还需要明确与之密切相关的制度建设。其中,在国际多边合作框架下涉及的区域运输协定等,能够在制度建设层面落实交通基础设施建设体系的全面推进。与之紧密相关的是,通过交通基础设施建设能够进一步落实中国推进"一带一路"的坚实基础。以交通基础设施建设、交通基础设施体系化以及相关的成就为出发点,能够进一步为"五通"中的其他方面提供有力支持。

共建"一带一路"的核心内涵,就是促进基础设施建设和互联互通,加强经济政策协调和发展战略对接,促进协同联动发展,实现共同繁荣。这一建设源自中国,更属于世界;根植于历史,更面

---

① 《打通腾飞双翼的血脉经络》,《经济日报》2017年4月27日。

向未来；重点面向亚欧非大陆，更向所有伙伴开放。^① 通过这一阐释能够进一步说明，在"一带一路"建设的整体布局与具体实践中，包括交通基础设施在内的基础设施建设和互联互通的实现具有的积极意义。从发展的视角阐释，随着 2017 年"一带一路"国际合作高峰论坛的召开，中国积极推动的"一带一路"建设已经实现从中国走向亚欧大陆进而走向世界。因此，这一进程能够更为有效地展现中国积极推进"一带一路"建设在国际多边合作中的积极努力。

除了对已有的成果加以关注，实现"一带一路"建设与国际多边合作之间的对接，还需要进一步明确与"一带一路"建设的推进相关的中国对外战略实施的背景评估。这一战略背景评估主要涉及：随着中国渐趋临近世界舞台的中心，中国对外战略的实施不仅需要顾及中国自身的发展，中国对于世界和平与发展的贡献、作用与责任等，而且需要进一步落实为中国借助"一带一路"建设的推进，为全球范围内的和平与发展提供更具现实性、持续性与保障性的助力。

二 对接"一带一路"建设国际多边合作的中国主张

结合"一带一路"建设未来的发展布局中中国政府的积极部署与实践，可以进一步明确"一带一路"建设中国际多边合作所具有的更为显著的意义。对此，需要首先明确中国政府对于未来"一带一路"建设得以有效推进的相关主张。进一步考虑以未来推进"一带一路"建设的中国主张为基础，阐释对于国家多边合作的积极运

---

① 《习近平主席在亚太经合组织工商领导人峰会上的主旨演讲（全文）》，新华网，http://news.xinhuanet.com/politics/leaders/2017 - 11/10/c_ 1121938333.htm，访问时间：2017 年 11 月 11 日。

用，进而实现"一带一路"建设与国际多边合作的有效对接。结合"一带一路"建设未来发展趋势，之所以能够有效实现"一带一路"建设与国际多边合作的有效对接，其原因在于：

第一，作为"一带一路"建设的首倡国，中国拥有领导与参与"一带一路"建设的重要基础。这不仅在于中国在积极推进"一带一路"建设中所具有的领导力、执行力，而且在于通过中国自身的发展，尤其是持续四十年的改革开放所取得的重大成果，能够为中国未来积极推进"一带一路"建设提供必要的物质支持。

第二，结合"一带一路"建设已有成就看，中国对于已有成就的取得做出了相当重要的贡献。与这一贡献所密切相关的是，通过中国在"一带一路"建设中做出的贡献以及通过中国的贡献所构建的中国与"一带一路"诸多沿线国家所形成的互利互惠互信的格局与态势，能够为中国未来积极推进"一带一路"提供相当可靠的国际环境等。

表 1 - 2　未来推进"一带一路"建设的中国主张概述[①]

序号	基本主张	具体内容
1	中国愿在和平共处五项原则基础上，发展同所有"一带一路"建设参与国的友好合作。	中国愿同世界各国分享发展经验，但不会干涉他国内政，不会输出社会制度和发展模式，更不会强加于人。推进"一带一路"建设不会重复地缘博弈的老套路，而将开创合作共赢的新模式；不会形成破坏稳定的小集团，而将建设和谐共存的大家庭。
2	中国已经同很多国家达成了"一带一路"务实合作协议。	中国同有关国家的铁路部门将签署深化中欧班列合作协议。将推动"一带一路"合作项目早日启动、早见成效。

[①] 《习近平在"一带一路"国际合作高峰论坛开幕式上的演讲》，新华网，http://news.xinhuanet.com/politics/2017－05/14/c_1120969677.htm，访问时间：2017 年 5 月 14 日，根据这一演讲内容进行简要整理。

序号	基本主张	具体内容
3	中国将加大对"一带一路"建设资金支持	向丝路基金新增资金1000亿元人民币,鼓励金融机构开展人民币海外基金业务,规模预计约3000亿元人民币。中国国家开发银行、进出口银行将分别提供2500亿元和1300亿元等值人民币专项贷款,用于支持"一带一路"基础设施建设、产能、金融合作。还将同亚洲基础设施投资银行、金砖国家新开发银行、世界银行及其他多边开发机构合作支持"一带一路"项目,同有关各方共同制定"一带一路"融资指导原则。
4	中国将积极同"一带一路"建设参与国发展互利共赢的经贸伙伴关系。	促进同各相关国家贸易和投资便利化,建设"一带一路"自由贸易网络,助力地区和世界经济增长。中国将从2018年起举办中国国际进口博览会。
5	中国愿同各国加强创新合作。	启动"一带一路"科技创新行动计划,开展科技人文交流、共建联合实验室、科技园区合作、技术转移4项行动。将在未来5年内安排2500人次青年科学家来华从事短期科研工作,培训5000人次科学技术和管理人员,投入运行50家联合实验室。将设立生态环保大数据服务平台,倡议建立"一带一路"绿色发展国际联盟,并为相关国家应对气候变化提供援助。
6	中国将在未来3年向参与"一带一路"建设的发展中国家和国际组织提供600亿元人民币援助,建设更多民生项目。	将向"一带一路"沿线发展中国家提供20亿元人民币紧急粮食援助,向南南合作援助基金增资10亿美元,在沿线国家实施100个"幸福家园"、100个"爱心助困"、100个"康复助医"等项目。将向有关国际组织提供10亿美元落实一批惠及沿线国家的合作项目。
7	中国将设立"一带一路"国际合作高峰论坛后续联络机制。	成立"一带一路"财经发展研究中心、"一带一路"建设促进中心,同多边开发银行共同设立多边开发融资合作中心,同国际货币基金组织合作建立能力建设中心。将建设丝绸之路沿线民间组织合作网络,打造新闻合作联盟、音乐教育联盟以及其他人文合作新平台。

通过上表内容分析,中国对于积极推进"一带一路"建设的相关主张大致可以概括为:和平共处五项原则,作为"发展同所有'一带一路'建设参与国的友好合作"的基础,这一基础的作用为积极推进"一带一路"建设提供有效、可靠的基础性保障。对比与

"一带一路"建设存在某些表面相似却有显著不同的马歇尔计划,或者长期以来发达国家对于发展中国家的各种援助等,后者并不具备和平共处五项原则的基础。对此,通过2013年以来"一带一路"建设推进所取得的成就分析,可以明确"一带一路"建设推进的应有之义。

对于已经达成的合作协议给予推进,是对于"一带一路"建设相关内容的有效落实,也是"一带一路"建设的主要内容。无论是"五通"等相关领域的积极推进,还是从"一带一路"建设的基本进程出发,推动全球范围内国际关系的良性互动,进而实现构建人类命运共同体、实现全球治理体系的积极变革等,都需要借助"一带一路"建设的相关合作落实提供必不可少的支撑。

加大对"一带一路"建设的资金支持,构成"一带一路"建设的关键动力。鉴于金融对当前世界经济、"一带一路"建设有效推进所具有的重要作用,需要考虑为"一带一路"建设提供相当可靠的资金支持——不仅涉及对"一带一路"建设相关项目提供支持,而且也涉及进一步建立健全"一带一路"建设的相关金融体系,这也是未来"一带一路"建设的重点所在。

"同'一带一路'建设参与国发展互利共赢的经贸伙伴关系",是对于推进"一带一路"建设更为有效的国家间关系互动的升级。经贸伙伴关系的确立,能够在促进投资与贸易便利化的基础上,进一步落实对于"一带一路"建设的积极推进、强化等。经贸伙伴关系带来的积极作用还在于,经贸伙伴关系的建立能够为"一带一路"建设提供相当可靠的制度性支持,同时为构建保障"一带一路"建设的相关国际制度提供基础。

同各国加强创新合作,是中国与"一带一路"沿线国家共同推进"一带一路"建设未来发展的核心需求所在。鉴于创新在发展中所具有的核心地位，对于创新合作的推进不仅能够为"一带一路"建设提供相当重要且不可或缺的支持，而且通过创新合作能够实现对于"一带一路"建设更具有持续性的动力支持——有别于马歇尔计划所具有的援助性质，创新合作所推进的发展意在明确构建更具有持续性的动力支持。这不仅涉及借助"一带一路"建设推进的全面发展进程，而且在于以"授人以渔"取代"授人以鱼"的共同发展模式。

向参与"一带一路"建设的发展中国家和国际组织提供资金援助以建设民生项目，是进一步落实与保障"一带一路"建设的重要组成部分。有必要明确的是，援助作为"一带一路"建设的重要组成部分，能够有效辅助"一带一路"建设的持续推进。从"一带一路"建设的基本设想考虑，援助并非旨在实现"人类命运共同体"的"一带一路"建设的主流性进程，但是援助作为"一带一路"建设的重要组成部分，也应发挥相应的作用。从"一带一路"建设的现实考虑，参与"一带一路"建设的发展中国家，在自身的发展进程中需要通过接受必要的援助以实现对于"一带一路"建设的积极参与。同时，更为重要的是，民生项目得以有效推进，对于"一带一路"建设"五通"中的"民心相通"具有相当积极的意义。

设立"一带一路"国际合作高峰论坛后续联络机制，是对于"一带一路"建设有效的制度性保障构建。这一制度性保障的落实，更多地涉及在"一带一路"建设的框架下，开展更加丰富、更加有效的国际多边合作，在更为广泛的国际多边合作、国际组织对于"一带一路"建设积极参与的进程中，落实"一带一路"建设的相关内容。

整体上审视未来"一带一路"建设的发展前景，无论是和平共处五项原则的有效运用、合作协议的推进，还是金融领域的支持、经贸伙伴关系的确立等，或者是创新合作、资金援助和设立联络机制，这些措施所推动的"一带一路"建设前景构建，都需要借助国际多边合作所搭建的平台。同时，也应当明确，对未来"一带一路"建设得以有效推进的趋势分析中，在明确国际多边合作具有重要意义的同时，也应该重视国际多边合作与国际双边合作之间的相关关系。

第一，未来"一带一路"建设推进所面临的现实与前景在于更多国家对于"一带一路"建设的积极参与，进而通过这一积极参与实现对于"一带一路"建设更为有效的推动。面对更多国家参与和不断实践"一带一路"建设，国际多边合作的相关地位与作用的确立与落实，具有相应的客观性与必要性。通过国际多边合作，不仅可以尽可能有效地节约相应的战略资源与拓展战略空间，而且能够提升涉及"一带一路"建设相关合作的效率、优化"一带一路"建设的成果。但同时也需要明确的是，"一带一路"建设对于国家多边合作的重视，并不单纯地意味着国际双边合作的重要性并不存在，甚或否认国际双边合作的重要作用。相反，对于国际多边合作的推进，能够相当有效地整合国际双边合作与国际多边合作，将两种合作形成合力，共同推进"一带一路"建设的积极实现、共同以"一带一路"建设的有效落实助力"人类命运共同体"的实现。

结合"一带一路"建设相关的国际关系互动、国际战略博弈的现实，阐释国际多边合作与国际双边合作的有效整合与不断完善。中国政府所积极推进的"一带一路"建设在推进"五通"尤其是"设施联通""贸易畅通"与"资金融通"等相关进程中，需要重视国际多边合作这一路径。同时，对于"五通"中所涉及的国际双边合作也需要同样加以重视，进而形成"多边"与"双边"共同发展、相互促进与相互补充的良好局面。更为现实的案例为，"一带一路"建设的"设施联通"需要推进从中国经由蒙古、俄罗斯和中亚、俄罗斯而抵达中东欧、西欧，涉及整个亚欧大陆的整体性交通物流体系。在这一交通物流体系所涉及的中蒙俄、中国—中亚—欧洲以及海运等相关交通物流通道，需要顾及中国与俄罗斯等独联体国家（或前苏联国家）、中国与中亚国家、中国与西亚国家、中国与中东欧国家等之间相当密切的国际多边合作，包括在国际多边合作框架下的交通体系整合与规划、资源协调，也包括与之密切相关的交通产业合作等。作为其中已经完成的核心环节，中欧班列的运行所展现的是国际多边合作的现实性进程。在国际多边合作得以推进的同时，国际双边合作所发挥的作用也相当明确。比如，鉴于在上述交通体系中俄罗斯对亚欧大陆所发挥的作用相当显著，因而需要考虑在中俄关系对接"一带一路"建设的具体进程中，应重视中俄关系对于积极推进横贯亚欧大陆的"一带一路"建设交通体系构建与完善的重要性。与之相类似的是，在海上丝绸之路的建设中，借助从中国到欧洲、非洲的航线推动中国与"一带一路"沿线国家的共同发展，涉及中国与这些国家之间开展相应的国际多边合作，在保障航路畅通的同时，促进经贸关系发展、人文交流等。但与亚欧大陆的国际环境相类似的是，作为世界海上霸主的美国对于海上丝绸之路沿线重要海域的控制，因此需要考虑对中美关系对接"一带一路"建设的重视，既要避免美国为海上丝绸之路建设在安全、经贸与金融等领域所带来的障碍、困境，也需要积极应对可能出现的问题，提供有效且可靠的预案。

通过上述分析，大致可以明确在未来"一带一路"建设的积极推进中，需要国际多边合作发挥相当积极且有效的作用。"一带一路"建设在"项目落地阶段"，需要重视国际多边合作的积极推进。同时，不应也不能忽视"一带一路"建设也需要重视国际双边合作，并关注到国际双边合作所具有的重要性。

第二，对于旨在实现"人类命运共同体"的"一带一路"建设，需要明确国际多边合作对接"一带一路"倡议中相关关系的梳理。"人类命运共同体"构建的客观现实在于落实国际多边合作的积极支持——"人类命运共同体"的推进，应考虑在更为普遍的意义上，推进世界各国的合作开展，是对于"一带一路"建设中国际多边合作的全面释义。"人类命运共同体"的提出、定位与构建的现实表明，真正意义上落实"人类命运共同体"需要依托国际多边合作的有效支撑；这一有效支撑的起点在于"一带一路"建设在"项目落地阶段"与"规范建构阶段"所明确的国际多边合作。

从国际多边合作的视角阐释，国际多边合作积极推进的内容在于："一带一路"建设在国际多边合作的框架下得以有效推进并不断完善。具体内容涉及围绕"一带一路"建设积极推进的"五通"涉及的各种项目，进而涉及中国与"一带一路"沿线国家开展的各种积极互动与进程。

结合旨在实现"人类命运共同体"构建的"一带一路"建设国际多边合作的现实性分析加以阐释，国际多边合作的推进在于：无论是国际关系民主化还是更加公正合理的国际秩序，或者是更为长远与宏大的"人类命运共同体"的构建，其所彰显的中国积极作用发挥的路径在于国际多边合作的落实，这也符合 21 世纪第二个十年国际关系发展的现实。进一步可以将其阐释为："一带一路"建设聚焦"五通"，把中国发展同沿线各国发展结合起来，把中国梦与世界梦衔接起来，推动沿线各国联动发展并加深经济融合。各国在此过程中将形成"一荣俱荣、一损俱损"的利益共同体，从而为打造"人类命运共同体"奠定基础。① 因而，随着打造"人类命运共同体"的推

---

① 潘盛洲：《构建人类命运共同体的伟大探索和实践——深入学习贯彻习近平同志关于"一带一路"建设的重要思想》，《人民日报》2017 年 4 月 19 日。

进，"一带一路"建设国际多边合作也将随之发挥着相当关键的作用。换言之，中国政府所积极推进的"一带一路"建设以及依托"一带一路"建设实现"人类命运共同体"，其实施路径中国际多边合作具有的意义相当重要。

针对上述分析，可以进一步解读为："中国发展同沿线各国发展结合起来"，意味着在中国需要落实与更多"一带一路"沿线国家开展相应的协调、合作，以实现共同发展并提供相应的助力与支持——实现发展的结合。进而，对于中国梦与世界梦的衔接，需要落实为中国与世界的共同发展，这是"一带一路"建设的根本要义所在，也是"一带一路"落实国际多边合作的关键出发点。"'一荣俱荣、一损俱损'的利益共同体"所明确的现实与趋势，是与"人类命运共同体"之间的相关性客观存在。其中对于"利益共同体"的理解，不应局限于"一带一路"倡议推进所带来的经济收益，而是需要关注到包括经济收益、安全收益、政治收益在内的多重收益，进而实现利益共同体的构建。在利益共同体的构建中，应落实更为广泛与普遍的国际合作，即落实相应的国际多边合作。

总之，鉴于国际多边合作能够在"一带一路"建设的未来发展中发挥不可忽视的作用，需要明确在"一带一路"建设对接国际多边合作的进程中，国际多边合作作为一种路径能够在"一带一路"建设当前与未来的发展中发挥不可或缺且极其重要的作用。

同时，在"一带一路"建设进一步推进与发展的背景下，还需要明确国际多边合作与国际双边合作之间的相关关系大致可以定位为：国际多边合作正在"一带一路"建设的积极推进中发挥着相当重要的作用，但国际多边合作与国际双边合作之间的相关关系并非对立或矛盾，而是需要建构为两者之间的协调、统一。换言之，在国际多边合作对接"一带一路"建设的基础上，进一步明确国际多边合作所密切相关的"一带一路"建设相关项目的推进，也应重视国际双边合作所发挥的作用。进一步结合"一带一路"建设在"项目落地阶段"和"规范建构阶段"的现实性需求考虑，应落实在国际多边合作与国际双边合作之间的整合，在明确"一带一路"建设在上述两个阶段国际多边合作所发挥的积极作用、主导趋向的同时，也应重视国际双边合作所具有的具体作用，进而为落实"一带一路"建设国际多边合作的战略思辨提供相应的基础。

第三节 "一带一路"建设的国际多边合作战略思辨

依托"一带一路"建设国际多边合作具有的战略性作用为基础，对于"一带一路"建设的国际多边合作战略思辨的理解，需要进一步关注到"一带一路"建设与国际多边合作之间的关系梳理为出发点，进一步结合人类历史发展中"人类命运共同体"构建的广泛视野下国际多边合作具有的地位与影响、进一步结合全球范围内国际关系演变现实与趋势中国际多边合作具有的全面性战略优势、进一步结合国际多边合作未来发展所面临的趋势等，展开这一战略思辨的相关论证等。这一战略思辨是在对"一带一路"建设与国际多边合作相关关系梳理的基础上，论析国际多边合作以及相关变量。

一 "一带一路"建设与国际多边合作的关系梳理

"一带一路"建设与国际多边合作的关系大致可以概括为：国际多边合作涉及的范围包括"一带一路"建设的多边合作进程，但并不覆盖"一带一路"建设的全部内容；"一带一路"建设的积极推进需要依赖国际多边合作，但并不仅仅依赖国际多边合作。这一概括是对于两者关系的客观现实阐释，从这一阐释出发，进一步需要明确的是，国际多边合作能够为"一带一路"建设的推进提供相应的路径，同时国际多边合作所提供的并不仅仅局限于路径本身，进而涉及在国际战略的整体博弈进程中，国际多边合作对于"一带一路"建设的推进具有的积极影响。"一带一路"建设的积极推进，是对于国际多边合作本身构成相应的实践与充实，不仅表现为外在的形式层面，而且结合国际战略博弈的现实考虑，"一带一路"建设对于国际多边合作的作用进一步体现为对于国际多边合作相关的全球范围内国际战略演变的提升与优化。更为重要的是，结合"一带一路"建设已有的实践分析，国际多边合作与"一带一路"建设之间的互动具有的重要意义已然得以彰显——这是"一带一路"建设的国际多边合作战略思辨的基本起点。

第一，从"一带一路"建设的基本现实考虑，国际多边合作的实施在相当程度上得到明确彰显。"一带一路"建设已有的成果中国际多边合作的推进正在"一带一路"建设相关的"五通"领域得以充分展现。

通过"一带一路"建设的积极推进，包括"政策沟通、设施联通、贸易畅通、资金融通和民心相通"在内的"五通"，得以更为显著地推进中国"一带一路"的积极实现——不仅为中国发展与对外交往提供了必要的契机，而且展现中国对区域治理与全球治理的积极贡献。同时，随着未来"一带一路"建设得以充分落实，需要进一步依托国际多边合作作为其实施路径。

第二，随着国际多边合作的开展，也需要进一步明确"一带一路"建设在全球范围内国际多边合作中具有的积极影响。国际多边合作对于"一带一路"建设的推进与落实，具有显著的助力作用并随着"一带一路"建设的具体推进而得到充分落实。

伴随着这一进程的实现，国际多边合作能够进一步支持"一带一路"建设，为"一带一路"建设的有效推进提供了相应的路径。同时，作为当代国际关系中的现实组成部分之一，国际多边合作与"一带一路"建设之间构成明确的相关关系。

第三，从全球范围国际战略博弈分析，"一带一路"建设对于国际多边合作的落实，能够在相当程度上彰显出国际关系良性互动的现实与趋势。同时随着"一带一路"建设在"项目落地阶段"和"规范建构阶段"的推进尤其是国际多边合作的推进，国际多边合作所带来的是更为有效的国际关系互动。进而推进国际区域治理与全球治理在"一带一路"建设推进背景下的全面发展，不仅在于优化"一带一路"建设自身的发展，而且在于彰显中国推动"人类命运共同体"的构建等。

继而，除已有的成果外，"一带一路"建设的积极推进，其未来的发展也随着中国发展正在得到更为充分与全面的落实。"一带一路"建设是中国以和平发展推动"人类命运共同体"构建的重要进程之一，或者说，在"人类命运共同体"的整体布局中"一带一路"建设构成其中的组成部分之一。依循本章的涉及"人类命运共同体"对于"一带一路"建设所具有的导向性分析与论证，通观人类历史、近现代世界历史与国际关系史的演变进程，"一带一路"建设的提出与落实，是人类生存与发展的重要阶段。通过这一阶段的努力在不断落实与完善"一带一路"建设的相关进程中，能够实现对于"人类命运共同体"的积极构建。国际多边合作作为"一带一路"建设中的重要路径之一，能够在这一进程中发挥相当显著的作用。对于"一带一路"建设国际多边合作的整体理解，基于上述分析需要进一步明确"一带一路"建设中国际多边合作在战略思辨中的相关理解。

　　"一带一路"建设的国际多边合作战略思辨进一步表现为：从全球范围内国际战略博弈的整体进程考虑，"'一带一路'建设作为当代国际关系的现实"或者"国际多边合作作为'一带一路'建设的一种路径"，这一战略思辨整体考量的基础在于从"一带一路"建设出发，结合国际多边合作，阐释"一带一路"所取得的成就；从国际多边合作的现实出发，结合"一带一路"建设的整体进程，阐释"一带一路"建设国际多边合作具有的意义。

　　回顾自2013年"一带一路"建设提出以来，到2017年"一带一路"国际合作高峰论坛召开并进一步开启"一带一路"建设的"项目落地阶段"和"规范建构阶段"，"一带一路"建设积极推进取得了良好的成效并逐步成为从中国到世界所公认的推动与实现和平发展的积极努力。结合"一带一路"的现状与未来，国际多边合作具有的重要作用与意义愈加值得关注。构建"一带一路"国际多边合作的基本范式，是实现"一带一路"实施整体进程的关键环节。构建这一范式的基础在于，经过自2013年以来的实践，"一带一路"已然取得了有效的推进与拓展。国际多边合作的构建，涉及从经贸、外交等领域构成的内容性构建，也涉及从中国到"一带一路"沿线国家的方式性构建。依托"一带一路"建设国际多边合作构建，进一步阐释"一带一路"建设国际多边合作具有的特征与影响，从而构成针对"一带一路"建设国际多边合作的全面审视。进而，以这一范式的相关阐释为基础，明确构建"一带一路"建设国际多边合作的相关倡议。

　　到2017年，随着"一带一路"国际峰会论坛的召开与中国持续的积极努力，"一带一路"建设的积极落实，已然从中国自身提出的区域性发展设想转变为中国与世界的关系构建的全局性设想，从中国与"一带一路"沿线国家的积极互动提升为全球性的共识，这一系列变化说明，"一带一路"的提出与实践，已然在更为广泛的时间与空间范围内得到明确与落实。在可以预见的未来，如何更为有效地推动"一带一路"的积极实施、保障"一带一路"所取得的积极成果？考虑"一带一路"建设国际多边合作构建，可以被视为有效的路径之一。对此，需要以认知"一带一路"建设国际多边合作的基础为起点，进一步阐释"一带一路"建设国际多边合作的基本内容。

自 2013 年提出以来，"一带一路"建设对于中国对外战略的整体布局与具体实施的影响渐趋显现，同时得以更为显著地提升与拓展。其中，最为现实的表现在于，"一带一路"建设已然成为中国内政外交有效统筹、对外交往积极开展和国际事务积极参与的关键性平台。借助"一带一路"的积极推进，中国从沿海沿边地区到内地、从产业结构到资源配置，进而实现内政外交在"一带一路"建设整体布局下的优化与升级；借助"一带一路"建设的积极推进，中国与"一带一路"沿线国家之间关系的积极互动得以有效实现，尤其是在经贸关系与文化交流方面；借助"一带一路"建设的积极推进，实现中国对于"一带一路"沿线涉及的区域治理乃至整个东半球国际关系良性互动的积极参与，进而为中国更为积极而有效地参与全球治理提供相应的基础。

随着 2017 年"一带一路"国际高峰论坛和中国共产党十九大的召开，推动"一带一路"的整体升级与拓展已然成为当前中国开展对外交往、中国参与国际事务的关键性进程。如何有效落实这一进程，并实现对"一带一路"建设的有效支撑与推动？其中，"一带一路"建设国际多边合作可以被视为一种相当有效的路径。整体上分析，国际多边合作作为"一带一路"路径的基础在于中国对"一带一路"的积极推进已然取得了相当显著的成效。从更为广泛的意义上阐释，中国所推动的"一带一路"建设，已然获得从"一带一路"

沿线国家到联合国的普遍性认可；同时，借助"一带一路"建设的积极推进，中国与"一带一路"沿线国家、中国与世界的关系发展也进入了新的阶段——借助中国与"一带一路"沿线国家、中国与世界的共同发展，展现出中国对整个东半球乃至整个世界发展的积极贡献。

这一局面表明，经过自 2013 年以来的积极努力，中国政府所积极倡导的"一带一路"建设已然进入具有实质性的进程。对于未来如何进一步有效巩固"一带一路"现有的成果与进一步推动"一带一路"建设得以更为有效地提升与拓展，成为 2017 年"一带一路"国际高峰论坛和中国共产党十九大后，进一步有效提升与拓展"一带一路"所需要重点关注的进程。这一进程的有效推进，结合"一带一路"建设业已取得的成果和"一带一路"建设的现实，有必要考虑更为多元与更为有效的路径，以实现"一带一路"建设获得更为显著的实施成果与获得更具有持续性的发展。其中，建立与健全"一带一路"建设国际多边合作，作为更为有效与全面地推进"一带一路"建设的路径之一，需要加以重视。

依循上述分析，国际多边合作之所以能够成为"一带一路"建设重要路径之一的原因在于：第一，"一带一路"建设的有效落实，仍然面临着全球范围内国际关系互动所具有的不确定性与不稳定性，因而需要考虑国际多边合作在其中发挥相应的积极作用。时至 21 世纪第二个十年，全球范围内的国际关系互动仍然面临着相当显著的挑战，从霸权主义、强权政治到恐怖主义、极端主义等，同时，对于全球事务具有重要影响的大国间国际关系互动仍然存在着普遍意义的非协调性，这为中国积极推动"一带一路"建设全球范围内的有效实施带来了相对显著的冲击。对此，对于"一带一路"建设的当前与未来，国际多边合作的范式构成应对全球范围内国际关系互动的一种明确路径之一，需要加以考虑。

第二，从全球治理的现实视角考虑，"一带一路"建设推进的同时，全球治理在进入 21 世纪第二个十年后，所展现出的治理"乏力"的局面已然相当明显，这不仅意味着西方国家主导下的全球治理难以在世界经济、地区安全等领域发挥有效的作用，而且也展现出全球治理需要有效变革的现实需求。面对这一境遇，国际多边合作具有的重要意义与"一带一路"建设之间的交织互动，在一定程度上展现出国际多边合作的积极作用。

第三，从区域治理的现实视角考虑，"一带一路"建设的有效落实，需要明确应对"一带一路"建设在整个东半球所面临的诸多问题。这一应对需要结合"一带一路"建设的具体实施加以有效落实——随着"一带一路"的积极推进，中国需要借助国际多边合作积极参与地区安全事务，并发挥相应的作用。

但诚如本项研究所强调的，针对"一带一路"建设国际多边合作的战略思辨分析、论证中，不应忽视对于"一带一路"建设已经取得的成就、对于"一带一路"建设国际双边合作的肯定。而且还需要进一步明确，对于"一带一路"建设已经取得的成就、对于"一带一路"建设国际双边合作的肯定是积极推进"一带一路"建设国际多边合作的基础。

对于"一带一路"建设已有的成就认知中，比如可以明确中国与"一带一路"沿线国家之间的经贸往来得以显著提升。以中国商务部原部长高虎城的阐释为例：2016 年中国与"一带一路"沿线国家的进出口总额为 6.3 万亿元人民币，增长 0.6%。其中出口 3.8 万亿元，增长 0.7%；进口 2.4 万亿元，增长 0.5%。在沿线国家新签对外承包工程合同为 1260 亿美元，增长 36%。对沿线国家直接投资 145 亿美元，占我国对外投资总额的 8.5%。一批重大标志性项目建成投产或开工建设。我国与东盟完成了自贸区升级谈判，与其他一些国家的自贸区谈判也已经完成或在积极推动。我国与沿线国家的经济已经深度融合，我国企业已经在"一带一路"沿线 20 多个国家建设了 56 个经贸合作区，涉及多个领域，累计投资超过 185 亿美元，为东道国创造了近 11 亿美元的税收和 18 万个就业岗位。[①] 与之相类似，根据中国国家统计局涉及对外经济的相关统计，2016 年，在全年货物进出口总额方面，对"一带一路"沿线国家进出口总额为 62517 亿元，比上年增长 0.5%，其中出口 38319 亿元，增长 0.5%；进口 24198 亿元，增长 0.4%；在全年吸收外商直接投资（不含银行、证券、保险）新设立企业方面，"一带一路"沿线国家对华直接投资新设立企业 2905 家，增长 34.1%，对华直接投资金额为 458 亿元（折合 71 亿美元）；在全年对外直接投资额（不含银行、证券、保险）方面，对"一带一路"沿线国家直接投资额为 145 亿美元；在全年对外承包工程业务完成营业额方面，对"一带一路"沿线国家完成营业额 760 亿美元，增长 9.7%，占对外承包工程业务完成营业额比重为 47.7%。[②] 这一系列数据表明，在经贸领域，"一带一路"对于中国与"一带一路"沿线国家的共同发展，提供了现实性的平台。借助这一平台，中国与"一带一路"沿线国家实现共同发展；借助这一平台，中国与"一带一路"沿线国家之间实现更为良性的双边经贸互动；借助这一平台，对于中国与"一带一路"沿线国家共同努力应对全球经济的低迷态势具有重要意义。

与经贸领域"一带一路"建设相关进程得以推进所密切相关的

[①] 《2016 年中国与"一带一路"沿线国家进出口总额 6.3 万亿元人民币》，中国一带一路网，https：//www.yidaiyilu.gov.cn/jcsj/dsjkydyl/8238.htm。

[②] 《中华人民共和国 2016 年国民经济和社会发展统计公报》，中华人民共和国国家统计局网站，http://www.stats.gov.cn/tjsj/zxfb/201702/t20170228_1467424.html，访问时间：2017 年 11 月 22 日。

是，经贸领域关系的密切，直接有助于实现"一带一路"建设整体进程的推进与拓展。进而言之，"一带一路"建设在经贸领域所取得的显著成效，是当前与未来升级"一带一路"建设的关键性基础所在。借助密切的经贸领域互动，实现中国与"一带一路"沿线国家互利互惠的有效构建；借助中国政府对"一带一路"建设的积极拓展与深化，进一步展现中国对区域治理与全球治理的积极贡献。

对于"一带一路"建设国际双边合作的成就认知中，比如可以明确借助"一带一路"建设这一重要平台，中国与"一带一路"沿线国家之间的关系得以显著提升与拓展。其中中国与包括俄罗斯、波兰、哈萨克斯坦、巴基斯坦、柬埔寨等多个国家在双边关系领域得以显著升级。这一升级不仅意味着双边关系的互动实现从政府、企业、社会团体与公众层面的"全方位"覆盖，更意味着双边关系在推动共同发展领域得以在一定程度上实现相应的协调乃至契合。双边关系的发展与提升，为进一步开展、落实与优化国际多边合作提供了依据和基础。

对于中国，自"一带一路"建设开启以来，"一带一路"建设的顺利实施，中国与"一带一路"沿线国家通过"一带一路"建设的顺利落实，实现了双边关系的整体升级：不仅涉及双边互利互惠的实现，而且更为重要的是，"一带一路"建设推动中国与"一带一路"沿线国家在区域治理乃至全球治理层面的有效协调与合作。比如，借助"一带一路"得以有效构建的"中巴经济走廊"，不仅促进中巴两国共同利益的巩固与提升，更为重要的是，客观上构成了对于中巴两国在南亚地区事务层面的协调与合作的开展。

此外，还需要明确的是，借助"一带一路"建设这一重要平台，中国与"一带一路"沿线国家之间的区域协调得以有效开展。这一区域协调主要体现为：第一，以"一带一路"建设为核心的区域协调得以有效展开；第二，与"一带一路"建设密切相关的国家间积极互动得以有效展开。其中，最为显著的两个案例在于中国的"一带一路"建设与俄罗斯的"亚欧经济联盟"之间、中国的"一带一路"建设与波兰的"可持续发展计划"之间实现了有效的对接与协调。

这一对接与协调的实现，意在有效展示中国推进"一带一路"建设的有效实施，已然得到了更多"一带一路"沿线国家的认可与支持。这一局面的出现与持续，客观上说明"一带一路"建设已然成为中国推动区域治理乃至全球治理优化的关键性进程。

总之，上述阐释说明，"一带一路"建设自 2013 年以来所取得的成果表明，"一带一路"的有效推进与不断实施，为中国对外交往、中国与世界的关系的积极构建，提供了相当明确的支持。对于未来"一带一路"的积极推进，"一带一路"建设的明确推进，在现有基础上，进一步推进中国"一带一路"的顺利实施并保障"一带一路"已经取得的成果。继而言之，"一带一路"建设国际多边合作的推进与落实，是当前与未来认知、明确与落实"一带一路"的重要起点与关键所在。

"一带一路"建设国际多边合作的基本构成涉及从"一带一路"参与主体与"一带一路"具体内容两种不同分类所明确的内容阐释。结合对自 2013 年开启实施后"一带一路"建设的整体考量，实现"一带一路"建设国际多边合作的构建，需要在结合"一带一路"建设现实与趋势的基础上，结合中国"一带一路"建设的具体布局与趋势，阐释"一带一路"建设国际多边合作的基本构成，至少考虑要明确两种不同的范式构建。

第一种范式构建为，依托"一带一路"建设具体参与方阐释，包括主权国家、国际组织、社会团体、企业乃至个人等，进而形成来自多方的共同参与。自2013年"一带一路"建设提出以来，积极参与"一带一路"建设的是国家、国际组织、社会团体、企业乃至个人等诸多国际关系行为主体。推动上述国际行为主体对于中国"一带一路"的积极参与并推动这些国际行为主体发挥相应的作用，构成"一带一路"建设国际多边合作在参与主体层面的阐释。

从参与主体的视角阐释，"一带一路"建设所依托的参与主体，对于有效推动"一带一路"所发挥的积极作用已然得以体现。除主权国家的积极参与外，来自其他国际行为主体的参与，对于"一带一路"的有效推进具有重要意义。比如，来自智库层面的积极参与，为中国"一带一路"的顺利推进提供了良好的典范，依托"一带一路"建设的不同国家之间智库互动的框架，在相关部门的积极配合与引导下，对于"一带一路"的积极推进做出了相当显著的成绩与贡献。比如中国社会科学院的蓝迪智库在推动"中巴经济走廊"等事关"一带一路"的重要项目中发挥的作用相当显著：不仅实现了更为有效的信息沟通与联络，而且为具体项目的推进提供了相应的平台。

回顾2013年以来"一带一路"建设实施的整体演变进程，更多的国际关系行为主体的参与，构成"一带一路"得以有效推进的关键原因。比如，随着"一带一路"建设的推进，更多的国家逐步认可中国的"一带一路"，更多的中国企业借助"一带一路"实现"走出去"的海外投资与经营，更多的中国社会公益团体与组织积极参与中国的海外公益事业，这构成"一带一路"建设的主要实施路径。

上述阐释表明，通过对"一带一路"建设自2013年以来的整体审视，"一带一路"建设国际多边合作构建的路径之一在于从"一带一路"参与的诸多主体出发，推进"一带一路"得以更为有效地拓展与提升。这一范式的意义在于：通过动员更多的国际关系行为主体参与中国所倡导的"一带一路"进程，有效地提升了中国"一带一路"建设的积极实施。

结合上文所涉及的中国"一带一路"建设与俄罗斯"亚欧经济联盟"的对接阐释，两种都属于作为国际行为参与主体的国家，在区域治理进程中所提出的基本设想。随着"一带一路"建设与"亚欧经济联盟"对接的实现，将有助于中俄两国在涉及"一带一路"建设与"亚欧经济联盟"所涉及的地域范围、区域事务中开展有效的协调。即使这种协调在短时期内难以实现，但两种区域治理的对接，仍然具有相当积极的意义。首先，依托中俄全面战略协作伙伴关系的推进，中俄关系的发展能够有效推动中俄两国区域协调的积极实现。以此为基础，随着中俄关系的协调实现，包括上海合作组织、独联体、联合国等相关国际组织将积极参与，推动与积极参与"一带一路"的企业、社会团体与个人作用也得以发挥。其次，中俄两国关于区域治理的有效协调，可以在一定时间与空间范围内有效管控中俄两国在区域治理相关进程中的分歧与对立。

从未来发展的趋势阐释，"一带一路"建设的有效落实，从参与主体层面加以分析，"一带一路"建设国际多边合作涉及的诸多国际行为主体的参与，其所彰显的是"一带一路"建设得以更为有效推进的现实所在。然而，通过对"一带一路"建设现状的整体考虑，"一带一路"建设未来的实施，还需要借助"一带一路"建设国际多边合作的另一种构建，即借助对"一带一路"建设具体内容所涉及的多边合作模式的阐释。

第二种路径的构建，涉及从"一带一路"建设本身所具有参与内容层面加以阐释，推动具体涉及"一带一路"建设内容层面的多边合作，即从经贸、外交、安全、社会服务等多个领域，落实"一带一路"建设相关部署，推进"一带一路"建设的顺利实施。结合

"一带一路"建设的现实，对于"一带一路"建设国际多边合作的构建，还需要进一步明确从"一带一路"具体内容构建层面的建设国际多边合作厘定与实践，即通过包括经贸、地区安全、文化交流、社会服务等诸多变量在内的多边合作，而非仅仅局限于经贸合作本身。同时，对于"一带一路"建设所涉及的建设国际多边合作的阐释，还需要明确涉及"一带一路"建设国际多边合作的经贸、地区安全、文化交流、社会服务等诸多变量之间的积极互动，进而实现有效的协调。

对于"一带一路"建设国际多边合作的阐释，经贸、地区安全、文化交流、社会服务等诸多变量所具有的作用在于：借助这些变量所发挥的作用，积极推动"一带一路"建设涉及这些变量的进程；借助这些变量之间的密切协调与合作，积极推动"一带一路"建设整体进程的优化与实施；同时，这些变量所发挥的共同作用，也将进一步推动"一带一路"建设的整体进程。继而，对于"一带一路"建设国际多边合作的审视，不应也不能仅仅局限于任何"一边"的变量所发挥的作用，而是需要重视这些变量之间与整体的作用发挥。

结合自2013年以来"一带一路"建设的整体实施效应阐释，外部世界对中国政府所积极倡导与实践的"一带一路"更多地视为中国版本的"马歇尔计划"或者中国单方面的"对外援助"。同时，在中国对"一带一路"的具体布局中，也更多考虑到国家发展和改革委员会、商务部等部门的积极参与与主导，对于"一带一路"的经贸领域加以有意强化；中国积极推动"一带一路"的整体进程，对经贸领域的关注、借助经贸关系提升与拓展"一带一路"等，构成"一带一路"的主要现实。上述分析表明，"一带一路"客观现实阐释中，经贸所发挥的作用乃至所发挥的主导性作用相对显著。随着2017年"一带一路"国际高峰论坛召开与中国政府推动"一带一路"建设的升级，进入"项目落地阶段"和"规范建构阶段"，包括经贸在内的诸多涉及"一带一路"的相关内容所发挥的作用也将给予必要的提升——这是当前"一带一路"得以有效推进的重要趋势所在。

未来"一带一路"建设的推进与落实，借助内容层面的建设国际多边合作所发挥的作用将进一步得以凸显。"一带一路"建设的有效推进，借助在经贸、地区安全、文化交流、社会服务等领域的国家间协调与合作以及借助经贸、地区安全、文化交流、社会服务等所共同发挥的整合作用，构成对于推动"一带一路"建设的系统化动力格局。结合中国推动"一带一路"建设在上述领域的实践，在推动中国与"一带一路"沿线国家在经贸领域中双边贸易的优化，同时，也涉及在金融、基础设施领域的相关合作等。自 2013 年以来，"一带一路"建设的落实进程表明，"一带一路"建设在经贸领域的实施，有必要借助其他领域的支持与配合。比如，经贸领域"一带一路"建设的积极落实，需要来自地区安全领域的相关保障，尤其是稳定的地区安全环节塑造等。再如，经贸领域的合作积极推进与有效巩固，还需要依托文化交流、社会服务等相关领域的支持，这不仅意在保障"一带一路"建设的积极落实，而且在文化交流、社会服务等领域涉及"一带一路"建设的顺利实施，客观上也构成"一带一路"建设的积极实践。从而，上述分析构成"一带一路"建设所需要的多元合作范式的基本内容。

从这一基本内容出发，以建设国际多边合作阐释"一带一路"建设，"一带一路"建设在当前与未来的有效推进，进一步评价自 2013 年以来"一带一路"的实施效果，为进一步拓展与深化"一带一路"带来的明确的问题：如何使"一带一路"更为行之有效？继而，从"一带一路"2013 年以来的实践进程考虑，"一带一路"更为现实的阐释在于："一带一路"意在推动中国与"一带一路"沿线国家的共同发展，进而辐射亚欧非大陆在内的整个东半球。换言之，

"一带一路"建设更为显著的意义在于：借助"一带一路"建设的积极推进，有效实现中国对于整个亚欧大陆、对于整个东半球和平发展的积极贡献——这是处于临近世界舞台中心位置的中国所具有的、所展现的国际责任。这不仅是鉴于中国自身综合国力得以提升、中国积极参与国际事务的需要，也是21世纪第二个十年中后期国际形势变化的需要。

基于这一认知，阐释中国政府积极推动的"一带一路"建设，从而进一步阐释"一带一路"建设国际多边合作的对比分析。无论是从参与主体层面还是从参与内容层面的"一带一路"建设国际多边合作，都是对"一带一路"建设实施路径的认知与理解。从当前的实施进程与效果的视角阐释，以内容层面构建的"一带一路"多边合作具有更为显著的成效。从这一视角阐释中国"一带一路"建设的国际多边合作，以参与内容层面推动"一带一路"建设国际多边合作建构，具有更为显著成效的原因在于：首先，借助参与内容层面推动"一带一路"国际多边合作，有助于明确规避依托国别层面的合作所面临的困境。至少到21世纪第二个十年中后期，"一带一路"沿线更多的国家仍然具有威斯特伐利亚和约所框定的"主权国家"属性，因而，当"一带一路"建设得以有效落实、当推动中国与"一带一路"沿线国家进行具体合作时，借助参与内容层面涉及的经贸、安全、文化交流、社会服务等领域的相关协调与合作的开展，有助于逾越"主权国家"的相关障碍而推动具体的互利互惠实现。换言之，借助参与内容层面推动"一带一路"建设国际多边合作，能够更为有效地争取中国与"一带一路"沿线国家从政府到企业再到公众之间实现更为有效的积极互动。其次，借助参与内容层面推动"一带一路"国际多边合作，可以有效缓解"一带一路"建设相关的域内外大国的疑虑，推动中国与相关大国之间涉及"一带一路"相关博弈的良性互动实现。随着借助参与内容层面建设国际多边合作的"一带一路"建设的具体措施得以推进，尤其是在经贸、安全等领域的协调与合作的推进，跨越国别障碍的多边合作将更为有效地避免某些大国的猜忌与误解。再次，借助内容层面建设国际多边合作的相关架构，可以视为推进国际多边合作的有效尝试。最后，更为重要的是，借助参与内容层面建设国际多边合作构建，将有助于"一带一路"的实施进程的整体升级与优化。即依托"一带一路"的具体实践内容作为开展国际协调与合作的起点，能够更为有效与积极地推动"一带一路"提供明确的助力与支持。

同时，在对比从参与主体层面与参与内容层面推动对于"一带一路"建设的构建，还需要明确且不可忽视的现实同样在于："一带一路"沿线多数国家具有的威斯特伐利亚和约所框定的"主权国家"属性。这一属性，在 21 世纪第二个十年中后期，尤其是随着西方国家国内政治博弈的变幻所带来的新保守主义回潮和"再国家化"的趋势不断凸显而得以显著提升。因而，主权国家的属性或者在国家治理的进程中强化"主权"因素，已然相当明显——这也意味着在"一带一路"建设的拓展与提升中，需要明确这一变量所发挥的作用并加以有效应对。

一方面，"主权国家"属性的强化对于构建"一带一路"建设在具体布局与实践中的障碍性作用相当显著。比如，在构建中国与"一带一路"沿线国家的交通物流体系进程中，面临的一个重要问题在于中国与前苏联国家、西欧国家与前苏联国家之间的铁路轨距标准不一样。[1] 其所带来的制约相当明显，即由于轨距标准不同所带来的

---

① Shang-su Wu，The Limits of China's'Silk Road'to Europehttp：//thediplomat.com/2017/01/the-limits-of-chinas-silk-road-to-europe/，访问时间：2017 年 3 月 20 日。

交通物流成本上升。

同时，随着中国"一带一路"建设的推进，在中国与"一带一路"沿线国家双边乃至多边关系的互动进程中，一旦或显性或隐性的危机、风险得以激化，"主权国家"属性具有的效应也将随之得以展现。进而，"主权国家"属性的强化客观上构成针对"一带一路"建设顺利开展的某种冲击，这也就意味着"一带一路"建设需要考虑借助国际多边合作应对"主权国家"属性所带来的相关冲击。

另一方面，出于对"主权国家"属性得以强化的思考，需要考虑借力"主权国家"属性而推动"一带一路"建设。即对于"主权国家"属性的认知需要明确相应的辩证认知：不仅将"主权国家"属性视为"一带一路"得以有效推进的障碍，而且可以考虑将借助"主权国家"属性视为推动"一带一路"建设的动力所在。即通过更为有效的国家间关系互动，推动"一带一路"建设的顺利进行，借助"主权属性"的强化和政府间合作、协调之间互动，通过国际多边合作促使更多的"一带一路"沿线国家政府明确认识到"主权属性"所存在的制约，进而推进在"一带一路"建设相关进程中，对于"主权属性"相关运用的趋利避害。

因而，上述针对"一带一路"建设国际多边合作的构建阐释与对比构成明显的对立思辨，即构建"一带一路"建设国际多边合作的两种路径存在着围绕"主权国家"属性的对立。但围绕这一对立所开展的思辨与中国积极推动"一带一路"建设的现实，需要同时与明确地注重两种路径而非有意忽视其中的一种。

总之，根据上述分析涉及的"一带一路"建设国际多边合作的构建阐释与对比分析，尽管并不意味着彻底否定从参与主体层面推进"一带一路"建设国际多边合作的构建，但从参与内容层面推进"一带一路"建设国际多边合作构建，具有更为迅捷、更为显著的成效。

继而，考虑在推进"一带一路"建设在 2017 年国际高峰论坛后的整体升级进程中，需要注重对于从参与主体层面与参与内容层面两者之间的协调并重，以推动对于"一带一路"国际多边合作范式的构建。换言之，在推动"一带一路"国际多边合作范式构建的进程中，不仅构建进程本身具有多元性，而且构建进程路径也具有多元性。这一多元性的本质来自全球范围内国际关系互动所具有的复杂与多变的现实，也来自中国对外交往所面对的现实需求。

结合对于"一带一路"建设国际多边合作的内容阐释，大致明确"一带一路"建设国际多边合作所具有的两种不同层面的阐释。这两种源自参与主体与内容层面的阐释，为进一步深入分析"一带一路"建设这一路径具有的特征与意义提供了前提。"一带一路"建设国际多边合作具有的特征与意义阐释对于更为全面与深入地认知"一带一路"建设国际多边合作，构成更具有现实性的阐释。

对于中国，"一带一路"建设国际多边合作的特征在于：借助针对"一带一路"在参与主体与参与内容层面的多边关注，显现出中国推动"一带一路"建设国际多边合作所具有的全局性与战略性。其更为现实的表现在于，国际多边合作视域下的"一带一路"，能够明确落实中国更为有效地推动更多的国家等其他国际行为主体，在更多的领域推动"一带一路"建设在经贸等领域的具体合作、协调，更为积极地参与"一带一路"建设的相关进程。同时，结合"一带一路"建设的具体布局，国际多边合作展现出中国借助"一带一路"对于区域治理与全球治理的积极参与。这与"一带一路"在区域治理与全球治理进程中所发挥的作用具有明确的对应。

"一带一路"建设国际多边合作的特征还在于，借助建设国际多边合作，展现中国"一带一路"建设具有的协调性。这一协调性不仅体现为参与"一带一路"建设的相关主体之间的协调，而且也体

现为"一带一路"建设的具体内容在实践进程中的协调。继而明确，
"一带一路"建设所依循的建设国际多边合作，在实现这一协调的基
础上加以发挥相应的作用。

与其他国家推动的国际区域治理与全球治理相比，"一带一路"
建设国际多边合作具有的协调性在突出参与主体与实践内容加以有效
落实的同时，还需要注重"一带一路"建设本身具有开放性的特征，
需要在具体实践进程中展现相应的协调。这一协调性的根源在于中国
和平发展的本质，即作为社会主义国家的中国开展针对区域治理与全
球治理的积极参与，并不意在否定其他国家对国际事务的参与，而是
在于开展与其他国家的必要协调。

"一带一路"建设国际多边合作的特征还在于更为明确的灵活
性，即借助建设国际多边合作，能够为"一带一路"提供相对灵活
的实施状态。中国对"一带一路"研究与行动的参与，国际多边合
作所带来的灵活性——不仅在于有效弥补中国推进"一带一路"建
设的双方合作，而且能够借助建设国际多边合作规避与缓解双边合作
可能遇到的问题或加以有效应对。诸如，前文所述的"主权国家"
属性，在对于"一带一路"建设所涉及的贯穿亚欧大陆的交通物流
体系建设中已然构成相应的制约。对此，采取建设国际多边合作推进
"一带一路"能够为中国在涉及"一带一路"的具体事务中更为灵活
的态度与政策，提供相对有效的助力。同样，结合上文阐释的"一
带一路"建设在亚欧大陆的物流交通体系建设。国际多边合作所带
来的优势在于，能够推动更多的相关方更为积极地参与协调与合作；
即使一个或多个国家或参与方出现问题，国际多边合作所带来的灵活
性，也能够保障交通物流体系的有效构建。同时，"一带一路"国际
多边合作的运用，能够为矛盾化解与利益分配提供更为多元的方案。
同时，对于相关分歧与矛盾的管理与控制，国际多边合作带来的优势

有助于相应的灵活性发挥。

结合上述针对"一带一路"建设国际多边合作的内容阐释与特征分析，进一步阐释建设国际多边合作的意义——通过"一带一路"国际多边合作的有效运行，对于整体上推动"一带一路"建设的实施，具有明确的助力作用。以"一带一路"建设自身作为分析对象视角，"一带一路"国际多边合作构建的意义在于：能够为"一带一路"的顺利推进，提供一种相当有效的路径——不仅在于有效推动"一带一路"的"成本——收益"互动优化，而且更为显著的意义在于提升"一带一路"实施效应的集聚化、规模化。"一带一路"建设是中国对外交往的百年大计，需要确立相对长远与有效的实施路径。国际多边合作提供的路径，其显著优势之一在于既顾及"一带一路"建设的相关参与方及其需求，又保障"一带一路"建设在具体落实尤其是"项目落地阶段"的进程中对各方利益的有效保障。"一带一路"建设参与各方利益的落实与保障，客观上构成积极推动"一带一路"建设的基础。

与之密切相关的是，国际多边合作有助于从区域治理到全球治理范围内开展更为有效的国际协调与合作。这是对于自 2008 年华尔街金融风暴爆发、2011 年西亚北非地区持续动荡以来，西方国家在区域治理与全球治理层面所表现出来的"治理失灵"，需要包括中国在内的世界各国采取更为有效的措施，推动区域治理、全球治理的积极应对。对此，"一带一路"建设国际多边合作进一步表现为，为更为有效的国际区域治理与全球治理提供了相应的先验性平台。

二 "一带一路"建设国际多边合作与中国

以中国对"一带一路"建设的积极参与作为分析视角，在于随着"一带一路"建设的积极推进，中国对"一带一路"建设的积极参与得以显著体现并提升中国所参与角色的作用：首先，借助国际多边合作，在"一带一路"建设整体进程中获得更为显著的优势与主动。无论是在参与主体层面还是在参与内容层面，中国的参与的主动性获得，多边合作模式所带来的支持具有相当的意义。其次，借助国际多边合作推动"一带一路"建设，对于中国等国家开展更为有效的涉及"一带一路"建设的相关国际协调与合作，具有相应的助力作用。通过建设国际多边合作的推进，中国可以与更多的国际行为体，在更多的领域开展相应的合作与协调。再次，借助国际多边合作推动"一带一路"建设，有助于更为有效地保障"一带一路"建设的落实。国际多边合作的保障性作用在于，为涉及"一带一路"的具体国际合作提供保障，不仅在于相关分歧的管理与控制，而且更为重要的是随着相关合作的深入与拓展，中国与"一带一路"建设的诸多国际行为体在诸多领域的协调与合作，将得到更为显著的提升与拓展，进而促使在相应领域的国家间合作的互信程度、契合程度得到显著提升。最后，国际多边合作对于彰显中国对国际区域治理、对全球治理参与具有积极作用。即借助建设国际多边合作的实施，中国在国际区域治理、全球治理进程中所发挥的作用，也将随之得以明确。这对于中国积极参与与引导国际区域治理、全球治理提供了良好的路径。

与此同时，还需要强调的是，"一带一路"建设国际多边合作，能够对中国对外交往的顺利开展提供一种典型的样本。对于中国外交助力"一带一路"，国际多边合作所具有的作用在于提供相应的有效的样本——"一带一路"建设对于中国、对于中国外交具有相当积极的意义。此外，借助多边合作的顺利推进，在中国与世界的关系互动进程中，争取更为广阔的外交战略空间。"一带一路"建设的现实已然表明，有效推进"一带一路"更多地在于"一带一路"沿线国家的积极努力与参与。

对于"一带一路"建设自 2013 年以来逐步实施的效果和未来"一带一路"建设的发展趋势，"一带一路"建设的重要意义还在于通过"一带一路"建设的逐步落实，展现中国所具有的国际责任。这一国际责任得以落实，意味着中国对于全球事务尤其是对于全球治理的积极参与。

借助对全球治理的积极参与，中国与世界的关系构建得以明确落实——"一带一路"建设构成中国参与全球治理、积极塑造中国与世界的关系所需要的平台。这一平台的有效运行进程之一在于，积极推进"一带一路"建设国际多边合作，借助这一范式，中国"一带一路"建设将得以有效推进，构成中国与世界的关系得以实质性构建的关键所在。

继而，可以明确"一带一路"建设国际多边合作中的中国作用体现为：作为"一带一路"建设的首倡国和主要推动国家，"一带一路"建设的意义已经通过"一带一路"建设的现实与趋势得以明晰："一带一路"建设是中国与世界共同发展的中国方案。那么，从中国方案的视角考虑，中国方案落实的基础在于什么？无论是对世界历史的反思还是结合"一带一路"建设已有的成果分析，中国的发展是使"一带一路"建设作为中国方案而发挥作用的关键所在。历史已经证明，中国越是发展壮大，就越会成为促进世界和平与发展的坚定力量。① 这一论断已经说明，中国发展能够被视为世界和平与发展的红利——作为维护世界和平与发展的核心。中国发展的落实，构成"一带一路"建设的坚实基础，这是世所共知的现实。同时，结合中

---

① 《为人类进步事业继续奋斗——三论习近平总书记中国共产党与世界政党高层对话会主旨讲话》，《人民日报》2017 年 12 月 4 日。

国发展的落实,中国发展对于"一带一路"建设所发挥的动力与支持,还可以结合"一带一路"与国际关系现实的互动加以明确——尤其是重视"一带一路"建设的相关路径。国际多边合作作为"一带一路"建设的一种路径,能够为"一带一路"建设提供相当有效的支持,并已经通过"一带一路"建设在"提出与落实阶段"得到明确。同时,作为一种国际关系现实中的现象解读,基于国际多边合作的"一带一路"建设推进,能够有效推进国际多边合作的进一步优化与提升。

对此,有必要强调与明确的是,安全领域的国际多边合作或者国际多边安全合作,是"一带一路"建设得以推进的重要动力所在。从国际关系演变历程与当前国际安全形势的现实分析,作为全球公共产品的"一带一路"建设,需要来自安全领域的相关支撑。这一支撑更多地体现为对于"一带一路"建设的相关项目落实必要的安全保障等,继而能够有效推进"一带一路"建设,进而使其能够惠及亚欧大陆的和平与发展乃至惠及全球。依循对于这一支撑的相关阐释,进而需要进一步诠释"一带一路"建设国际多边安全合作的相关条件。

第一,时至 21 世纪第二个十年中后期,中国已然成为全球第二大经济体,同时在全球治理等相关国际事务中发挥着无可替代的作用。庞大的经济实力乃至得到显著提升的综合国力,为中国在国际事务中这一作用的发挥提供了坚实的基础。"一带一路"建设的提出与落实,是对于这种作用发挥的积极体现。比如,借助"一带一路"建设的积极推进,中国与东南亚国家、中国与巴基斯坦、中国与伊朗、中国与沙特阿拉伯、中国与欧洲的关系多得到显著提升。

第二,正在接近国际舞台中心的中国,对于国际形势尤其是中国所在亚欧大陆这一战略空间的影响已然得以显著呈现。中国对于亚欧大陆国际形势的影响，正在通过中国综合国力的释放得以不断展现为：中国正在积极塑造亚欧大陆的国际格局与秩序——不仅涉及亚欧大陆区域治理的相关布局，而且借助开展更为有效的国际合作与协调，推进整个亚欧大陆国际关系的良性互动。比如，通过上海合作组织的积极作用发挥，推进亚欧大陆腹地的区域安全治理，进而为人类命运共同体的构建提供助力——以这两份纲领性文件（《上海合作组织宪章》和《上海合作组织成员国长期睦邻友好合作条约》）为思想基石和行动指南，成员国坚定遵循"上海精神"，在构建命运共同体道路上迈出日益坚实的步伐，树立了合作共赢的新型国际关系典范。①

第三，"一带一路"建设的提出，是对于包括和平发展、和谐世界等以往中国与世界关系构建模式的具体化进程，同时，这一建设的提出与中国具有的显著国际影响之间构成积极互动。随着"一带一路"建设的逐步落实，相当程度上促进中国与更多的"一带一路"沿线国家之间实现良性国际关系互动。这一良性国际关系互动的演变，客观上展示了"一带一路"建设之于当代国际关系互动的积极效应："一带一路"建设引导下的国际关系互动模式塑造，更多地展现出国际关系互动中的平等与合作而非更多的对立与纷争。

第四，从进入21世纪第二个十年以来的全球范围内重特大国际问题的应对方面，中国已然在发挥着相当重要的作用。从全球经济发展到地区安全，从二十国机制（G20）到亚太经合组织（APEC），在应对世界经济、全球安全等重大问题上，中国声音不断得到关注、中国倡议不断得到落实。"一带一路"建设的推进与运行，不仅能够在

---

① 《习近平主席在上海合作组织成员国元首理事会第十七次会议上的讲话（全文）》，新华网，http://news.xinhuanet.com/politics/2017-06/10/c_1121118817.htm，访问时间：2017年6月10日。

涉及和平与发展问题上发挥中国相当积极的作用，而且能够在全球治理等相关领域发挥更为积极的领导性作用。

第五，从国际制度、机制的建构阐释，中国在国际制度、国际机制的创设、运行中所发挥的作用也逐步得以彰显。其中，尤为值得重视的是，在议题设置、话语运用等领域，中国发挥的作用突出表现为全球治理进程中的中国声音。比如，中国国家主席习近平 2017 年在瑞士达沃斯指出：中国的发展是世界的机遇，中国是经济全球化的受益者，更是贡献者。中国经济快速增长，为全球经济稳定和增长提供了持续强大的推动。① 中国在世界经济中具有的重要地位，为中国在包括全球经济发展在内的诸多全球治理问题上发挥相应的积极作用提供了基础。以此为基础，进而为明确在世界经济领域的国际制度、机制的构建中中国作用的发挥提供必要支持。

"一带一路"建设国际多边安全合作的基础在于，作为"一带一路"建设首倡国的中国，需要在推进"一带一路"建设国际多边安全合作中积极作为。其中，涉及中国对于"一带一路"建设提供必要的安全保障构建——包括为"一带一路"建设相关项目提供更为具体的安全保障，尤其是军事领域的具体部署与行动。之所以确定中国在安全领域所采取的部署与行动作为"一带一路"建设国际多边安全合作的基础，大致考虑到以下因素：第一，国际安全事务在冷战后的演变立场表明，国际安全形势的基本走向仍然更多地依循于传统的威斯特伐利亚体系模式，即国家作为国际关系中最为重要的行为体，仍然在国际安全事务中发挥着更具基础性的作用，也更具有现实性与重要性。比如，在 21 世纪初以来的欧亚大陆安全事务变局中，

---

① 《习近平主席在世界经济论坛 2017 年年会开幕式上的主旨演讲（全文）》，http：//news. xinhuanet. com/politics/2017 - 01/18/c_ 1120331545. htm，访问时间：2017 年 8 月 17 日。

美国作为重要的影响因素，对于亚欧大陆安全事务的影响往往更具有显著的作用，包括相继发动阿富汗、伊拉克两场大规模战争等。这一基础性、现实性与重要性的作用发挥根源在于，美国拥有相应的综合国力，并通过相应的战略实施得以展现。第二，国家间关系的持续博弈，在相对广泛的时间与空间范围内左右着国际安全事务的走向与进程。在与"一带一路"建设密切相关的亚欧大陆，国家间关系在安全领域的博弈在 21 世纪初仍然起着相当重要的主导性作用。以 21 世纪第二个十年初以来西亚北非的持续动荡为例，无论是西亚北非各国之间还是美俄等大国之间，国家间博弈所具有的主导地位得到凸显。比如，2015 年俄罗斯军事介入叙利亚战争，到 2017 年秋冬之交，叙利亚战争的基本走向较之 2015 年已经出现根本性的逆转——在俄罗斯军事介入下，阿萨德政府已经基本掌控叙利亚战争的基本进程并在战场上取得了显著的战略性优势。同时，围绕叙利亚战争的美俄战略博弈也随之逐步开展与深化。这一案例说明，在地区安全事务中至少在亚欧大陆，国家所发挥的作用仍然相当重要。第三，对于中国，"一带一路"建设能够得到有效的贯彻与推进，相当程度上需要中国发挥更为积极的作用，这一点在 2013 年"一带一路"建设提出以来的相关实践中已经得到明确。面对"一带一路"建设所面临的种种风险，中国所发挥的作用至关重要——从涉及"一带一路"建设的大国博弈到中国与世界之间关系的积极互动等，都需要中国发挥相对积极的作用。

从这一基础出发，进一步推进"一带一路"建设国际多边合作的布局与实践。结合 2017 年"一带一路"国际合作高峰论坛后，"一带一路"建设面临的现实及其发展趋势阐释，"一带一路"建设国际多边合作大致呈现为至少以下五个存在相应关联的进程。这些进程的持续运作与有效发展，仍然需要围绕关于"一带一路"建设的

"五通"设想加以展开。

围绕"政策沟通"的布局与实践。"一带一路"建设的推进,需要明确将更为普遍与有效的"政策沟通"作为实现国际多边合作的基础。结合"一带一路"建设国际多边合作的现实考虑,普遍与有效的政策沟通,为围绕"一带一路"建设的共同发展,提供了不可或缺的支持。尤其是在涉及"一带一路"建设现有的正在规划中的诸多经济走廊的建设进程,政策沟通不仅体现为在中央政府层面的相关沟通与配合,而且也涉及中央政府的相关职能部门、地方政府之间的合作与协调。

比如,对于未来中国与西亚、中东国家涉及"一带一路"建设的相关合作推进中,国际多边合作具有的路径性作用发挥,需要首先落实政策领域的沟通。进而可以考虑将目前的中国与沙特、中国与土耳其、中国与埃及等在双边层面正在进行并取得相应阶段性成果的国家间合作加以拓展,继而实现对于已有成果的升级。从现实案例阐释,2017年12月26日,首次中国—阿富汗—巴基斯坦三方外长对话在北京举行,根据这一对话达成的对话联合新闻公报内容阐述,三方重申致力于加强彼此间关系,深化互利合作,推进在"一带一路"框架下的互联互通,不加区别地打击一切形式的恐怖主义。三位外长同意,以"政治互信与和解""发展合作与联通""安全合作与反恐"为三大主题,共同努力推进三方合作。① 这一阐述说明,对于中国、阿富汗和巴基斯坦正在形成的三方合作,在政策领域的相互协调构成三国推进"一带一路"的积极努力与保障建构。

围绕"设施联通"的布局与实践。"一带一路"建设的推进,尤

---

① 《首次中国—阿富汗—巴基斯坦三方外长对话联合新闻公报》,中华人民共和国外交部网站,http://www.fmprc.gov.cn/web/wjbzhd/t1522137.shtml,访问时间:2018年4月17日。

其是在"项目落地阶段"，需要进一步考虑基础设施领域的项目推进。这些项目的推进，主要考虑到交通基础设施（陆运、海运、航空等）、通信基础设施（手机网络、互联网等）等，进一步充实与完善"一带一路"建设的交通物流体系建设。这一体系建设的关键在于，能否在真正意义上落实"一带一路"建设国际多边合作的相关进程。

其中"设施联通"的推进，在"一带一路"建设的"项目落地阶段"，需要以更多的项目落实对于包括交通基础设施、通信基础设施在内的交通物流体系建设的有效推进。这一进程需要依托"一带一路"建设，进而有效落实"设施联通"。继而，还需要明确的是在"一带一路"建设的国际多边合作的框架下，进一步落实"设施联通"的升级，即在实现相应的体系化建设的基础上落实必要的规范建设。

围绕"贸易畅通"的布局与实践。主要考虑在"一带一路"建设的"提出与落实阶段"，涉及"一带一路"建设贸易合作，更多地涉及双边层面的贸易合作。面向未来，尤其是在"项目落地阶段"，"一带一路"建设国际多边合作的推进能够在相当程度上以国际多边合作推进更为广泛与有效的贸易合作。

从"贸易畅通"的发展阐释，"一带一路"建设国际多边合作的推进，应不仅涉及现有贸易状况的改善，包括贸易结构优化与贸易额增加等，而且也涉及对于相应的贸易给予必要的保障等。国际多边合作框架下的国际贸易发展，需要进一步考虑为"一带一路"建设的国际贸易提供相对有效的制度保障等，以优化"一带一路"建设框架下的贸易发展环境。

围绕"资金融通"的布局与实践，未来"一带一路"建设推进的有效与否，在相当程度上取决于"资金融通"的有效性。这一有效性的落实,在"一带一路"建设国际多边合作的相关进程中已然得到重视与体现。进而言之,"一带一路"建设的未来发展中,金融领域的合作具有的核心性作用正在"一带一路"建设进入"项目落地阶段"和"规范建构阶段"得以彰显。同时,这一作用的发挥也进一步取决于"一带一路"建设国际多边合作的有效推进。

到 2018 年春,相关数据表明,"一带一路"银行间常态化合作机制成员单位已扩展至 53 家,并通过平台互荐了超过 25 亿美元的项目。① 这说明,"一带一路"建设的国际金融合作正在得以有序展开。继而,依循"一带一路"建设国际多边合作的金融领域合作,需要借助相应的项目导向与规范建构等。

围绕"民心相通"的布局与实践。在未来"一带一路"建设国际多边合作的推进中,"民心相通"需要考虑推进更多的文化交流尤其是考虑相应的项目推进与配合。同时,对于"民心交流"不应也不能忽视的现实在于,"一带一路"建设的现实已然表明,在"民心相通"领域所存在的种种问题很可能成为制约"一带一路"建设的障碍。对此,应给予相应的重视并采取可行的作为。

不可否认,中国政府在推进"一带一路"建设"民心相通"领域已然在落实相应的项目与规范。但推进"一带一路"建设"民心相通"的有效落实,还需要真正意义上推进更多的"一带一路"沿线国家参与其中。同时,需要为与"民心相通"密切相关的项目落地,尤其是教育、卫生等领域,提供相应的指引。

较之上述分析涉及"一带一路"建设的"五通"进程,对于"一带一路"建设整体发展更为重要并具有关键性的意义还在于,以

---

① 《"一带一路"银行间常态化合作机制成员单位已达 53 家》,中国一带一路网,https://www.yidaiyilu.gov.cn/xwzx/gnxw/51875.htm,访问时间:2018 年 4 月 5 日。

"五通"作为基础，进一步推进更为有效的国家间合作，即这一国家间合作主要体现为"一带一路"建设国际多边合作的诸多进程。进而，这一进程涉及在"五通"得以落实的同时，以及基于"五通"落实的基础上，进一步推进"一带一路"国际多边合作更多的项目落地与更为有效的规范建构，其具体表现为：在国际多边合作的框架下，推进有效的产业合作以及相应的产业体系建设、在文化交流领域的合作与规范得以有效落实等，进而为推进依托"一带一路"建设的"人类命运共同体"提供更为具体与可靠的支持。

第二章 "一带一路" 建设与传统 国际多边合作的比较

中国与世界的关系在 21 世纪初乃至 21 世纪第二个十年迎来至关重要的历史拐点：中国对于世界的影响正在经历着重要的进程——"一带一路"建设构成这一进程的关键所在。通过这一拐点的落实，"一带一路"建设的积极推进，所改变的是自新航路开辟以来世界历史由西方国家所主导的进程，所开启的是旨在实现"人类命运共同体"的积极努力。针对这一历史拐点的明确认知意在说明——"一带一路"建设构成中国与世界的关系演变中的重要作用。旨在实现共同发展乃至积极推进"人类命运共同体"构建的"一带一路"建设，对于中国与世界的关系而言，其作用进一步表现为：在梳理这一历史拐点的基础上，进一步明确在这一历史拐点的实践演变中的基本状况与趋势。进而以此为基础，阐释在国际合作的视角下，开展针对这一拐点的比较研究。

结合这一历史拐点的现实考虑，作为这一历史拐点的表象，"一带一路"建设进一步展现借助"一带一路"建设彰显中国对于世界的贡献。共同发展的实现，是这一贡献的基础；"人类命运共同体"的构建与不断实现，是这一贡献的目标。21 世纪第二个十年中后期，尤其是“一带一路”建设进入“项目落地阶段”和“规范建构阶段”，“一带一路”建设作为中国与世界的关系的历史拐点，其作用发挥渐趋显著。“一带一路”国际多边合作作为其中的重要组成部分，在“项目落地阶段”和“规范建构阶段”的作用相当重要，甚至不可或缺。因此，从“一带一路”建设作为历史拐点的认知出发，进一步审视“一带一路”建设国际多边合作较之传统国际多边合作的优势，进而落实针对“一带一路”建设国际多边合作之于现实发展背景下的相关研究与论证。

第一节　“一带一路”：中国与世界的关系的历史拐点

自 15 世纪新航路开辟以来的世界历史演变甚或自 1840 年鸦片战争以来的中国近现代历史演变，乃至自 1978 年中国改革开放以来的 40 年（到 2018 年）中国改革开放的历程演变，已经更为充分与明确地表明：中国与世界的关系正在呈现更为显著的变化，中国正在实现对于世界的积极影响，这一影响已经通过“一带一路”建设得以不断落实、优化，得以不断凸显。同时，随着“一带一路”建设国际多边合作的推进，中国与世界的关系正在转变为随着中国在世界尤其是国际区域治理与全球治理中所发挥的作用得以提升，呈现为中国与世界的积极互动。

一　作为历史拐点的“一带一路”建设

随着“一带一路”建设得以不断推进的人类命运共同体的构建，彰显出中国借助“一带一路”建设实现对全球治理参与的落实，这是中国与世界的关系变化的拐点所在。针对这一拐点的分析，其中最为基础的现实在于中国自身的发展以及依托这一发展所持续推动的"一带一路"建设。中国自身的发展以及"一带一路"建设的推进，为中国与世界的关系的演变提供了坚实的基础，即中国对于世界的影响正在得到明确落实与深化。这不仅取决于中国作为世界第二大经济体和最大的社会主义国家在从国际区域治理到全球治理所发挥的作用，而且也与中国"一带一路"建设的推进密切相关。更为重要的是，随着"一带一路"国际多边合作的推进，中国与世界的关系发展得以更为充分地落实。

在中国与世界的关系的持续演变背景下，这一拐点进一步体现为中国对"一带一路"建设的全面推进，以促进中国为世界的发展做出更多的贡献。随着中国在中国共产党十九大后"新征程"的推进，旨在实现"人类命运共同体"的"一带一路"建设从新征程的推进中获得必要的支持与动力，这是中国与世界的关系的基本立足点。从中国与世界的关系变化所具有的基本现实出发，整体上阐释这一变化趋势为：中国自身的发展尤其是 2017 年新征程的开启，使中国自身的发展与世界发展之间的整合得以明确。

2017 年 11 月，在越南岘港召开的亚太经合组织（APEC）领导人峰会上，中国国家主席习近平明确表态指出：在中国共产党领导下，中国人民将开启新征程。[1]习近平主席在亚太经合组织工商领导人峰会上发表的主旨演讲中回应国际社会关切，系统阐明"新征程"的丰富内涵——这是全面深化改革、持续释放发展活力的新征程；是与时俱进、创新发展方式的新征程；是进一步走向世界、发展更高层

---

[1]《习近平主席在亚太经合组织工商领导人峰会上的主旨演讲（全文）》，新华网，http://news.xinhuanet.com/politics/leaders/2017-11/10/c_1121938333.htm，访问时间：2017 年 11 月 11 日。

次开放型经济的新征程；是以人民为中心、迈向美好生活的新征程；是推动构建新型国际关系、推动构建人类命运共同体的新征程。"五个新征程"，指明了新时代中国发展的方向、路径和光明前景，表明了中国推动亚太与世界和平发展的决心与担当，向国际社会宣示：一个发展动力更足、人民获得感更强、同世界互动更深入的中国，必将为亚太和世界创造更多机遇，作出更大贡献。① 通过对于这一新征程的定位、阐释，进而能够有效明确中国自身的发展方向与进程，明确中国对于亚太地区与世界、对于国际社会所具有的积极作用。从这一定位与阐释出发，新征程的推进更为有效地向外界说明中国发展所具有的多重内涵：第一，中国发展体现为以中国自身通过全面深化改革为基础；第二，中国发展也拥有"与时俱进、创新发展"的路径；第三，中国发展意在实现更高层次的开放型经济得以推进；第四，中国发展关注到"以人民为中心"，这是中国发展的显著特点与重点；第五，中国发展是实现"构建新型国际关系、推动构建人类命运共同体"的基础与关键所在。进而，对于新征程的理解还需要明确，随着中国特色社会主义进入新时代，中国与世界的关系的演变随着中国自身发展的不断落实、优化，并展现为中国对于世界的积极贡献。这一贡献在于，对于世界的发展，中国以"人类命运共同体"构建为导向的中国发展，正在推进中国与世界历史演变中迎来至关重要的历史拐点。

这一历史拐点的出发点在于，到 21 世纪第二个十年，随着旨在实现中国与世界共同发展、以"人类命运共同体"构建为导向的"一带一路"建设的推进，中国与世界的关系演变，不再局限于中国

---

① 新华社评论员：《中国新征程，世界新机遇》，新华网－新华传媒头条，http：//fms. news. cn/swf/2017qmtt/11_11_2017_zc/index. html，访问时间：2017 年 11 月 11 日。

和平发展对于世界格局所带来的积极变化，诸如中国和平发展积极推进对于公正合理的世界秩序的塑造等，同时也需要关注"一带一路"建设作为至关重要的"中国方案"，结合全球治理的积极落实，对于真正意义上落实"人类命运共同体"构建提供必要的路径。按照中国共产党第十九次全国代表大会报告的相关阐释为"我国国际影响力、感召力、塑造力进一步提高，为世界和平与发展作出新的重大贡献"①。根据这一阐释，中国与世界的关系的互动中，"一带一路"建设所提供的"中国方案"可以被视为至关重要的历史拐点。

究其原因，大致可以将"一带一路"建设建构作为历史拐点呈现于中国与世界的关系大致阐释为——中国与世界的关系正在展现为"中国正在积极改变乃至塑造世界"、"中国对世界的贡献与'人类命运共同体'构建之间的相关关系渐趋明确"以及"'领导与参与角色'引领下的中国与世界之间的互动更为积极"的局面。针对上述原因具体释义如下：第一，中国的发展已然能够有效影响世界。作为世界上第二大经济体和最大的社会主义国家，中国自身拥有的综合国力以及相应的国际影响力、国际战略运筹等，对于世界的影响已经呈现为自1840年中国逐步沦为半殖民地半封建社会后中国独立自主的强化与对世界影响逐步增强的局面、自1949年中华人民共和国成立以来中国对于世界影响最为显著的阶段以及自1978年中国改革开放以来中国与世界的关系互动中主导性渐趋增强的进程。中国发展所取得的成就有目共睹并值得肯定，到21世纪初乃至21世纪第二个十年中后期，中国对世界影响的有效性，不仅为国际关系演变的现实所认可，而且也成为中国与世界的关系进入历史拐点的基础。

---

① 习近平：《决胜全面建成小康社会 夺取新时代中国特色社会主义伟大胜利——在中国共产党第十九次全国代表大会上的报告》，人民出版社，2017。

这一拐点的出现，意味着中国与世界的关系因中国自身的新征程开启尤其是中国通过"一带一路"建设的不断深入与拓展，即"一带一路"建设"项目落地阶段"和"规范建构阶段"的有效推进，呈现出中国在世界格局变化中更为积极与发挥更为重要作用的局面。同时，借助这一拐点，可以进一步认识到中国的发展与世界发展之间的关系，呈现为中国发展作为世界发展的基础与保障的存在。这一进程将随着国际多边合作（包括"一带一路"建设国际多边合作）的推进，得以进一步实现。

第二，中国的发展与世界之间的互动密切相关。这一局面的出现，源自中国持续 40 年（到 2018 年）的改革开放，这一开放进程在实现中国综合国力与国际影响力提升的同时，也为中国与世界之间建立与完善密切的互动关系提供了基础。对这一密切互动的理解，不应仅仅局限于"中国的发展离不开世界，世界的发展离不开中国"的基本逻辑，而是进一步展现为中国为世界的发展做出积极的贡献并进一步引导世界的积极发展。

通过"一带一路"建设的推进，中国与世界之间的密切互动也随之得以进一步展现。"一带一路"建设的推进尤其是在"项目落地阶段"和"规范建构阶段"，"一带一路"建设使中国与世界的共同发展进一步提升，除了更多的项目得到落实并实现中国与"一带一路"沿线国家共同发展以彰显中国对于世界发展的贡献，中国对于世界发展得以持续的相关制度性建设也需要加以关注与重视。

第三，中国与世界的关系所具有的相应的客观依存性正在呈现积极变化。从国际区域治理到全球治理，中国发挥的积极作用与中国通过改革开放实现的国家发展，为中国与世界的关系之间的客观依存提供了现实基础。"一带一路"建设的推进，尤其是"一带一路"建设国际多边合作的推进，使中国与世界的关系得以进一步突出与优化。

中国与世界的关系因"一带一路"建设国际多边合作的推进得以凸显的原因进一步表现为"一带一路"建设国际多边合作为以中国发展助力世界发展奠定了基础。同时，国际多边合作不仅作为"一带一路"建设的路径，而且作为现代国际关系的重要组成部分之一，为中国主导下的"一带一路"建设推进提供了必不可少的支持。随着国际多边合作的推进，中国与世界的关系的历史拐点得以进一步展现为：中国将为世界的发展做出贡献的同时，中国对于进一步实现领导世界也需要加以展现。

从这一历史拐点出发，可以进一步阐释作为"一带一路"建设中至关重要的路径之一——国际多边合作所具有的重要意义。诚如上文分析所示，随着中国对外战略的整体布局与具体实施，"多边"所具有的重要意义正在不断得以强化，进而成为中国国际战略的重要立足点之一。国际多边合作对于中国参与国际事务所具有的重要性，也在得到明确的彰显与落实。对此，应明确考虑当"一带一路"建设作为中国与世界的关系的历史拐点时，其中发挥着重要路径性作用的国际多边合作所具有的必要性与重要意义，即依托国际多边合作，推进"一带一路"建设以明确中国与世界的关系呈现出积极的变化。

继而，对于这一历史拐点的认知，还需要将历史拐点的理解进一步表现为：从人类历史发展的现实与趋势考虑，"人类命运共同体"的建设是人类发展的共同目标所在。这一历史拐点的呈现意味着中国与世界的关系的变化，正在呈现出以通过中国的发展助力世界的发展，进而落实中国为"人类命运共同体"构建所作出的积极努力。较之这一积极努力的更为现实的解读为，中国对外战略的实施是对于这一积极努力的阐释。同时，结合"一带一路"建设、"一带一路"建设国际多边合作的阐释，明确这一历史拐点所具有的现实性意义。

回顾中国对外战略自进入 21 世纪以来的演变历程，不可否认的现实在于中国已然成为举世瞩目的大国但并非真正意义上的强国。中国正在接近世界舞台中心的同时，世界也对中国在这一进程中所发挥的作用给予期待。这一期待的根源在于：中国与世界的关系变化，因中国自身的综合国力不断增强以及长期持续的改革开放而获得的显著成果，也因世界自身尤其是全球治理的变化，进而呈现出更为积极的态势。借助这一历史拐点，随着中国的发展、中国与世界关系的积极互动实现，中国所发挥的作用不仅是作为大国而且是作为强国所发挥的作用。这一强国的构建，主要涉及自 21 世纪第二个十年中后期以及更为长远的时间范围内容，在中国与世界的关系迎来历史拐点的同时，中国与世界的关系演变中，中国的作用呈现为作为大国与强国而发挥作用并非仅仅局限于作为大国的中国。

因此，对于历史拐点的理解在于，借助"一带一路"建设这一历史拐点，中国的发展意在实现中国的发展从大国转向大国与强国兼具，尤其是成为社会主义强国，即实现中华民族伟大复兴的中国梦。与这一进程相伴随的是，通过"一带一路"建设的推进，实现中国引领下的共同发展，进而实现"人类命运共同体"的有效建构。对于这一历史拐点的理解，也需要进一步明确历史拐点视域下的中国，在积极推进"一带一路"建设尤其是在"一带一路"建设国际多边合作的相关进程中，推进"一带一路"建设尤其是国际多边合作的布局与实践。之所以强调"一带一路"建设国际多边合作的布局与实践，其原因在于：

第一，从"一带一路"建设自身发展的视角考虑，到 21 世纪第二个十年中后期，随着"一带一路"建设进入"项目落地阶段"和"规范建构阶段"，国际多边合作在"一带一路"建设中的地位与作用渐趋重要。从"五通"的落实到产业体系与共同市场的建立等，从国际区域经济治理、全球治理到规则、制度的创设与运行，都不可能脱离国际多边合作的框架得以延续。因而，对于"一带一路"自身的发展，国际多边合作的作用不可或缺。

第二，从"一带一路"建设的视角考虑，国际多边合作意在明确更多的"一带一路"沿线国家，围绕"共同发展"的目标，需要开展更具有现实性、持续性与有效性的国际合作与协调，进而从真正意义上落实"一带一路"建设的推进与完善。无论作为"一带一路"建设的重要组成部分，还是"一带一路"建设的关键路径，"一带一路"建设国际多边合作的作用正在凸显。同时需要作为"一带一路"建设主导国家的中国以及更多的"一带一路"建设沿线国家等，给予相应的重视与参与。

第三，从中国与世界的关系发展演变考虑，中国正在通过"一带一路"建设以及更为广泛与长远的"人类命运共同体"构建，促使中国与世界的关系呈现为更为积极的变化。"一带一路"建设作为中国与世界关系的历史拐点，意味着倘若中国有效借助这一拐点，实现自身发展的战略优化与助力国际战略博弈的结构重组，将直接助力中国在中国与世界的关系互动中，争取相当显著的主动、优势，进而真正意义上实现以中国的发展惠及世界与人类。

综合上述分析，针对历史拐点的分析与论证表明，明确认知"一带一路"建设这一中国与世界的关系的历史拐点，其现实性的解读在于"一带一路"建设自身的分析。进而以此为基础，进一步明确认知"一带一路"建设这一中国与世界的关系的历史拐点的根源性解读，在于如何认识在"一带一路"建设尤其是在"一带一路"建设进入"项目落地阶段"和"规范建构阶段"后，以全球范围的国际战略互动为背景，解读中国在"一带一路"建设国际多边合作中的布局与实践——这一方面在于"领导与参与兼具"的角色定位，另一方面也在于针对中国在"一带一路"建设乃至"人类命运共同体"构建中的具体作为。

二 历史拐点视域下的中国

以动态的视角分析，中国自身的变化与中国对外战略的实施，推动着中国不断地落实自身的发展，进而为中国引导与支持"一带一路"建设提供可靠的基础。从国际多边合作的现实与趋势出发，国际多边合作的推进在支持"一带一路"建设的基础上，正在凸显出国际多边合作具有的重要意义。作为当前国际关系的现实与"一带一路"建设的重要路径，国际多边合作的作用发挥，呈现出中国与世界之间关系的变化。这不仅意味着中国以"领导与参与兼具"的角色，借助国际多边合作而引导中国与世界的关系呈现为更为积极的变化。同时，这一角色的作用发挥也进一步表现为中国与世界的关系变化积极服从与服务于"人类命运共同体"的构建。

"人类命运共同体"的构建，仅仅依托双边层面的国际合作，往往难以实现。因而，在构建"人类命运共同体"的整体背景下，应考虑国际多边合作的地位与作用。作为"人类命运共同体"的主要组成部分与有效依托，"一带一路"建设的积极推进需要落实国际多边合作的积极作为。其中，对于"一带一路"这一历史拐点，中国的作为更应当体现为，在"一带一路"建设进入"项目落地阶段"和"规范建构阶段"后，有效推进国际多边合作的诸多进程并提供保障。同时，基于这一进程，进一步落实为中国在"一带一路"建设国际多边合作的具体布局与实践中，从角色定位到具体作为的相关意义需要加以明确。

在角色定位方面："一带一路"建设国际多边合作的整体进程厘定、基本格局设置所相关的角色评估中，应明确中国具有"领导与参与兼具"的角色定位。"领导与参与兼具"意味着中国需要在"一带一路"建设国际多边合作中承担较之中国在世界贸易组织、中国在亚太经合组织中更为重要的责任与义务。

结合当前国际多边合作的现实对比,这一责任与义务更多地体现为,中国需要在"一带一路"建设国际多边合作的框架下,提供更为有效的、更具有吸引力的项目并支持相应的项目得以推进,成为真正意义上促进中国与"一带一路"建设沿线国家共同发展的重要平台。同时,这也需要中国为相应的项目推进提供可靠的规范作为保障。因而,需要中国在涉及"一带一路"建设国际多边合作中的规范建构方面,尤其是通过相应的议题设置等,发挥中国应有的作用。

但在中国承担这些责任与义务的同时,应明确这并不意味着中国在"一带一路"建设国际多边合作的进程中将放弃自身的合法权益。相反应明确强调,这一责任与义务也意味着中国在推进"一带一路"建设国际多边合作的相关进程中,将"领导与参与兼具"的角色定位更为有效地落实为对于共同发展的积极推动,其基础在于对于中国合法权益的保障。

在具体作为方面:需要明确"一带一路"国际多边合作的推进,进一步结合"一带一路"建设在国际多边合作领域的相关项目规划、落实,相关规范设立、运行等,继而能够为"一带一路"建设国际多边合作提供更具有实质性的助力。其中较为典型的案例为,2017年12月3日,在第二届世界互联网大会上,中国与老挝、沙特、塞尔维亚、泰国、土耳其、阿联酋等国家相关部门共同发起《"一带一路"数字经济国际合作倡议》。① 从数字经济发展的态势与现状分析,

---

① 《"一带一路"数据观 | "一带一路"的 2017》,中国一带一路网,https://www.yidaiyilu.gov.cn/xwzx/gnxw/43662.htm,访问时间:2018 年 4 月 18 日。

中国积极推进"一带一路"建设数字经济发展，是"一带一路"建设国际多边合作的显著案例之一。在国际多边合作的积极推动下，数字经济的发展具有相当广阔的前景。回顾数字经济自进入21世纪以来在中国的发展历程，其发展不仅有效地助力中国经济的发展，更为重要的是，借助数字经济的发展，中国经济的整体结构也得以优化与完善。

在"一带一路"建设得以推进的背景下，数字经济的发展在相当程度上展现出推进经济发展的动力属性。在国际多边合作的框架下，数字经济的发展进一步展现出对于"一带一路"建设的积极助力。换言之，借助数字经济的发展，"一带一路"建设在贸易领域、金融领域得以有效推进。国际多边合作框架下的数字经济发展相关的内容大致包括：第一，借助数字经济助力各国在多边合作框架下的实体经济发展；第二，在有效规范数字经济的基础上，对于数字经济的发展给予相应的保障与优化；第三，依托数字经济的发展，有效推进相应的国际合作。

继而言之，中国与世界的关系的拐点因"一带一路"建设的推进得以呈现，同时，随着"一带一路"建设国际多边合作的推进，中国与世界的关系演变呈现为"领导与参与兼具"的角色引导下，中国助力世界的发展。通过国际多边合作的现实与趋势加以阐释，国际多边合作的推进为中国与世界的关系的历史拐点演变，呈现出更为有效的作为。进而，"一带一路"建设——中国与世界的关系面临的历史拐点，其重大意义如下：

第一，这一历史拐点是中国自身发展质的飞跃，即随着中国逐步成为强国，中国在全球范围内的国际战略博弈进一步彰显出中国作为强国而非仅仅作为大国参与更多的国际事务。毫无疑问，中国作为社会主义强国而非大国对国际事务的参与，在21世纪第二个十年的对外战略博弈中，"一带一路"建设作为其中的关键但并非唯一的重大倡议而发挥着不可忽视且不能忽视的作用。"人类命运共同体"的提出与构建，在为"一带一路"建设提供必要导向的同时，更显现出中国对外战略推进的全面布局与具体实践的相关目标。

继而，借助这一历史拐点，中国作为社会主义强国与真正意义上的大国能够在国际事务的参与中发挥较之21世纪第二个十年中后期之前更为重要与有效的作用。从建立健全公正合理的国际秩序到在重特大国际事务中发挥决定性的影响，从推进世界经济的恢复与发展到国际安全事务的相关变化等，中国对外战略的推进，逐渐随着中国作为强国而真正意义上助力中国与世界的关系的持续演变。

第二，结合更为具体的中国对外战略现实考虑，通过这一历史拐点，中国与世界的关系逐步转向借助"领导与参与兼具"的中国角色传承与运用，进一步优化中国对世界的贡献并将这一贡献扩展到"人类命运共同体"的积极构建。在"一带一路"中国角色的作用发挥中，进一步展现作为社会主义大国与强国的基本状态。

这一状态在国际关系现实的演变中，将为21世纪第二个十年之前的国际关系演变带来根本性的转变，也应对中国与世界的关系的历史拐点。中国作为社会主义强国在历史拐点所发挥的作用在于：中国能够更为有效地影响国际事务的走向。其中，"领导与参与兼具"的中国角色，可以进一步释义为中国拥有影响国际事务的显著能力——诸如"一带一路"建设的推进为中国在自身发展的同时，积极助力中国参与国际区域治理与全球治理，提供可靠与可行的方案。此外，借助国际多边合作的推进，上述进程也将随之获得更为有效的路径与更为积极的表现。

第三，这一历史拐点的相关进程未必会一帆风顺，因而即使通过

"一带一路"建设等重大进程的积极作为，中国对外战略的运用中，应进一步考虑在这一历史拐点也可能出现的种种问题等。历史拐点自身的转变到 21 世纪第二个十年中后期并未完全实现，中国与世界的关系的确立并不意味着中国能够完全决定世界的走向。相反，中国与世界的关系的演变中仍然需要中国采取相应的战略布局与措施，落实中国与世界的关系的进一步巩固与提升。这一巩固与提升的进程，与中国"一带一路"建设的推进密切相关。

从上述意义出发，国际多边合作的意义已经不能仅仅局限于"一带一路"建设自身，而是从作为"一带一路"建设的重要路径之一与当前国际关系的现实之一加以整体阐释：对于作为社会主义大国与强国的中国，"一带一路"建设在上述国际事务中所发挥的作用，需要考虑进一步借助国际多边合作的推进。国际多边合作的推进中，中国与世界的关系得以进一步展现出中国将通过国际多边合作推进国际区域治理与全球治理的有效落实，并进一步优化相关治理。

通过作为社会主义大国与强国的中国在国际社会中所发挥的作用分析，作为其中的重要媒介，国际多边合作的顺利推进与演变将随着这一作用的积极作为而得以展现。比如，在气候变化上或者国际反恐等问题上，作为社会主义大国与强国的中国所发挥的作用在于进一步优化上述问题中的国际多边合作。这不仅体现为推进合作本身的发展与提升，而且也体现为能够有效保障借助国际合作实现相关问题应对的制度化进程等，同时还体现为能够对于相关国际合作中可能面临的运行风险提供必要的应对。

"一带一路"建设国际多边合作的推进，为作为社会主义大国与强国的中国发挥相应的作用提供了可靠的路径与平台。但对于中国，在相当复杂与多边的国际战略博弈中，还需要将这一"历史拐点"

的相关认知进一步具体化为："一带一路"建设明确需要落实国际多边合作进程。对于未来"一带一路"建设国际多边合作的推进，现有的国际合作在给予相应基础性作用发挥的同时，还需要进一步得以提升。

对于中国，"一带一路"建设作为中国参与国际战略博弈的重要组成部分之一，其具体表现在于：第一，"一带一路"建设的战略意义已然表明，"一带一路"建设的布局与实践中，实现中国参与与领导的国际多边合作意在为"一带一路"建设进一步发展提供可靠的路径。进而，保障涉及"一带一路"建设的战略博弈呈现出良性发展的趋势。第二，从中国对于"一带一路"建设提供有效保障的视角阐释，中国的保障需要优先从战略层面给予必要的重视并付诸实践。第三，"一带一路"建设国际多边合作的推进，需要在战略层面给予相应的支持，但并不仅仅局限于战略层面，在政策层面的国际多边合作实现，同样具有重要意义。

综合上述分析，尽管中国通过"一带一路"建设的不断推进与落实，渐趋迎来中国与世界的关系的历史拐点。但这一历史拐点并不意味着中国能够相对容易地落实依托"一带一路"建设，实现中国与"一带一路"沿线国家乃至世界各国的共同发展，而是意味着中国需要在战略层面给予必要的重视，以保障"一带一路"建设的顺利开展；需要在政策层面对于"一带一路"建设给予相应的支持，以落实"一带一路"建设的相关设想。

概而言之，作为历史拐点的"一带一路"建设以及作为"一带一路"建设的关键组成部分之一的国际多边合作，对于中国，其在国际战略学层面的意义，仍然需要坚持"机遇与挑战并存"的认知模式。这意味着在中国推进"一带一路"建设的进程中，既需要充分把握"一带一路"建设中的相关机遇，也需要积极应对"一带一路"建设中可能面临的挑战。与上述分析类似的是，"一带一路"建设国际多边合作的推进，也应注重上述境遇。但从国际战略互动的现实与趋势分析，对于历史拐点的认知并不仅仅局限于"机遇与挑战并存"，而是需要结合中国作为世界上第二大经济体和最大的社会主义国家的现实，

进而言之，中国的积极作为还需要顾及对有效落实这一历史拐点所相关的"机遇与挑战"给予积极应对的同时，进一步落实与完善借助这一"机遇与挑战"实现真正意义上的"共同发展"，进而落实对于"人类命运共同体"的积极构建。这一构建的落实，进一步表现为依托"一带一路"建设国际多边合作的推进。

第二节　对比传统国际多边合作的
"一带一路"建设

到 2017 年，进入"项目落地阶段"与"规范建构阶段"的"一带一路"建设在国际多边合作中已经取得了相当显著的成效。同时，对比传统国际多边合作，"一带一路"建设国际多边合作的优势也随之渐趋明确。这些优势不仅体现为国际多边合作的具体组织形式与运行态势，而且也体现为国际多边合作所取得的相关效果以及对于未来国际多边合作的发展设想。

一　较之传统国际多边合作的"一带一路"建设优势

到 21 世纪第二个十年，随着中国和平发展与"一带一路"建设的积极推进，国际多边合作已经成为中国积极参与乃至领导国际事务所需要的重要路径之一。结合国际多边合作的相关进程与中国参与国

际事务的现实，国际多边合作的中国参与更多地体现为，中国已经实现针对国际多边合作的积极参与，从联合国框架下的诸多合作进程，诸如气候变化、维和行动到亚太经合作组织、二十国集团、博鳌论坛等。进而结合国际多边合作的现实，进一步阐释国际多边合作对于中国所积极倡导的"一带一路"建设所具有的积极效应。

首先，国际多边合作能够在相当广泛的范围内，推进与落实"一带一路"建设。较之国际双边合作，国际多边合作具有的优势在于能够在相当广泛的范围内发挥影响，这是国际多边合作的现实所在。对比国际双边合作所影响的两个国家或者若干国家之间的国际关系互动，国际多边合作能够影响更多国家之间的国际关系互动。

结合国际关系演变的历史与现实，国际多边合作的积极推进发挥着相当重要的作用。自三十年战争以来，国际合作的多边进程已经贯穿国际关系史发展的整体进程，从1648年的《威斯特伐利亚和约》到1713年的《乌德勒支和约》，再到1815年的《维也纳条约》，从1919年的巴黎和会到1945年的《雅尔塔协定》，再到联合国成立后在联合国框架下的一系列涉及国际合作与协调的条约与法律等，比如1992年的《联合国气候变化框架公约》等，多边国际合作框架下的相关合作进程，在相当程度上展现了国际多边合作对于落实更为全面且有效的国际关系互动所具有的积极意义。进入21世纪后，鉴于国际多边合作本身构成全球治理实施的基本方式，随着全球治理进程的不断推进，国际多边合作所发挥的作用也在得到不断落实与彰显。比如世界贸易组织与欧盟的运行，在21世纪初的运行，展现出国际多边合作更富有成就的现实性进程。

其次，国际多边合作与"一带一路"建设之间的对接形成相应的契合。无论"一带一路"建设已然取得的成就还是"一带一路"建设当前的发展态势或者"一带一路"建设的未来发展前景，国际多边合作符合"一带一路"建设在当前与未来的基本现实需求。随着"一带一路"建设进入"项目落地阶段"和"规范建构阶段"，国际多边合作的重要性与必要性也同样得以展现。

结合上述"一带一路"建设"五通"所取得的成就阐释，国际双边合作发挥的作用不能忽视，比如中国与"一带一路"沿线国家之间的双边层面开展的政策沟通，中国与俄罗斯、中国与波兰等国家，先后都在双边合作中对"一带一路"建设的积极对接达成共识。但同时不可忽视的是，随着"一带一路"建设在"项目落地阶段"和"规范建构阶段"推进，"一带一路"建设也需要在国际多边合作层面建立健全与不断充实相应的合作进程。这不仅源自在"五通"的全面深化构建中需要更为有效的国际多边合作发挥支撑作用，尤其是在"政策沟通"、"设施联通"与"资金融通"等领域，而且源自随着"一带一路"建设推进"人类命运共同体"的不断明确、落实，国际多边合作的相关重要性也需要得以明确。

再次，国际多边合作可以在一定程度上更为有效地应对可能出现的危机与困境。在当代国际关系互动中，危机管理乃至更为艰难的国际问题困境应对，需要考虑更具有战略智慧的积极应对。国际多边合作的积极推进，为进一步落实相应的战略智慧以应对相应的危机与困境提供了一种良好的路径。这一路径在于以国际多边合作的推进，进一步优化相应的国际关系互动的整体环境。进而，为应对具体的危机与困境提供更为有利的国际环境条件。

结合"一带一路"建设的现实考虑，国际多边合作具有的积极效应在于：对于在全球范围内开展更为有效的国际协调提供了相当积极的平台。这一平台不仅在于为更多的国家维护自身的合法利益与发展权益提供了机遇，而且也为全球范围内国际关系运行的民主化提供依据与支撑。以发展权的视野分析：实现发展权既是各国的责任，也是国际社会的共同义务。发展权的实现既需要各国政府根据各自国情制定符合本国实际的发展战略和发展政策，也需要国际社会的共同努力。① 从这一现实出发，应进一步考虑落实国际多边合作能够为实现与保障各国的发展权提供相应的支持。进而，结合更为具体的案例阐释：从亚太经合组织（APEC）所发挥的作用看，APEC 作为国际多边合作的重要平台之一，对于有效落实亚太地区的发展发挥了相当积极的作用。对比"一带一路"建设的现实看，在长期以来 APEC 致力于亚太地区发展的积极努力得以认可的同时，同样致力于发展的"一带一路"建设也可以与 APEC 所致力于亚太地区发展进行相应的对接。这一对接既可以视为 APEC 与"一带一路"建设在发展领域的积极趋同，也可以作为两者之间开展涉及发展事务对接的平台，进而有助于实现相应的国际环境改良与优化。

与之相类似的是，从与"一带一路"建设密切相关的亚欧大陆国际环境考虑，"一带一路"建设的推进客观上有助于实现亚欧大陆的国际关系互动的优化，进而能够在落实亚欧大陆共同发展的基础上，积极推进整个亚欧大陆国际环境的积极变化。其更为积极的影响在于，借助国际环境优化的实现，在亚欧大陆实现共同发展的同时，有效约束冲突与安全困境所具有的消极作用。

最后，国际多边合作框架下的机制化、制度化建设，在广泛性得以落实的前提下，可以借助其覆盖范围广的条件，落实对于相关国际事务影响的有效性。国际多边合作在机制化、制度化层面所发挥作用的阐释，应考虑在明确现代国际关系发展演变历程的基础上，进一步明晰国际多边合作所发挥的作用意在为相应的国际关系互动提供有效

---

① 《发展权：中国的理念、实践与贡献》白皮书，中华人民共和国国务院新闻办公室，2016年12月。

的规范建构。

自现代国际关系诞生以来，作为一种国际关系演变的历程而非仅仅局限于路径，国际多边合作在更为普遍与广泛的国际关系互动中所发挥的作用经历了从难以发挥作用到发挥某些作用再到发挥积极作用的历程。回顾国际关系史的演变进程，拿破仑战争后建立的神圣同盟、第一次世界大战后建立的国际联盟，作为国际多边合作的失败案例或者说能够算作并不成功的案例，国际多边合作在 20 世纪中叶以及以前所发挥的作用并不显著。相反，由于作为典型的国际多边合作框架，国际联盟并未从真正意义上阻止第二次世界大战的爆发，甚至主导的国际联盟英法两国与德国、意大利共同策划慕尼黑阴谋，客观上加速了第二次世界大战的爆发。可以这样认为，对于第二次世界大战结束以前的国际多边合作运行效果阐释，国际多边合作对于全球范围国际关系互动所构成的影响更多是负面的。

但到第二次世界大战以后尤其是民族解放运动、不结盟运动的积极开展，国际多边合作所发挥的作用已经开始呈现出更为积极的效果。比如，1971 年联合国恢复中华人民共和国合法席位等。到 20 世纪末，随着冷战结束，国际多边合作在面临着冷战后诸多挑战兴起的同时，也面临着从地区安全合作到全球治理等领域更为显著的发展机遇，尤其是进入 21 世纪后，随着非西方国家群体性崛起的实现，为国际多边合作发挥更为积极的作用提供了更为坚实的基础与更为可靠的条件。进入 21 世纪第二个十年后，国际多边合作因非西方国家群体性崛起所带来的自新航路开辟以来世界格局所呈现的显著变化，能够在 21 世纪第二个十年的国际关系演变中发挥相应的作用。

有必要强调的是，从“一带一路”建设整体发展的视角与国际多边合作在国际关系演变中所发挥现实作用的相关统筹考虑，对于国际多边合作所发挥作用相关的研究与分析逻辑在于，将国际多边合作作为一种国际关系互动的路径理解作为基础，同时兼顾作为现代国际关系的一种现象。其中，更为重要的是，从"一带一路"建设在"项目落地阶段"和"规范建构阶段"需要考虑国际多边合作作为"一带一路"倡议的路径加以明确并作为分析国际多边合作的基础。从这一基础出发，进一步考虑国际多边合作所具有的战略性作用等，作为国际多边合作在"一带一路"建设中所发挥作用的衍伸。

依据上述分析，考虑国际多边合作的比较研究，"一带一路"建设国际多边合作较之人类历史上的国际多边合作，具有相当显著的优势。回顾现代国际关系在《威斯特伐利亚和约》签订以来的发展进程阐释，国际多边合作的发展得以逐步明确与有效，乃至纯熟。较之21世纪之前的国际关系史演变，国际多边合作的运行往往在有效性方面出现一系列的问题，比如在拿破仑战争后建立的神圣同盟的运行中，其有效性的缺陷相当显著。这不仅源自神圣同盟内部的各国之间在利益分配等领域的矛盾，而且也源自英国等国家对于神圣同盟运行的某些阻碍。与之相类似的是，20世纪的国际多边合作运行中，也面临着同样的问题，最为显著的案例为国际联盟与早期的联合国。与上述分析涉及的国际联盟并未有效阻止第二次世界大战的爆发不同，早期的联合国在运行中其有效性往往也大打折扣。比如，在朝鲜战争的问题上，美国等西方国家主导下的决议，往往违背了国际关系的现实与朝鲜半岛实现和平的进程。

但进入21世纪后，国际多边合作的进程得以明确开展并且其有效性的彰显也逐步得以明确。以欧盟为例，自欧盟成立或者追溯至1993年的《马斯特里赫特条约》的签署，欧盟在自身事务的运行中，已然彰显出欧盟运行的有效性。这一有效性不仅体现为在欧洲原有的共同市场的基础上设立共同货币，以及建立相应的金融体系等，而且也体现为共同的司法与警务政策以及欧盟各国在外交与国防等层面开展相应的合作与协调。到 21 世纪第二个十年中后期，尽管英国已经启动退出欧盟的程序，但是从国际多边合作的历史纵向分析比较，欧盟已经作为国际多边合作的成功案例，在国际事务中发挥着不可或缺的作用。

对比欧盟，"一带一路"建设国际多边合作具有的比较优势在于："一带一路"建设能够在更为有效的时间与空间范围内，推进国际多边合作的顺利开展，并落实相应的项目设想与规范建构。首先，在发展动力方面，较之欧盟（欧洲共同体）以法国、德国作为发动机的发展进程，"一带一路"建设国际多边合作的推进中，中国"领导与参与兼具"的角色定位，可以推进相应的项目进程与规范运行，提供更为有效的动力。这其中的原因，源自较之法国、德国，中国对于有效推进"一带一路"建设、保障与助力"一带一路"建设国际多边合作，拥有更为有效的物质支持。同时，值得期待的是，对比欧盟的内部运行机制，未来针对"一带一路"建设国际多边合作的相关规范设计与运行，也具有相应的比较优势。

其次，"一带一路"建设国际多边合作的推进，更多地依循共同发展，乃至实现"人类命运共同体"的相关指向。这要比欧盟的行为指导与成为"邦联"的建设指向，具有更高的层次与更为深远的设想。较之欧盟内部存在的发展不平衡态势，"一带一路"建设国际多边合作的推进，更多地注重共同发展的现实与趋势。

最后，较之欧盟各国之间显著的发展差异以及欧盟各国差异的难以得到有效应对的现实，"一带一路"建设国际多边合作的推进，在相当程度上可以实现对于欧盟目前相关困境的应对。因而，作为国际多边合作的案例比较，"一带一路"建设国际多边合作具有相当显著的优势。

较之欧盟，作为专门性、全球性的国际组织，世界贸易组织在全球事务中的作用，更多地体现为对于全球治理、对于全球范围内自由贸易的运行所提供的助力与支持。作为一种较为典型的国际多边合作模式，世界贸易组织的运行在相当程度上是对于国际多边合作的积极释义。具体表现为，依托世界贸易组织所开展的全球范围内的国际贸易，在相当程度上保障了依托自由贸易所推动的各国共同发展；这一发展的进程，更多地表现为世界各国的经贸合作，是国际多边合作的表现所在。

　　结合 2018 年春季美国特朗普政府公然违背世界贸易组织原则，发起针对中国的贸易纠纷，这一现实说明，世界贸易组织仍然无法有效应对特朗普政府的这一作为。比较而言，"一带一路"建设国际多边合作的推进，尤其"规范建构阶段"的积极推进，可以有效遏制在"一带一路"国际多边合作中可能出现类似这一困境性局面。因此，与世界贸易组织相比，"一带一路"建设国际多边合作的推进，在规范建构领域倘若能够取得相应的成效，至少有助于在规范运行领域应对目前世界贸易组织所面临的类似的困境。

　　同时，亚太经合组织（APEC）作为专门性、区域性的经济组织，构成推进区域经济合作乃至国际区域治理的重要平台，也在发挥着相当积极的作用。通过亚太经合组织的平台，亚太国家积极推进多边国际合作，并有效助力亚太地区的经济发展。但亚太经合组织存在的问题在于，亚太经合组织的作用着眼于亚太地区的发展并且其协调能力也相当有限。

　　比较而言，"一带一路"建设国际多边合作的推进，能够借助项目落地与规范建构等进程，进一步在对接亚太经合组织的前提下，发挥更为有效的作用。考虑到"一带一路"建设与亚太经合组织的有效对接，尤其是项目落地与规范建构等进程能够为这一对接提供良好的行动指引，进而能够在比较中展现“一带一路”建设国际多边合作所具有的优势所在。

除了上述比较，还可以考虑在区域一体化的诸多进程中，“一带一路”建设国际多边合作具有的比较优势。比如，正在积极筹备并有所推进的中日韩三国合作。这一合作进程属于典型的国际多边合作，而且这一合作更多地致力于中日韩三国在经济、环境保护、法律等诸多领域开展相应的合作与协调。

与之相对比，“一带一路”建设国际多边合作的推进，也能够借助项目落地和规范建构，有效对接中日韩三国的国际多边合作。其中，“一带一路”建设国际多边合作的比较优势在于，项目落地与规范建构可以提供更具导向性和更具现实性的支持。从两者的相关性分析，“一带一路”建设国际多边合作的推进，对于中日韩三国的国际多边合作具有相应的促进作用。同时，也不可忽视的现实在于，“一带一路”建设国际多边合作的推进，也可以借助中日韩三国合作的相关倡议加以开展。比如，借助“一带一路”建设国际多边合作，推进中日韩自贸区的建设。这一推进进程，不仅需要考虑到中日、中韩和韩日在双边层面的自贸区建设与相关协调，而且也需要顾及三边层面的涉及自贸区建设的协调等。

综合上述分析，“一带一路”建设国际多边合作相对于神圣同盟、国际联盟、联合国、欧盟、世界贸易组织、亚太经合组织等国际组织，相对于中日韩三国的协调与合作，“一带一路”建设国际多边合作的比较优势尤为突出地体现为中国自身相对强大的综合国力以及“一带一路”建设国际多边合作的项目落地与规范建构。

此外，需要强调的是，“一带一路”国际多边合作的比较研究，意在着眼于针对“一带一路”建设的整体研究尤其是落实中国对于“一带一路”建设国际多边合作的重要意义。这一意义的展现与优化，需要借助中国对于"一带一路"建设国际多边合作推进的努力与贡献加以明确。

二 中国对"一带一路"建设国际多边合作推进的努力与贡献

有效落实"一带一路"建设国际多边合作的范式，其具体内容涉及以积极推动"一带一路"建设国际多边合作范式自身构建的相关倡议为基础，进而结合"一带一路"建设的现实与趋势而加以明确。以此为基础，进一步明确中国对于"一带一路"建设国际多边合作范式的构建所需要采取的具体措施，这是中国对"一带一路"建设国际多边合作推进的努力与贡献所在。大致涉及以下内容：

第一，逐步建立健全推动"一带一路"建设的多边协调而非仅仅局限于机制协调，是更具普遍性的协调现实与机制全面构建的整体性进程。这一协调的整体性进程实现，意在推动"一带一路"沿线国家（尤其是发挥着重要作用的参与方）明确"一带一路"建设所具有的积极意义，以及积极参与"一带一路"建设的多边协调进程——建立更具有普遍意义的政府间和非政府间涉及"一带一路"建设的协调。同时，通过"一带一路"建设的机制协调，将涉及"一带一路"建设的相关协调加以明确强化。

对此，需要明确的是，机制固然重要，但是在多边协调的过程中，对于协调的重视不应过度强调机制所具有的作用。在很多时候，机制的桎梏往往限制了参与方主观能动性的发挥。因而，对于"一带一路"建设国际多边合作的范式构建，应当更为全面与审慎地看待机制所发挥的作用。既要建立健全机制并重视机制所具有的重要意义，也要在机制的具体运行中克服机制所面临的问题等。

第二，推动"一带一路"建设国际多边合作的范式构建涉及利益互动而非仅仅局限于共同利益。所谓利益互动，意指借助"一带一路"的推进与提升，保障中国与"一带一路"沿线国家在具体合作的进程中实现互利互惠，而非仅仅局限于对利益的共同认知。利益互动的推进，将实现中国与更多的"一带一路"国家在实现共同发展的同时，落实更具有现实意义的利益整合、优化与提升。在保障各国参与"一带一路"建设获得经济收益、政治收益等的同时，进一步将现有的利益实现升级与建立健全相应的利益保障。换言之，"一带一路"建设国际多边合作的推进，不仅涉及将现有的"一带一路"建设的"蛋糕"做大，而且要为"做大"这一"蛋糕"提供保障。

其中，相对典型的现实境遇在于，参与"一带一路"的各国已然认识到积极维持有效的国际安全环境对于"一带一路"建设的顺利推进，具有重要而不可忽视的意义。然而，这一具有共识性的认知，对于有效诠释"一带一路"建设国际安全环境的有效维持缺乏明确的支持。对此，需要借助涉及国际安全环境的利益互动，即借助共同安全利益的塑造：首先，强化必要的安全共识；其次，建立行之有效的政府间安全协调机制与协作；最后，在共识与机制的前提得以有效落实的境遇中，还需要进一步明确具体的安全协调与合作进程。

第三，推动"一带一路"多边合作范式构建大国合作而非仅仅局限于良性博弈。自2013年以来，"一带一路"建设的落实表明，"一带一路"建设所彰显出的现实与趋势，其所彰显的是大国合作的需求。"一带一路"建设的有效落实，需要大国合作的支持，尽管这一支持并不显著。显然，围绕"一带一路"建设的大国博弈，仍然在一定程度上影响着"一带一路"建设的相关进程。

但随着中国"一带一路"建设的积极落实，中国需要进一步落实大国合作的实现而非仅仅局限于大国博弈。围绕"一带一路"建设的大国合作，需要借助包括经贸、外交、安全等诸多领域的对大国合作的积极推进。不仅需要促进更多的大国认可中国"一带一路"建设的相关进程，更需要明确应对大国博弈进程中对于大国合作可能造成的冲击。对此，通过开展涉及"一带一路"建设的大国合作，推进与落实"一带一路"建设具有相应的积极效应。至少，借助大国合作能够在"一带一路"建设国际多边合作的范式构建中，制约某些大国对"一带一路"建设的遏制，推进某些大国积极参与"一带一路"建设的相关进程。

结合中国主导"一带一路"建设的整体布局与具体实践，中国对于国际多边合作范式还需要落实更为重要与关键的现实性举措——这需要从涉及"一带一路"建设的全球范围内国际关系博弈的视阈与涉及中国对"一带一路"建设的全面布局，而非仅仅顾及从中国外交、中国国防的视角出发，开展针对"一带一路"国际多边合作范式构建的布局与实践。

首先，考虑建立推进"一带一路"建设的全国性指导机关而非将其职能仅仅局限于协调参与"一带一路"的不同政府部门。同时，还涉及各种借助"一带一路"建设"走出去"的中资企业、社会团体等。

对于以国际多边合作范式的有效落实与推进，作为推动"一带一路"建设的主导性因素的国家，中国所发挥的作用需要依托于自身所构建的有效实施。这一有效实施的基础在于，在中国国内对于"一带一路"建设形成相当有效的动力。这一动力发挥作用的关键在于，积极落实"一带一路"建设的中国国内协调。这一整合的基本出发点在于，涉及"一带一路"建设的政府部门整合。同时，以政府部门整合为基础，进一步推进其他参与"一带一路"建设国际多边合作范式的企业、社会团体乃至个人的积极参与。因此，需要明确"一带一路"建设国际多边合作的范式构建中，对于作为"一带一路”建设首倡国的中国，最为基础的布局与实践在于能够为国际多边合作提供良好的国内动力。倘若失去这一国内动力或者动力不足，往往可能造成"一带一路"建设国际多边合作沦为"空中楼阁"。

其次，逐步建立健全"一带一路"建设的国内协调为基础的制度化建设。结合中国国内对于"一带一路"建设的积极布局与有效实施，中国国内协调并实现相应的制度化，这是对于构建有效推动"一带一路"多边合作范式的各个参与主体开展有效合作的升级。

借助制度化的保障，"一带一路"建设自身得以有效地强化。即包括国内协调的相关制度建设，能够更为有效地实现在中国国内国家治理体系和治理能力建设中构建与优化"一带一路"建设的动力构建。这一动力能够为进一步落实"一带一路"国际多边合作以及相应的范式构建提供来自中国国内的物质基础与制度保障。比如，在"一带一路"建设的金融合作领域，随着中国国内金融的发展以及涉及"一带一路"建设国际多边合作的金融发展制度整合与优化，能够为中国金融积极助力"一带一路"提供相应的物质基础，同时制度整合与优化的实现，也可以为"一带一路"国际多边合作在金融领域的推进提供相当必要的制度保障。

再次，逐步完善"一带一路"建设的风险与危机应对机制，不仅在于明确安全对于"一带一路"建设的重要性与必要性，而且在于对行之有效的措施落实相应的应对机制。对于中国，"一带一路"建设当前与未来最为现实的困境在于——各种安全领域的风险与危险。从如何有效维护"一带一路"建设来看，其中相当关键的变量控制在于有效应对"一带一路"面临的风险与危险。

风险与危机应对机制，是当前"一带一路"建设得以推进所需要的现实性内容。在明确中国主导与参与"一带一路"建设的具体行动中，需要对相关的风险与危机加以评估并采取相应的措施加以应对。这些措施不应仅仅局限于军事或外交，而是涉及整个"一带一路"建设在多边视阈下的通盘考量。涉及"一带一路"建设所有领域的安全问题，包括经济、军事、外交、文化等诸多领域，在保障"五通"的基础上，落实"一带一路"建设在上述领域面临的诸多风险与危险应对。进而参照共同、综合、合作、可持续的安全观，为"一带一路"建设的风险与危机应对机制的落实与完善提供相应的指导。

最后，推进"一带一路"的话语权设置，明确中国在"一带一路"建设中所具有的话语优势，从宣传到法律、从外交到军事等领域，需要也必须要求中国的话语发挥必要的作用。这不仅意味着中国的话语将诠释中国对"一带一路"的积极作为与贡献，而且意味着中国的话语将为"一带一路"建设的有效落实提供必要的保障。"一带一路"建设的有效推进，需要建立相应的中国话语体系以及更为重要的话语体系，对于面向世界阐释中国的"一带一路"建设、对于应对外部世界对"一带一路"建设的种种非议，具有重要意义。

借助话语优势，"一带一路"国际多边合作的范式能够在提供更具持续性动力的同时，提升这一范式的保障性。同时话语优势的积极发挥，也将有助于外部世界更为客观与积极地认可中国以国际多边合作的范式推进"一带一路"建设。

结合中国外交推动的"人类命运共同体"进程积极构建，"一带一路"国际多边合作的范式，其本身是对"一带一路"得以有效实施的一种相当积极的思考与探索。继而从这一思考与探索出发，进一步明确中国推进"一带一路"建设的相关进程中——"一带一路"国际多边合作范式的确立与实施，构成中国政府积极推进"一带一路"的战略性、关键性布局。借助有效实现与贯彻"一带一路"国际多边合作范式，对于中国"一带一路"建设在具体实践中的落实，范式层面的影响在于更多地表现为整体提升中国"一带一路"建设作出更为显著的示范效应、规模作用与规范模式。依据"一带一路"国际多边合作范式的推进现实及其对应的"一带一路"建设的"项目落地阶段"和"规范建构阶段"，实现"一带一路"建设国际多边合作范式的落实、推进与优化，中国推进"一带一路"建设得以彰显的示范效应在于：为更多的国家，无论其是否参与"一带一路"建设，提供了良好的参与"一带一路"建设进而参与全球治理的样本。这不仅体现为借助"一带一路"建设参与、助力全球治理的相关进程的落实，而且尤为突出地展现中国在"一带一路"建设与全球治理中所具有的国际责任。"一带一路"建设国际多边合作范式的规模作用在于，通过"一带一路"国际多边合作的积极推进，展现中国通过对于"一带一路"建设积极落实对于全球治理顺利推进的助力与支持。同时，更为重要的规范作用在于展现中国积极推进全球治理体系变革的积极努力。进而引导、鼓励与推动更多的国家积极参与中国对于全球治理体系变革的相关进程，实现更多的国家致力于全球治理体系变革的实现。规范模式在于，随着"一带一路"建设的拓展与深入，对于相关实践的落实，能够进一步明确"一带一路"建设国际多边合作所应遵循的制度、机制与规定等，实现"一带一路"建设国际多边合作的相关规范模式。

进而言之，借助"一带一路"国际多边合作范式的确立与推进，"一带一路"国际多边合作范式对于中国在整个东半球的战略布局、对于中国与世界的关系的积极构建，不单单意味着"一带一路"建设的顺利实施与收益提升，同时包括"一带一路"在内的中国对外战略整体布局与实践具有相应的助力与典范作用。

对于全球范围内国际关系互动的现实与未来阐释，"一带一路"

将成为中国参与全球治理的典型规划。"一带一路"国际多边合作范式的确立与落实，对于中国在全球范围内的国际关系互动中争取主动、获得先机，对于中国积极推动全球治理的有效实现所具有的意义需要加以重视。

基于"一带一路"建设的积极推进，国际多边合作战略博弈优化大致表现为：以"人类命运共同体"构建为导向，通过国际多边合作战略博弈优化，展现中国推动"一带一路"建设，落实中国与世界的共同发展，这是筑牢发展作为全球事务核心的关键举措。通过国际多边合作战略博弈优化，有效落实中国借助"一带一路"建设对于全球安全事务的积极贡献，展现中国推动"一带一路"建设，维护世界的和平与稳定，这是保障发展作为全球核心事务的现实需求。通过国际多边合作战略博弈优化，进一步争取全球范围内国际战略博弈全面优化，展现"人类命运共同体"的积极构建，这是提升发展作为全球核心事务的升级目标。

对"一带一路"建设国际多边合作的战略博弈优化进行整体考量，主要涉及："一带一路"建设得以全面推进的背景下，国际多边合作推动的战略博弈优化，意在落实国际多边合作得以推进的同时，也在助力实现"一带一路"影响范围内的国际关系良性互动。这一互动不仅是对于中国所积极主张的共同发展的有效落实，也是对于"人类命运共同体"构建的积极努力。

从"人类命运共同体"构建的现实出发，国际多边合作战略博弈优化的实现，符合"人类命运共同体"构建所需要的国际环境塑造。"人类命运共同体"构建的相关需求表明，中国对于国际事务的参与，尤其是对"一带一路"建设的积极推动以及在推动"一带一路"建设的同时所积极致力的全球治理进程，国际多边合作能够进一步作为全球范围内国际关系博弈的关键表象得以展现。

第三章 "一带一路"建设国际多边合作的初步成效

　　自 2013 年"一带一路"提出、2015 年"一带一路"愿景与行动提出以来，"一带一路"建设作为国际多边合作的一种形式与内容，在中国周边地区乃至整个欧亚大陆的积极推进取得了初步成效。随着"一带一路"建设进入"项目落地阶段"和"规范建构阶段"，这些初步成效为进一步拓展与优化"一带一路"建设，展现出相当积极的意义。"一带一路"建设推进成效的相关研究中，有分析认为，中国提出以亚洲国家为重点方向，以陆上和海上经济合作走廊为依托，以交通基础设施为突破口，以建设融资平台为抓手，以人文交流为纽带，以共商、共建、共享的平等互利方式推动亚洲互联互通，建设深度交融的互利合作网络，就是要让尽量多的发展中国家分享中国的发展红利。① 这进一步阐释了"一带一路"建设对于亚洲乃至整个欧亚大陆发展具有的积极意义——"一带一路"建设已经呈现为对于"一带一路"沿线国家共同发展的规模化、体系化的积极局面。

---

① 《"一带一路"共同的期盼》，《人民日报》2015 年 1 月 28 日。

第一节 东北亚地区国际多边合作对接
"一带一路"建设

整体上看,"一带一路"建设整体发展的成果大致展现为在东北亚地区"一带一路"建设处于相对缓慢的阶段,但随着"一带一路"建设的积极推动,尤其是中日韩三国合作倘若得以不断落实,东北亚地区"一带一路"建设的前景是值得关注的。较之在东北亚地区"一带一路"建设的推进进程,"一带一路"建设在东南亚地区、南亚地区与西亚地区的整体推进更为显著。但东北亚地区庞大的经济体量与广阔的市场等,对于"一带一路"建设的实施是不可或缺的。因此,有必要考虑东北亚地区国际多边合作对接"一带一路"建设,具有相应的学理意义与现实价值。

一 "一带一路"建设东北亚地区进程对接国际多边合作的背景

从东亚地区国际多边合作的现实理解阐释,东亚地区国际多边合作整体上分为两个相互关联并有所互动却也存在显著不同的次区域国际多边合作进程,即在东北亚地区的国际多边合作与在东南亚地区的国际多边合作。对于东亚地区国际多边合作的现实分析,需要首先明确其具有的双重属性:第一,从东亚区域治理的现实考虑,东亚地区国际多边合作属于这一治理的一部分,其在对接"一带一路"建设的过程中,与"一带一路"建设存在相当明确的相关性。"一带一路"建设的推进,也是对于东亚地区国际多边合作推进的积极实现。第二,从"一带一路"建设的现实考虑,东亚地区是"一带一路"建设的重点区域。随着"一带一路"建设的"项目落地阶段"和"规范建构阶段"的推进，这一重点区域所具有的影响也将随之得以彰显——涉及中日韩三国国际区域合作对接"一带一路"建设，也涉及中国与东南亚各国（也包括东盟）开展与落实涉及"一带一路"建设的相关国际合作。

针对东北亚地区国际环境与"一带一路"建设的互动分析，东北亚地区国际多边合作主要涉及早在"一带一路"建设的"提出与落实阶段"，"一带一路"建设与东北亚地区相对复杂的国际关系博弈之间已然形成密切的相关关系。其原因在于——"一带一路"建设自 2013 年提出以来，其在东北亚地区的实施并未取得理想的成果是由于东北亚地区相对复杂的国际环境以及大国博弈的复杂互动，相当程度上迟滞了东北亚地区"一带一路"建设的有效推进。但到 21 世纪第二个十年中后期，随着"一带一路"建设的推进，中国与东北亚地区各主要国家之间关系互动的推进，尤其是中日韩三国合作的推进等一系列相对积极的因素，正在促动东北亚地区国际多边合作框架下的"一带一路"建设发展。

从"一带一路"建设"提出与落实阶段"涉及的"一带一路"相关进程与东北亚地区国际关系博弈互动的整体表现阐释，进入 21 世纪第二个十年以来，东北亚地区国际形势的整体演变呈现出相对稳定、相对可控的状态。与 2011 年年初西亚北非的持续动荡、2014 年年初以来乌克兰危机的持续升级与中东地区出现"伊斯兰国"危机相比，东北亚地区并未出现大规模的武装冲突或战争。同时不可忽视的是，基于大国关系主导下的东北亚地区国际形势，仍然存在着诸多潜在的危机，诸如日益胶着的海洋权益争端、历史认知问题、地区安全协调与合作出现某些失调等，构成东北亚地区国际环境出现"亚健康"状态的关键性原因。

针对进入 21 世纪第二个十年后东北亚地区国际形势变迁分析，一方面，东北亚地区的区域合作在政治和安全领域都有较好的持续；另一方面，因海洋权益争端、传统安全困境长期持续，整个地区的安全形势不容乐观。① 进入 21 世纪第二个十年后，东北亚地区国际环境呈现以下特点：第一，东北亚地区国际环境具有整体稳定与局部动荡的复合性。即东北亚地区国际环境在整体上处于相对稳定的状态，同时，因海洋权益争端等问题，东北亚地区安全治理面临着一系列的潜在危机。

第二，东北亚地区国际环境仍然保留"冷战遗产"式的安全治理障碍。包括朝鲜半岛问题在内的若干冷战遗产仍然是东北亚地区的安全治理障碍，不仅严重影响到东北亚地区国际关系良性互动，而且诸如海洋权益争端等很可能造成东北亚地区安全局势进一步恶化。根据上述问题在进入 21 世纪以来的演变历程阐释，这些问题激化进而冲击国际关系互动的可能性是客观存在的。

第三，东北亚地区国际环境中存在着积极与消极的双重进程。涉及东北亚地区安全治理的国家间战略互动进程中，包括中国以和平发展战略的相关实践推动地区安全治理的有效实施的同时，也涉及美国的亚太再平衡战略以及特朗普政府并不明确的"印太战略"、日本积极和平主义等。比如，2012 年以后，第二次执政的安倍政府所积极推动的安倍主义引导下的日本亚洲外交，在推动积极和平主义与实践日本国家安全战略的进程中构成对东北亚地区安全局势的实质性损害。比如日本防卫省炒作所谓 2014 年战斗机"紧急升空"943 次，其中应对中国为 464 次②，这种刻意炒作并不利于中日关系的健康发展、中日安全合作的有效推进，进而无助于 21 世纪第二个十年以来东北亚地区安全局势的改善。

---

① 沈海涛、李永强：《东北亚地区政治与安全形势概述》，王胜今主编《东北亚地区发展报告（2012）》，吉林大学出版社，2013，第 9 页。

② 平成 26 年度の緊急発進実施状況について（統合幕僚監部ホームページへ：PDFを別ウィンドウで開きます），平成 27 年 4 月 15 日。

但与中国其他周边地区相比，需要注重的是，21 世纪第二个十年初的东北亚地区不仅保持着相对较高的经济增长，并维持着国际局势的相对稳定状态。因而，对于提出"一带一路"建设的中国而言，或者说对于中国提出"一带一路"建设并开展实践分析，需要根据"一带一路"建设与东北亚地区国际环境的密切互动加以阐释。中国提出"一带一路"建设有三个层面的考虑：一是中国新一轮改革开放的需要；二是推进亚洲合作的需要；三是促进世界和平发展的需要。[①] 东北亚地区作为亚洲最为重要的区域之一，是中国改革开放攻坚期不可忽视的战略性平台。借助"一带一路"建设，深入开展东北亚地区的区域合作与协调，是中国积极推进改革开放、助力亚洲合作与促进世界和平发展的关键举措。其中，"一带一路"建设的深入落实，与中国自身的发展、国际环境的需求之间的契合性在东北亚地区国际环境的演进中尤为突出。

基于上述态势，中国在 2015 年 3 月正式提出"一带一路"愿景与行动[②]的相关规划，为进一步推动东北亚地区国际区域治理提供了相应的契机。这一契机出现与持续的基础之一在于"一带一路"愿

---

① 张业遂：《建设"一带一路"打造中国对外开放的"升级版"》，《中国发展观察》2014 年第 4 期，第 24 页。

② 按照 2015 年国家发展和改革委员会对于"一带一路"的基本阐释为"一带一路"愿景与行动，而非 2017 年推进"一带一路"建设领导小组办公室所发布的《共建"一带一路"：理念、实践与中国的贡献》中所提及的"一带一路"倡议。关于"一带一路"愿景与行动的相关阐释参见：《〈推动共建丝绸之路经济带和 21 世纪海上丝绸之路的愿景与行动〉发布》，中华人民共和国国家发展和改革委员会网站，http://www.sdpc.gov.cn/gzdt/201503/t20150330_669162.html，访问时间：2015 年 9 月 12 日；关于"一带一路"倡议的相关阐释参见：《受权发布：共建"一带一路"：理念、实践与中国的贡献》，新华网，http://news.xinhuanet.com/politics/2017-05/10/c_1120951928.htm，访问时间：2017 年 5 月 11 日。考虑到"一带一路"从提出到落实的整体演变进程与本项研究的客观需要，对"一带一路"的相关阐释与说明中，"'一带一路'愿景与行动"的说法仅限于本节涉及 2017 年之前"一带一路"相关分析、论证中使用。为方便论证分析，本项研究使用"一带一路"建设作为对于"一带一路"的明确阐释，"一带一路"建设源自 2017 年 5 月国家主席习近平在"一带一路"国际合作高峰论坛上的讲话。

景与行动与东北亚地区国际环境的有效互动：东北亚地区拥有良好的经济基础与已经开展的东北亚地区区域协调进程，诸如中日韩三国区域协调与合作、中日韩自贸区构建等。中国政府提出的"一带一路"愿景与行动，为推动东北亚地区国际关系良性互动提供了明确的导向。进而，通过推动东北亚地区国际环境的有效治理，助力实现中国政府提出的"一带一路"愿景与行动。

多数"一带一路"沿线国家与东北亚地区多数国家相比，经济发展相对滞后。同时，东北亚地区已有的区域一体化进程中，包括中日韩三国的整体合作、中日韩自贸区的建设等诸多方面，这些进程以"一带一路"经济带东端的东亚经济圈促进"一带一路"愿景与行动的发展，为"一带一路"愿景与行动的实现提供明确的地缘经济支撑。中日韩三国人口占东亚的74%、世界的22%，经济总量占东亚的90%、世界的20%，贸易总量占东亚的70%、世界的20%。三国进一步推进合作不仅有利于三国自身发展，还将促进东亚一体化进程，为世界经济增长增添动力。中日韩三国合作的持续推进，构成东北亚地区区域一体化的核心动力。[①] 中日韩三国通过领导人合作等相关机制的不断深化，推动中日韩三边合作的积极实践。同时，中日韩三国已然就开展积极合作达成关键性共识：中日韩一致同意，将秉持以史为鉴、面向未来、相互尊重、平等互利、开放透明、尊重文化差异等合作原则，致力于推动三国关系朝着睦邻互信、全面合作、互惠互利、共同发展的方向前进，致力于推进东亚区域经济一体化，致力于为东亚、亚洲乃至世界的和平、稳定与繁荣做出贡献。[②] 同时，在

---

① 《中日韩合作（1999～2012）》白皮书（全文），中华人民共和国国务院网站，http：// www.gov.cn/jrzg/2012－05/09/content_2133457.htm，访问时间：2013年9月12日。

② 《中日韩合作（1999～2012）》白皮书（全文），中华人民共和国国务院网站，http：// www.gov.cn/jrzg/2012－05/09/content_2133457.htm，访问时间：2013年9月12日。

中日韩 2020 构想中明确提出，"（中日韩）三国需要集中力量，推动三国合作达到新的高度，使得三国面向未来和全方位合作的伙伴关系更加巩固，各领域互利合作更具成果，人民之间的友好感情更加深厚，三国合作将促进三国的共同利益，为东亚地区乃至世界的和平、稳定与繁荣作出贡献"①。这一构想及其实践不仅促进了中日韩三国的积极合作，而且为实践"一带一路"愿景与行动提供了相应的有利条件。历次中日韩领导人会议的举行，直接推动东北亚地区中日韩三国开展积极合作的机制化建设，并为中国进一步积极推进"一带一路"愿景与行动与东北亚地区国际环境的有效互动提供了充分的经验、合作机制等。

"一带一路"愿景与行动的提出，在为中国国内区域经济统筹发展、逐步完善提供了明确契机的同时，也为中国进一步协调周边国家、推动"一带一路"沿线国家共同发展提供了相应的平台。结合东北亚地区自身的发展现状与东北亚地区国际形势的整体变迁，真正意义上推进"一带一路"愿景与行动的相关实践，在学理层面需要以东北亚地区国际环境为基础，融入对"一带一路"愿景与行动的全面审读为依托的综合性研究。

"一带一路"愿景与行动的提出，为东北亚地区国际环境提供了进一步优化与升级的契机。按照"一带一路"愿景与行动的相关理念，中国推动的"一带一路"愿景与行动意在推动中国与周边国家共同发展、共同富裕。中国政府将"一带一路"愿景与行动定位为：加快"一带一路"建设，有利于促进沿线各国经济繁荣与区域经济合作，加强不同文明交流互鉴，促进世界和平发展，是一项造福世界

---

① 《2020 中日韩合作展望》，中华人民共和国外交部网站，http：//www. fmprc. gov. cn/chn/pds/ziliao/1179/t705958. htm，访问时间：2016 年 1 月 3 日。

各国人民的伟大事业。[①] 进而真正落实对"一带一路"愿景与行动在东北亚地区国际关系互动中的有效实施,需要在审视"一带一路"愿景与行动全面审读的进程中,考虑将中国对东北亚地区国际关系互动进程的积极、有效参与作为必要的保障而非仅仅局限于经济领域的共同发展等,这一点在 21 世纪初以来的东北亚地区国际战略乃至国际关系博弈中已经得到明确。

"一带一路"愿景与行动与东北亚地区国际环境的构成相辅相成的关系,借助这一关系有助于推动东北亚地区国际关系博弈的改善。结合东北亚地区与"一带一路"经济带的经济互补性理解,东北亚地区国际环境中所涉及的东北亚地区多数国家经济发展模式相对成熟,经济发展水平较高,制造业发达,但资源相对匮乏;"一带一路"沿线国家经济发展水平与东北亚地区多数国家相比存在明显的差距,但资源相对丰富。同时,"一带一路"沿线国家普遍处于经济发展的上升期,开展互利合作的前景广阔。[②] 因而,借助东北亚地区的经济优势与"一带一路"经济带的资源优势的有效整合,有助于进一步推进两者相辅相成的关系。

针对"一带一路"愿景与行动提出与东北亚地区国际环境的互动,大致可以整体归纳为:进入 21 世纪第二个十年以来,东北亚地区国际环境与亚欧大陆其他地区相比,拥有经济发展水平高与社会稳定程度高等优势,能够为中国借助东北亚地区推动"一带一路"愿景与行动提供相应支持。同时,"一带一路"愿景与行动的实现,有助于东北亚地区国际环境的优化与升级。因而,"一带一路"愿景与行

---

① 《〈推动共建丝绸之路经济带和 21 世纪海上丝绸之路的愿景与行动〉发布》,中华人民共和国国家发展和改革委员会网站,http://www.sdpc.gov.cn/gzdt/201503/t20150330_669162.html。

② 《构建对外开放新格局,推进"一带一路"战略》,《新华每日电讯》2014 年 12 月 8 日。

动提出与东北亚地区国际环境的互动具有相应的积极的、正面的意义。

结合 21 世纪第二个十年初期的东北亚地区国际环境评估分析，协调与推动"一带一路"愿景与行动与东北亚地区区域治理的整体进程，需要优先考虑以中国对东北亚地区安全进程的参与，作为中国实现"一带一路"愿景与行动与东北亚地区区域治理的关键性、动力性变量之一。中国对东北亚地区安全进程参与的有效实现，是中国协调与推动"一带一路"愿景与行动与东北亚地区区域治理的整体进程的基础与前提。

二 "一带一路"建设东北亚地区进程对接国际多边合作的现实

对于东北亚地区区域治理中的中国参与阐释为，考虑到"一带一路"愿景与行动与东北亚地区区域治理的密切相关，作为负责任的大国，中国在实现自身利益有效维持与发展的同时，需要切实完善对东北亚地区安全进程的积极参与。这一参与，对于中国而言具有至关重要且不可忽视的意义：第一，东北亚地区安全进程中的中国参与构成中国推动东北亚地区区域治理的重要组成。自 1949 年以来，东北亚地区安全局势的有效维持不能也不可能脱离中国的积极参与。倘若东北亚地区国际局势的演进能够避免西亚北非或乌克兰的乱局，中国的参与不可忽视。第二，东北亚地区安全进程中的中国参与推动中国更为有效地参与国际安全事务，东北亚地区无疑是中国参与的有效平台之一。借助对这一平台的参与，有助于中国和平发展的国家形象打造与优化。第三，东北亚地区安全进程中的中国参与在促进东北亚地区区域治理中国角色凸显的同时，为中国推动"一带一路"愿景与行动的相关安全实践提供了必要的样本。比如，中俄两国已经开展针对东北亚地区安全事务的磋商，并达成相应的共识：愿按照两国全面战略协作伙伴关系的精神，进一步加强对话沟通,增进协调与协作,共同维护东北亚地区和平稳定与安全。①

从"一带一路"愿景与行动为背景的东北亚地区安全进程的中国参与整体布局分析,中国在东北亚地区安全进程中发挥相应的建设性、保障性作用。即通过东北亚地区安全进程的中国参与,为东北亚地区安全进程提供更多的区域公共安全产品,诸如东海防空识别区等;通过东北亚地区安全进程的中国参与,为东北亚地区安全进程提供更为有效的安全保障,包括中国积极倡导的区域安全合作。东北亚地区安全进程中的中国参与,主要归纳为以下三个方面:

第一,以"一带一路"愿景与行动与东北亚地区国际区域治理及其互动为背景,中国对东北亚地区安全进程的参与需要考虑中国的角色定位与职能实施。结合中国积极倡导的亚洲安全观,同时以周边外交、中国特色大国外交为协调手段,推动中国与东北亚地区安全事务相关国家的积极合作。

作为东北亚地区安全进程的参与者与领导者,中国需要提供更多的安全机制建设、更全面有效的安全理念。"一带一路"愿景与行动,为中国参与东北亚地区安全进程提供了更为充实的安全参与:提供更多的安全治理话语设置、更多的安全进程的经济保障(比如借助亚洲基础设施投资银行等)。

第二,以"一带一路"愿景与行动与东北亚地区区域治理为背景,中国可以协调更多的伙伴国家开展安全进程的有效协调。尤其是"一带一路"愿景与行动为中俄蒙三国协调与发展,为中俄战略协作伙伴关系、中蒙全面战略伙伴关系的持续提升提供了相应的契机。

同时,结合"一带一路"愿景与行动与东北亚地区区域治理的

---

① 《中国俄罗斯举行首次东北亚安全磋商》,新华网,http://news.xinhuanet.com/2015-04/23/c_1115072475.htm,访问时间:2017年4月1日。

推进，中国需要注重中美关系、中日韩三国合作这两者与中俄蒙三国协调与发展之间的有效平衡与深入协调。随着"一带一路"愿景与行动与东北亚地区区域治理的互动性不断深入推进，其对东北亚地区整体国际环境建构的显性与隐性的塑造作用得以凸显。借助这一契机，中国能够进一步推动东北亚地区国际环境的整体优化。进而，对于中国，树立与巩固良好的国家形象、提供更加充分与完善的国际公共产品、制度性建构，"一带一路"愿景与行动的积极作用值得重视。

第三，以"一带一路"愿景与行动与东北亚地区区域治理为背景，中国外交需要更加全面的战略性协调加以保障。中国外交的战略性协调不仅需要关注中国经济、国防、外交、社会等诸多领域的有效整合，以适应21世纪第二个十年区域安全治理的需要，同时也需要关注这一协调进程中已经出现或可能出现的问题。

对此，有必要考虑以东北亚地区作为开展国际区域安全治理的示范，进一步解决与有效应对中国在推动"一带一路"愿景与行动背景下的东北亚地区安全进程参与中可能遇到的种种问题。这需要战略性、政策性与学理性的通盘考量为基础，并开展相应的研究与论证。

"一带一路"愿景与行动推进背景下的东北亚地区国际环境整体符合中国所发挥的国际作用、中国所承担的国际义务、中国所扮演的国际角色，这一进程有必要以中国对东北亚地区安全进程的参与为优先考虑的前提。中国对东北亚地区安全进程的参与，需要借助"一带一路"愿景与行动的积极落实。同时，也需要明确中国对东北亚地区安全进程的参与的不断深入，为中国政府所推动的"一带一路"愿景与行动提供相应的支持。

"一带一路"愿景与行动推进背景下的东北亚地区国际环境的评估表明，东北亚地区国际环境的有效治理需要依托于中国对东北亚地区安全进程的有效参与。这一参与的实现，需要进一步推动以中国外交为主导的、更加积极的有所作为。需要进一步明确的是，中国对东北亚地区安全进程的参与不仅具有不可或缺的建设性，也具有更加积极的意义与趋向。

到 2017 年"一带一路"国际合作高峰论坛召开，随着"一带一路"建设在经历"提出与落实阶段"的发展后，也随着"一带一路"国际合作高峰论坛所开启的"一带一路"建设"项目落地阶段"和"规范建构阶段"的推进，"一带一路"建设成为东北亚地区国际关系战略互动中所势必需要重视的进程。与之密切相关的东北亚地区国际关系互动博弈中，"一带一路"建设所相关的不仅仅局限于中国通过"一带一路"建设推进所积极落实的区域经济合作，包括"一带一路"建设的推进所积极助力的东北亚区域经济合作，而且还需要关注到在"一带一路"建设的"提出与落实阶段"中，对"一带一路"建设抱有疑虑的日本安倍政府，在对待"一带一路"建设的态度层面已经出现改变："日本首相安倍晋三（2017 年 12 月）4 日在日中两国经济界于东京举行的会议上致辞，就中国倡导的'一带一路'经济带构想称'可以大力合作'，表现出推进两国经济合作的意愿。"① 尽管这一表态还涉及"'必须使太平洋到印度洋成为自由开放的地区'，作为就'一带一路'合作的前提，确保公平性和透明度不可或缺"② 等内容，但安倍政府这一表态至少在一定程度上说明，安倍政府在"支持与认可'一带一路'建设"方面有所采取积极的举措。

同时，有必要关注到在 21 世纪第二个十年中期以后，随着"萨

---

① 详讯 2：《安倍就中国经济带构想称"可大力合作"》，共同社，2017 年 12 月 4 日电。
② 详讯 2：《安倍就中国经济带构想称"可大力合作"》，共同社，2017 年 12 月 4 日电。

德问题"的持续发酵造成中韩关系发展陷入显著困境，中韩关系也随之陷入"谷底"。中韩关系的持续走低，造成了韩国对于"一带一路"建设的有效参与难以落实。但是值得重视的是，随着韩国文在寅政府对于中韩关系改善的努力不断落实，韩国对于"一带一路"建设的态度也出现了积极的动向。比如，2017 年 11 月韩国外交部对于"一带一路"建设的表态为：韩国政府正在探讨是否参与中国政府推进的"一带一路"建设。① 与韩国政府"正在讨论"的态度相比，韩国地方政府借助与非政府组织的关系，正在推进对于"一带一路"建设的积极参与。依据韩联社的报道：丝绸之路国际文化经贸合作交流组织（丝合组织，SICO）将落户韩国京畿道平泽市，曾是古丝绸之路贸易港的平泽有望成为"一带一路"门户之一，形成连接韩中等国的东北亚交通枢纽、商贸物流和文化交流中心。② 继而，到 2017 年 12 月，韩国总统文在寅访华时，明确表态"韩方愿积极参与共建'一带一路'合作"③，表明韩国对于"一带一路"建设的积极态度。

整体上看，对于"一带一路"建设进入"项目落地阶段"和"规范建构阶段"后，在东北亚地区区域合作进程中中日韩三国涉及"一带一路"建设的相关合作正在呈现为更为值得关注的发展态势。对于未来"一带一路"建设对接东北亚地区区域发展进程，可以考虑以"一带一路"建设的推进与中日韩合作的对接。换言之，在国际多边合作的框架下，依托中日韩三国既有的合作体系，对涉及"一带一路"建设的相关项目落地提供相当有效的支持。

---

① 韩外交部：《正在探讨是否参与一带一路》，韩联社，2017 年 11 月 23 日电。
② 《韩国平泽港将成一带一路东北亚门户》，韩联社，2017 年 11 月 8 日电。
③ 《习近平同韩国总统文在寅举行会谈》，新华网，http://news.xinhuanet.com/politics/leaders/2017 - 12/14/c_ 1122113058.htm，访问时间：2017 年 12 月 15 日。

第二节 东南亚地区国际多边合作与
"一带一路"建设

较之进展相对缓慢的东北亚地区,东南亚地区诸多国家已经在从"一带一路"建设中获得相应的收益。随着"一带一路"建设引领下的东南亚国际区域合作的开展与推进,中国与东南亚国家在"一带一路"建设的整体框架下相关国际多边合作得以迅速发展,已经形成了相当的规模效应。结合在东南亚地区"一带一路"建设推进的现实考虑,作为"一带一路"建设的直接受益国家的东南亚诸多国家,在"一带一路"建设的"提出与落实"阶段,这些国家作为直接的受益方,已经获得了相当显著的收益。中国与东南亚各国之间,从政策沟通与协调到基础设施建设的项目推进再到经贸关系的发展,都取得了相当显著的成效。

一 东南亚地区"一带一路"建设现实效应

在 2017 年的东亚峰会上,李克强总理在推进区域一体化的建议中,针对中国与东盟的关系明确提出:中方愿推动"一带一路"倡议同《东盟互联互通总体规划 2025》对接,加快中国—东盟自贸区升级成果落地。① 与之相类似的是,在习近平新时代中国特色社会主义思想指引下,中国迈向建设中国特色社会主义的新时代,开启全面建设社会主义现代化国家的新征程,中国愿把自身发展同东盟国家的

---

① 《李克强在第 12 届东亚峰会上的讲话(全文)》,中国政府网,http://www.gov.cn/guowuyuan/2017－11/15/content_ 5239759. htm,访问时间：2017 年 12 月 14 日。

发展更紧密地结合起来，推动“一带一路”倡议同东盟发展战略深入对接。① 依循上述阐释，进一步明确在“一带一路”建设整体布局并结合“一带一路”建设在“项目落地阶段”和“规范建构阶段”的全盘布局中，中国与东盟关系的发展定位，以战略深入对接作为出发点，进一步考虑“一带一路”倡议相关项目的落实，无论是对于东南亚各国还是对于东盟整体发展，其与中国“五通”之间的深化发展与充分构建，能够在相当程度上落实共同发展。从共同发展的现实出发，进一步明确中国与东盟发展需要基于“一带一路”建设的推进，并考虑以“一带一路”建设为基础，进一步优化中国与东盟的发展态势。这一态势大致体现为：

第一，战略之间的对接落实，能够为中国与东盟的合作提供方向性的指引。进一步结合“一带一路”建设与《东盟互联互通总体规划2025》的对接进程考虑，这一对接需要以有效明确中国与东盟共同利益为前提，推进中国与东盟共同发展。

从中国与东盟国家自21世纪以来关系的演变进程看，东盟国家“安全依靠美国、经济依靠中国”的境遇依然没有出现根本性的改变。因而，在战略层面的对接中，应重视这一战略对接中所有效落实的中国与东盟的战略对接，应重视经济领域与安全领域的共同协调。尽管某些东盟成员国在南海问题上与中国立场存在对立，但是从中国与东盟共同发展的现实分析，这一对立并未影响到这些国家与中国的积极发展，并不阻碍这些国家积极参与中国所积极推进的“一带一路”建设。

第二，依托战略对接，进一步推进具体政策的协调。这一协调在

---

① 《中国—东盟新闻部长会议在苏州举行　共商构建中国—东盟命运共同体》，《人民日报》2017年11月24日。

涉及中国与东盟国家之间逐步优化与升级现有的合作，包括从中南半岛到马来半岛再到南海沿岸的交通物流体系等。同时，进一步建立在"一带一路"建设框架下的产业体系并提供相应的制度保障，包括助力中国与参与"一带一路"建设的东盟各国之间建立健全国际多边合作的长效性机制。

同时，随着"一带一路"建设相关机制与制度的推进，还需要进一步考虑对于东盟未来发展与"一带一路"建设之间的相关关系梳理。对于东盟的未来，"一带一路"建设所发挥的作用不可忽视。东盟未来发展的持续，需要借助"一带一路"建设所涉及的相关产业体系所发挥的作用。同时，针对这一作用的发挥，还需要进一步考虑到"一带一路"建设的国际安全影响。即随着"一带一路"建设的推进，对于国际安全的影响在于，"一带一路"建设所带来的国际关系互动的良性博弈，进而带来中国与东盟关系的全面升级。

面向未来，中国与东盟的关系发展将更为密切，其中国际多边合作的推进，能够为中国与东盟关系的发展提供良好的路径。进而言之，无论是中国与东盟的关系自身发展，还是"一带一路"建设国际多边合作的推进，两者之间密切的相关性，客观上都有助于理解中国与东盟关系在依循"一带一路"建设发展的指引下，进一步落实中国与东盟对于"人类命运共同体"构建的积极努力。

二 中国与东南亚地区对接"一带一路"建设的案例

继而，结合"一带一路"建设相关的具体项目分析：湄公河流域的中国、缅甸、老挝和柬埔寨等国的联合巡逻，可以作为"一带一路"建设进程中，开展国际多边合作"中国方案"的典型案例之一。这一方案的提出与落实，有效地对接"一带一路"建设在中南半岛的实施。湄公河的联合巡逻，不仅有效地保障了诸多湄公河沿岸国家在交通物流等领域相关产业与合作的顺利开展，而且也有助于在司法警务领域的合作推进，从而能够在助力上述国家经济发展的同时，也有益于中南半岛的稳定。可以明确依托"一带一路"建设国际多边合作的进一步推进，中国与其他湄公河沿岸国家能够从这一联合巡逻以及相关的制度化、机制化构建中获得收益。

与湄公河流域沿岸国家联合巡逻密切相关的是，联合巡逻将有效改善湄公河流域的安全治理，进而有助于优化湄公河流域的整体治理进程。同时，随着湄公河整体治理的推进，尤其是安全治理实现基础上的经济治理、社会治理等进程的推进，有助于全面推进湄公河沿岸国家的共同发展。同时，这一共同发展进程可以进一步对接"一带一路"建设在中南半岛的有效落实。比如，在中国与柬埔寨、中国与泰国、中国与老挝、中国与缅甸、中国与越南等国家的双边合作，中国与中南半岛诸多国家之间的多边合作等，涉及"一带一路"建设相关项目的落地，能够助力整个中南半岛的发展，进而对接上述分析所涉及的湄公河流域各国的共同发展。

结合"一带一路"建设的具体规划与相关实践阐释，"一带一路"建设在中南半岛的进程，即"一带一路"建设在规划六大经济走廊中的"中国—中南半岛"经济走廊建设到2017年已经取得了相当显著的成就。在中国—中南半岛经济走廊方向，雅万高铁、中泰铁路、中老铁路、马新高铁和马来西亚南部铁路等一批高铁和铁路建设合作项目取得阶段性成果；完成了《大湄公河次区域交通发展战略规划（2006～2015）》的实施工作，初步形成了该次区域9大交通走廊；《大湄公河次区域便利货物及人员跨境运输协定》的实施和修订工作取得了突破性进展，各国达成了新的便利化措施和实施时间表；启动了中老缅泰澜沧江—湄公河国际航道二期整治前期工作；中越北仑河二桥主体建设顺利完工。^①上述阐述与对于"一带一路"建设所相关的、中国与中南半岛乃至中国与东盟各国之间的基础设施建设领域所取得的显著成果具有相当积极的意义：第一，中国与中南半岛国家、中国与东盟国家之间基础设施建设的积极推进，可以有效推进中国与中南半岛乃至中国与东盟各国之间良好交通物流体系的建设。第二，以基础设施建设为基础，中国与中南半岛乃至中国与东盟各国之间可以进一步建立健全相应的经贸合作框架。从经贸合作的现实考虑，还可以进一步推进以经贸合作为基础的金融合作等。第三，依托基础设施建设的落实，进一步优化中国与中南半岛乃至中国与东盟各国之间关系的改善。在中国与东盟关系的发展方面，交通设施建设为中国与东盟国家之间关系的积极发展提供了良好的基础，并能够在中国与东盟的共同发展中提供必不可少的支持与助力。

继而结合中国—中南半岛经济走廊相关的基础设施建设为例展示的"一带一路"建设国际多边合作进程，进而明确的相关进程在于：以中国与中南半岛国家、中国与东盟国家的相关合作框架相关的国家间协调为基础，以具体的基础设施建设、经贸项目的落地为内容，以推进"一带一路"建设的目标为导向，推进中国与东南亚各国共同发展的实现，也可以进一步将其视为推进中国与东南亚国家积极落实"人类命运共同体"的构建。

第三节　中国与欧洲、中国与中东欧国际多边合作对接"一带一路"建设

以国际多边合作的视角审视中国与欧洲、中国与中东欧对接

---

① 《打通腾飞双翼的血脉经络》，《经济日报》2017 年 4 月 27 日。

"一带一路"建设，大致需要关注的进程在于：中国与欧洲，尤其是中国与西欧、中国与欧盟之间所开展的"一带一路"建设对接，意在在推进"一带一路"建设的基础上，助力与落实中国与欧洲的共同发展。"一带一路"的构想，为发展的中国和经济复苏的欧洲提供了千载难逢的契机。[①] 从中欧关系发展的整体格局分析，得以有效推进的"一带一路"建设，是中国与欧洲在实现优势互补的基础上，实现共同发展的积极布局与有效举措。

一 中国与欧洲、中国与中东欧国家对接"一带一路"建设概况

鉴于中国与欧洲之间所存在的贸易结构差异以及与之密切相关的贸易互补性，长期以来，对于作为中国最大贸易伙伴的欧盟、作为欧洲第二大贸易伙伴的中国，中国与欧盟之间形成了密切的经贸往来。"一带一路"建设的提出与落实，客观上为进一步强化中欧关系、中欧经贸往来提供了相应的积极支持。对于中国与欧洲经贸关系的开展，目前仍然存在的困境在于——中欧在科技贸易领域目前所存在的短板，尤其是长期以来在国防技术等领域欧盟对于中国的种种限制等，客观上阻碍了中欧贸易的顺利提升。

同时，需要强调的是在金融领域的空间仍然广阔，并需要加以重视。2017 年 11 月，中国—中东欧银行联合体（以下简称：中国—中东欧银联体）的成立，标志着中国与中东欧国家在金融领域的合作得到显著提升，并有效助力中国与欧洲的金融合作。目前中国—中东欧银联体共有 14 家成员行，均为各国政府控股的政策性银行、开发性金融机构和商业银行。中国—中东欧银联体下设理事会、高官会和

[①] 《"一带一路"，中欧合作新动能》，新华网，http：//news. xinhuanet. com/world/2015 - 01/15/c_ 127387966. htm，访问时间：2016 年 11 月 18 日。

秘书处，各成员行通过建立有效的沟通合作机制，共同为中国—中东欧国家合作重点项目提供投融资支持，以优质金融服务促进中国与中东欧国家经济社会发展，提高各国人民福祉。① 继而，金融领域合作的推进，能够实现对于中国与中东欧国家之间开展更为积极合作的有效支持。

表 3 – 1　中国—中东欧银联体基本构成情况（2017 年 11 月）

序号	国别	银行名称
1	中国	中国国家开发银行
2	匈牙利	匈牙利开发银行
3	捷克	捷克出口银行
4	斯洛伐克	斯洛伐克进出口银行
5	克罗地亚	克罗地亚复兴开发银行
6	保加利亚	保加利亚发展银行
7	罗马尼亚	罗马尼亚进出口银行
8	塞尔维亚	塞尔维亚邮储银行
9	斯洛文尼亚	斯洛文尼亚出口发展银行
10	波斯尼亚和黑塞哥维那	波黑塞族共和国投资开发银行
11	马其顿	马其顿发展促进银行
12	黑山	黑山投资发展基金
13	拉脱维亚	拉脱维亚 ALTUM 金融公司
14	立陶宛	立陶宛公共投资发展署

（中国—中东欧银联体）各成员行按照"自主经营、独立决策、风险自担"的原则，开展项目融资、同业授信、规划咨询、培训交流、高层对话、政策沟通、信息共享等领域合作，并配合开展中国—中东欧国家合作机制项下其他相关工作。② 随着中国—中东欧银联体的运行推进，中国政府对于这一银联体的支持也随之得以体现：中国

① 《中国与中东欧深化经贸务实合作》，《经济参考报》2017 年 11 月 29 日。
② 《中国与中东欧深化经贸务实合作》，《经济参考报》2017 年 11 月 29 日。

国家开发银行将在五年内向银联体成员行提供总额度为 20 亿等值欧元的开发性金融合作贷款，用于中国国家开发银行与其他银联体成员行和未来观察员行开展同业合作，共同支持中国和中东欧国家企业参与的中东欧国家基础设施、电力、电信、园区、农业、中小企业、高新科技等领域项目投资建设。① 进而，依循中国与中东欧国家"16 + 1"框架对接，能够考虑借助中国—中东欧银联体的作用发挥，提供相当有效与可靠的金融支持。仅以上述分析为例阐释中国与中东欧国家之间金融合作的良好前景，并明确这一进程能够有效助力中欧之间的金融合作——不仅可以将中国与中东欧国家的金融合作作为中欧金融合作的一部分而积极推动中欧金融合作，而且可以借助与中东欧国家之间开展金融合作，尤其是积极推进人民币国际化的进程，争取与助力中国与欧洲之间金融合作的有效提升与拓展。

结合"一带一路"建设在欧洲的具体落实与有效发展阐释，中国与欧洲的相关合作在金融领域，可以实现对于"一带一路"建设的全面助力。这其中不仅涉及中国与欧洲的"贸易畅通""资金融通"等相关目标的实现，而且能够保证中国与欧洲的共同受益。进而，金融合作的实现，能够在落实与巩固中国与欧洲合作方面提供更为有效的便利化进程。

结合经贸和金融领域的合作现实与趋势阐释，这一合作更多地体现为中国与"一带一路"建设相关欧洲国家之间的多边合作开展。这一多边合作的进程，主要体现为：中国与更多的欧洲国家之间开展必要的对话、合作；借助多边合作，确立更为普遍的合作机制，有效利用已有的相关合作机制，诸如"16 + 1"等，进一步深化中欧涉及"一带一路"建设合作的制度化进程。

---

① 《中国与中东欧深化经贸务实合作》，《经济参考报》2017 年 11 月 29 日。

但同时，中国与欧洲在其他领域的合作也同样面临着一系列的问题：首先，国际多边合作框架下的中欧关系发展，因多边合作自身的进程所具有的困境相当程度上制约着中欧关系的顺利推进。其中最为显著的案例在于，是否承认中国完全市场经济国家地位的问题。尽管中国与欧盟，尤其是德国等欧盟事务主导国家之间有所共识，但是鉴于欧盟的相关体制，这一问题需要中国与所有欧盟成员国进行必要的磋商，因而影响到有效落实这一问题的具体进度。

其次，国际多边合作进程中，由于人权、意识形态等问题，往往在一定程度上制约着中国与欧洲国家合作的推进。尽管"一带一路"建设的积极推动在相当程度上实现了对于中国与欧洲之间的互利互惠，但是在人权、意识形态乃至地区安全等领域，来自欧盟、欧洲国家的种种疑虑客观上构成了对中欧关系积极推进的障碍。

从中国与欧洲对接"一带一路"建设的具体进程阐释，上述分析构成基本现实：一方面，中国与欧洲之间存在着明确的互利互惠并且能够有效借助"一带一路"建设有效推进，而且中欧双方对于这一互利互惠也已然达成共识；但另一方面，"一带一路"建设得以有效推进中仍然面临着一系列的问题，这不仅在于欧洲老牌资本主义国家诸如德国、法国、英国等对于中国发展仍然存在某些顾虑，而且鉴于美国等作为中国与欧洲关系"第三方因素"的作用发挥，也在一定程度上限制了欧洲国家对于推进"一带一路"建设的对接、参与。

从中国与欧洲关系发展的现实审视——发展的中国和经济复苏的欧洲，已成为利益高度交融的命运共同体。[①] 结合"一带一路"建设

---

① 《"一带一路"，中欧合作新动能》，新华网，http://news.xinhuanet.com/world/2015-01/15/c_127387966.htm，访问时间：2016年11月18日。

的现实，中国与欧洲之间的具体合作对于中国与欧洲关系的发展与提升，构成相当重要的支持。但通过上述问题的相关分析，这些问题的应对，需要有效落实中国与欧洲国家在国际多边合作框架下，实现利益交融前提下的有效提升，需要考虑相当明确的务实建议。

通盘考虑中国与欧洲关系发展的进程，中国与欧洲关系的推进，需要依托“一带一路”建设的积极落实，依循“一带一路”建设的推进为中国与欧洲的关系强化提供更为有效的支持。即需要中国为“一带一路”建设对接中国与欧洲，尤其是中国与欧盟关系的相关进程中，提供有效的支持——包括为“一带一路”建设提供更为可靠的经贸与金融合作项目；提供更为有效的安全保障等；需要中国与欧洲各国尤其是在欧盟事务中发挥主要作用的德国、法国等国家开展必要的合作与协调，同时注重正在脱离欧盟的英国所发挥的作用并考虑建立相应的中国与欧盟、中国与欧洲国家之间的协调机制等。

二　国际多边合作对接“一带一路”的典型案例——“16 +1”

结合中国与欧洲关系的整体布局阐释，应考虑在“一带一路”建设落实的相关进程中，密切关注中东欧国家在“一带一路”建设中所发挥的作用。借助国际多边合作的推进，评估与落实中东欧国家的这一作用发挥。进而，“一带一路”建设在欧洲布局为：在注重中国与西欧主要发达国家之间开展涉及“一带一路”建设相关合作的同时，尤其是落实经贸合作、金融合作等，也关注到中国与中东欧国家之间涉及“一带一路”建设的相关合作，并加以必要的拓展与升级。结合“一带一路”建设的整体规划与具体实践，考虑形成以“中国与西欧国家推进‘一带一路’建设”的同时，也积极落实中国与中东欧国家之间的积极合作，即在“一带一路”建设得以有效落实的基础上，充实中国与中东欧国家“16 +1”框架的积极构建这一整体性格局。

　　需要明确强调的是，在"一带一路"建设的有效落实进程中，对于中欧关系的发展，并不意味着中国单纯地重视与西欧国家的关系而忽视与中东欧国家的关系，或者中国积极发展与中东欧国家的关系而忽视与西欧国家的关系，而是意指"一带一路"建设得以全面且有效实施的背景下，促进中欧关系得以全面推进。尽管中国与西欧国家、中国与中东欧国家之间的关系存在差异，尽管西欧国家与中东欧国家之间也存在着差异并在欧洲事务中立场也不尽相同，但这并不影响中国与诸多欧洲国家依托国际多边合作，积极推进致力于中国与欧洲共同发展的"一带一路"建设。进而，对于中欧关系的现实与趋势："一带一路"建设的推进，相当程度展示出中国与欧洲、中国与西欧国家、中国与中东欧国家之间开展相当密切与有益的合作与协调。

　　根据上述阐释，结合更为现实的中欧关系互动现实案例阐释：2016 年 6 月，在中国与波兰建立全面战略伙伴关系的相关文本解读中，《中华人民共和国和波兰共和国关于建立全面战略伙伴关系的联合声明》在明确表述"中波视彼此为长期稳定的战略伙伴，视彼此发展为互利共赢的重要机遇。两国间建立了政治互信，定期在高级别层面坦诚交流意见。双方将本着相互尊重、平等相待、合作共赢的精神，加强在政治、经济、社会、文化等各领域合作，扩大在国际和地区事务中的协调与配合，全方位提升双边关系水平，造福两国人民"[①] 等涉及中波全面战略伙伴关系在双边领域相关内容的同时，也针对中东欧国家事务提出"双方认为，中国—中东欧国家合作有效

---

① 《中华人民共和国和波兰共和国关于建立全面战略伙伴关系的联合声明（全文）》，中华人民共和国外交部网站，http：//www.fmprc.gov.cn/web/gjhdq_ 676201/gj_ 676203/oz_ 678770/1206_ 679012/1207_ 679024/t1373762.shtml，访问时间：2016 年 12 月 13 日。

促进务实合作与人文交流，已成为中国与中东欧国家深化友好互利合作的重要平台。中国—中东欧国家合作对接欧盟重大建设，促进中欧全面战略伙伴关系发展。双方愿本着开放包容和互利共赢的原则，加强沟通和协调，共同促进中国—中东欧国家合作取得更大发展"① 等相关共识性认知。这说明，在中波全面战略伙伴关系的相关规划中这一战略伙伴关系的推进，不仅涉及对中波双边关系自身的关注，而且也关注到中国与中东欧国家合作以及这一合作对接欧盟，进而说明中波全面战略伙伴关系具有的更为全面与广阔的区域治理视角。

此外，还涉及中波两国对于欧洲的相关共识："双方认为，中欧都是国际舞台上的重要力量，是推动和平、稳定与繁荣，应对全球性挑战的重要合作伙伴。双方支持全面落实《中欧合作 2020 战略规划》，推进建设中欧和平、增长、改革、文明四大伙伴关系，深化互利共赢的全面战略伙伴关系。双方支持尽快完成雄心勃勃、全面而且涵盖市场准入、投资保护的中欧投资协定谈判。中方高度评价波兰在中欧关系中发挥的积极作用。"② 这一阐释是对于中波全面战略伙伴关系在整体布局中，将中欧关系的发展、将波兰在中欧关系中的作用加以明确。在这一联合声明中，对中欧关系加以重视的内容，进一步表明欧洲、欧盟对于中波全面战略伙伴关系所具有的重要意义。

从上述案例看，中波全面战略伙伴关系的确立与逐步推进，在顾及中国与波兰对接"一带一路"建设等相关理念、促进中波两国涉及"一带一路"建设具体合作以及有效推进中波两国共同发展的同

---

① 《中华人民共和国和波兰共和国关于建立全面战略伙伴关系的联合声明（全文）》，中华人民共和国外交部网站，http://www.fmprc.gov.cn/web/gjhdq_676201/gj_676203/oz_678770/1206_679012/1207_679024/t1373762.shtml，访问时间：2016 年 12 月 13 日。

② 《中华人民共和国和波兰共和国关于建立全面战略伙伴关系的联合声明（全文）》，中华人民共和国外交部网站，http://www.fmprc.gov.cn/web/gjhdq_676201/gj_676203/oz_678770/1206_679012/1207_679024/t1373762.shtml，访问时间：2016 年 12 月 13 日。

时，中波全面战略伙伴关系的确立与逐步提及也明确顾及了欧洲、欧盟。

结合中国与中东欧国家涉及"一带一路"建设合作的现实考虑，也结合对于"一带一路"建设沿线国家的整体审视，中国与中东欧国家之间所开展的积极合作是"一带一路"沿线国家中最为有效的组成部分之一。究其原因在于：第一，较之对于中国崛起并正在逐步接近世界舞台中心抱有怀疑与猜忌态度，并曾经主导影响国际事务的西欧国家，中东欧国家在对华关系的处理层面并不存在更多的傲慢。相反，在中东欧国家看来，中国所发挥的积极作用相对程度上已经得到中东欧国家的认可。第二，结合"一带一路"建设的落实尤其是"贸易畅通""设施联通"等相关举措，中东欧国家能够从中获得相应的收益，尤其是在促进贸易便利化等领域。在整个欧洲经济发展与国际区域经济的互动中、在欧洲经济发展的相关前景分析中，中东欧国家所具有的潜力将得到激发，中东欧国家也将随之从"一带一路"建设的落实中获得更为明确与持续的收益。因而，从"一带一路"建设的现实与前景分析中，中东欧国家所发挥的积极作用较为显著。第三，尽管在人权与意识形态领域，包括中东欧国家在内的诸多欧洲国家，在某些问题上对中国存在非议。但是，结合中国与中东欧国家之间关系发展的现实，尤其是结合21世纪第二个十年中期以来中国与波兰、中国与匈牙利关系发展的现实考虑，无论是中波全面战略伙伴关系还是匈牙利欧尔班政府发行"熊猫债券"等，都在不同程度上说明中国与中东欧国家的关系、"16＋1"框架的具体构建，所取得的成就相当显著并值得肯定。

整体上审视中国与欧洲、中国与中东欧国家之间涉及"一带一路"建设的相关合作进程，这一合作进程的本质呈现为国际多边合作的基本态势。与中国—西欧国家关系不同，在中国与中东欧国家之间关系发展的推进中，"16＋1"框架的提出与落实，相当程度上为中国与中东欧国家关系，为中国与欧盟、中国与欧洲关系的发展提供了至关重要的助力。借助"一带一路"建设的提出以及2017年"一带一路"国际合作高峰论坛后更多"一带一路"项目得以落实推进，"16＋1"框架的逐步充实与完善，客观上为中国与中东欧国家关系的拓展与升级提供了必不可少的系统性动力与结构性方向。

所谓系统性动力涉及，在"16＋1"框架下，中国与中东欧国家间开展国际多边合作，通过包括经贸金融、基础设施建设、政治合作、社会文化交流等综合性措施的贯彻与落实，能够在有效推进"一带一路"建设全面落实作为基本前提的基础上，充实"16＋1"框架的具体构建。进而，随着时间的推移与"一带一路"建设的落实，"一带一路"建设积极推进，实现对于"16＋1"框架真正意义上得以落实有效的支持。所谓结构性方向在于，从"一带一路"建设所积极致力的中国与"一带一路"沿线国家共同发展的前景出发，对于这一前景中国与中东欧国家在国际多边合作相关进程的设想与落实中得以达成共识，从而构成多边合作共同努力的动机。进而，随着时间的推移与"一带一路"建设的落实，"一带一路"建设的积极推进，实现对于"16＋1"框架真正意义上的落实明确。即以中国与中东欧国家在"16＋1"框架下开展包括年度总理级别对话等机制性合作等现实框架为基础，以"一带一路"建设的明确落实为主要内容与动力，实现"一带一路"建设得以有效推进的同时充实"16＋1"框架。

结合"一带一路"建设推进的背景下"16＋1"框架得以有效落实的案例阐释，2017年11月27日，李克强总理在匈牙利第六次中国—中东欧国家领导人峰会的讲话中明确提出：中方愿与各方一道，秉持共商共建共享的原则，推动"一带一路"国际合作高峰论坛成果率先在中东欧落地，加快实施一批互联互通重点项目，推动陆上、海上、天上、网上四位一体的联通。中方建议尽早启动中欧陆海快线延伸至奥地利的可行性研究。中方支持举办"16＋1"海关合作论坛，加强海关数据互换、监管结果互认，共同推出更多通关便利化措施。中方支持亚欧大陆运输网络建设，开通更多中欧班列、直航航线，在中东欧地区建立物流中心。① 结合这一表态阐释，中国与中东欧国家之间"16＋1"进程的积极推进，对于有效落实"一带一路"建设提供了相当重要的方向指引。结合"16＋1"框架创设以来，中国与中东欧国家的关系发展分析，"16＋1"框架的有效充实进程中已然在积极落实"一带一路"建设的相关举措。结合中国与中东欧国家在"一带一路"建设落实的具体合作进程阐释，"一带一路"建设之于"16＋1"框架具体充实进程所具有的作用在于：

第一，"一带一路"建设对于"16＋1"的逐步推进具有积极的导向作用。以"一带一路"建设作为导向，结合"一带一路"建设推动的中国与中东欧国家合作，积极推进"16＋1"的全面发展，进而实现在"16＋1"框架下推进中国与中东欧国家之间的关系在政治、经济、社会文化、外交、国防、司法等诸多领域的全面发展。

对于这一作用的发展，主要关注于"16＋1"框架下，中国与中东欧国家关系发展的整体进程，即积极优化这一关系发展，促使更多的中东欧国家明确：中国的发展尤其是"一带一路"建设在中东欧的推进，对于中东欧国家经济发展、社会稳定等具有相当重要的意义。或者说，对于中东欧国家，与作为世界上第二大经济体中国开展必要的合作与协调、实现共同发展，是中东欧国家发展中所势必面对

---

① 《李克强在第六次中国—中东欧国家领导人会晤上的讲话》，新华网，http：//news. xinhuanet. com/politics/2017－11/28/c_ 1122022059. htm，访问时间：2017 年 11 月 28 日。

的现实与趋势。

第二，"一带一路"建设积极主张的"五通"目标，尤其是"设施联通"等，对于"16 + 1"框架的充分落实，具有相当积极的结构塑造作用。结合"16 + 1"框架实践的具体进程阐释，"一带一路"建设的"五通"落实，与中东欧国家乃至整个欧洲的发展密切相关。李克强总理在"第六次中国—中东欧国家领导人会晤"中的讲话，关于加强中国与中东欧国家间互联互通建设的表态已然说明，涉及交通基础设施的"互联互通"在中国与中东欧国家之间的实现与落实（包括正在推进的匈塞铁路以及其他领域的项目等），对于进一步拓展与深化中国与中东欧国家的关系具有重要的作用。随着"互联互通"尤其是设施联通的实现，相应的贸易与投资便利化、金融货币合作等，都可以在不同程度上得以有效推进；同时，中国与中东欧国家之间相关合作的开展能够在实现更为有效的互利互惠、民心交流等基础上，进而实现相应的战略协调。

随着上述相应的战略协调的实现，中国与中东欧国家之间的"16 + 1"框架的有效充实得以明确落实，进而有效实现中国与中东欧国家间在中东欧事务、在欧洲事务乃至在全球事务中的积极协调与合作。结合中东欧事务与欧洲事务的现实考虑，无论是中东欧还是欧洲，在经历了主权债务危机后，更为重要的问题在于发展问题。即如何有效推进中东欧与欧洲的全面发展，这不仅涉及经济发展，也涉及社会稳定，包括应对难民危机等；不仅涉及欧洲发展所面临的人口不足、发展动力匮乏等问题，而且也涉及从欧洲、中东欧到毗邻的前苏联地区所面临的地区安全事务问题等，借助包括"一带一路"建设、"16 + 1"框架等相关举措，能够有效助力对上述问题的应对。

第三，"一带一路"建设在促进中国与中东欧国家、中国与欧洲之间的合作进程中形成的相关机制、制度建设等，对于"16＋1"框架的落实与不断完善，具有相应的支持与优化作用。根据"一带一路"建设的有效推进分析，随着"一带一路"建设为中国与中东欧国家带来相应的收益，助力中国与中东欧国家关系的积极发展。如何有效保障相应发展的落实、巩固与提升，相关的机制、制度建设不可或缺。

比如包括亚洲基础设施投资银行、丝路基金等，能够为"一带一路"建设在中东欧国家的落实等，提供相当有效的金融支持。进而结合李克强总理所指出的中国与中东欧国家之间密切互动的现实：中国企业对16国累计投资从30亿美元增长到90多亿美元。中国从中东欧国家进口农产品年均增长13.7%。一批基础设施标志性项目建成运营。中欧班列累计开通超过6000列。新开6条直航航线。5年间到访中东欧的中国游客从28万人次增加到93万人次。[①] 进而，将亚洲基础设施投资银行、丝路基金等旨在服务于"一带一路"建设的相关机制、制度能够对于上述中国与中东欧国家之间的经贸往来、基础设施建设等，提供相当必要的支持与助力。显而易见，这些机制的创设以及相关作用的发挥，也可以进一步助力中国与中东欧国家关系的整体提升。围绕当前与未来"一带一路"建设的推进，中国与中东欧国家之间相关合作与协调进程的开展，作为"一带一路"建设国际多边合作推进的典型案例，能够在"一带一路"建设的整体布局与具体实践中发挥相当积极的作用。

---

① 《李克强出席第六次中国—中东欧国家领导人会晤》，中国一带一路网，https://www.yidaiyilu.gov.cn/xwzx/xgcdt/36895.htm，访问时间：2017年11月26日。

第四章　"一带一路" 建设国际多边合作未来推进的基础：中国角色

回顾"一带一路"建设提出与落实的相关进程，中国角色所具有的作用在于：作为"一带一路"建设的首倡国，中国通过对"一带一路"建设的提出并推进积极落实，展现出中国对于"一带一路"建设的积极作为。同时，随着"一带一路"建设在国际多边合作进程中得到明确彰显，作为"一带一路"建设的首倡国，中国需要进一步依托国际多边合作的推进，以国际多边合作的中国角色定位为基础，强调中国对于"一带一路"建设所具有的优势作用和地位，进而发挥、升级与优化国际多边合作中的中国角色。

依托中国角色的定位为出发点，阐释中国角色基础上的中国主张，并提出更为明确的理解。继而，结合"一带一路"建设的理念与实践，推进在国际多边合作的视域下，"一带一路"建设与中国角色定位之间的相关关系：国际多边合作是"一带一路"建设得以推进的关键路径之一，以此为前提，作为"一带一路"建设首倡国的中国，在国际多边合作中的中国角色定位，构成分析"一带一路"建设多边合作乃至多边合作范式的关键出发点。通过对"领导与参与兼具"的角色定位加以分析、研究，还可以进一步明确将"领导与参与兼具"进一步向中国与世界的关系的定位加以衍伸，对于依托国际多边合作推进"一带一路"建设进而实现"人类命运共同体"构建中的中国角色加以进一步拓展、提升与优化。

第一节　国际多边合作下的"一带一路"建设与中国角色定位

当前国际形势的变化，尤其是随着中国不断临近世界舞台的中心，中国在全球范围内国际关系互动中所发挥的作用，借助中国对国际事务的不断参与而得以体现。2013 年提出并得到不断落实的"一带一路"建设，其在推进的过程中，国际多边合作作为其中不可或缺的路径之一，已然在包括中蒙俄涉及"一带一路"建设的合作、孟中印缅经济走廊建设、"一带一路"建设对接中国与东盟"10＋1"合作、"一带一路"建设对接亚欧经济联盟、"一带一路"建设对接中国与中东欧国家"16＋1"框架等相关进程中得到显著体现。同时，诚如上述分析所明确的是，即使作为国际双边合作，诸如中巴经济走廊建设，在相当程度上也具有国际多边合作的意义。因而，通观整个"一带一路"建设的布局与实践，国际多边合作对于整个"一带一路"建设的实施具有相当显著的重要性，这也是"一带一路"建设实施的必然趋势所在。

一　"一带一路"建设的国际多边合作概况与中国角色定位的基本阐释

结合"一带一路"建设实施的现实与基本进程，国际多边合作的现实值得重视，到 2017 年"一带一路"国际合作高峰论坛召开后，国际多边合作具有的重要性与必要性得以凸显。“一带一路”建设的“项目落地阶段”倘若得以有效推进，需要借助于国际多边合作所提供的平台、路径等。在“项目落地阶段”得以推进的同时，也有必要考虑与“项目落地阶段”密切相关的“规范建构阶段”的推进——进一步考虑“一带一路”建设在 2017 年“一带一路”国际合作高峰论坛后所面临的现实与发展趋势，“一带一路”建设的现有成就的有效巩固与提升、进一步优化“一带一路”建设的整体推进以及为“一带一路”建设提供相当有效的制度性保障等。因而，需要明确“一带一路”建设整体布局与具体实施中“项目落地阶段”与“规范建构阶段”所需要明确的关系在于：“项目落地阶段”是“规范建构阶段”的物质基础、客观依托，即“项目落地阶段”的积极推进构成“规范建构阶段”所需要的基本物质支持。“规范建构阶段”是“项目落地阶段”的观念支撑、主观保障，即“规范建构阶段”的积极推进构成“项目落地阶段”所需要的基本制度支持。“项目落地阶段”与“规范建构阶段”之间构成密切的相关关系，在整体推进“一带一路”建设的落实中，应重视两种进程的共同推进并积极考虑与落实通过两种进程之间相关关系的互动，进一步优化“一带一路”建设的整体进程。进而结合“一带一路”建设的具体实践，“项目落地阶段”的“一带一路”建设需要顾及更多的国际多边合作推进，进而需要考虑以相应的“规范建构阶段”提供必要的制度性保障，助力“一带一路”建设的积极推进。同时，从国际多边合作自身考虑，国际多边合作的确立与推进，需要考虑相应的制度性保障作为支持。即国际多边合作自身的开展需要借助制度支持，尤其是保障参与多边合作的相关方不仅落实相应的承诺、义务，也需要保障其所应拥有的权益、应获得的收益。

对此，应考虑"项目落地阶段"与"规范建构阶段"之间的密切互动，对于积极倡导与全面推进"一带一路"建设的中国，在国际多边合作中推进"一带一路"建设，中国的角色定位应考虑"领导与参与兼具"。"领导"角色的定位在于"一带一路"建设的客观现实需要中国发挥相应的领导作用，以推进与保障"一带一路"建设的顺利推进；"参与"角色的定位在于"一带一路"建设需要中国参与的客观现实，即中国是"一带一路"建设的参与国之一，对于"参与"的角色定位可以更为有效地促使更多的"一带一路"建设参与国家认可中国所具有的作用。这一角色定位的确立与落实，其原因在于：

第一，"项目落地阶段"与"规范建构阶段"在国际多边合作的推进中应当明确重视更为有效的领导力构建，即能够动员更多的国家积极认可与参与"一带一路"建设，同时对于"一带一路"建设相关参与国家的积极参与，领导力的构建是助力、鼓舞这些积极参与得以实现的需要。"一带一路"建设在"提出与落实阶段"所取得的成就、所积极推进的现实已经表明，中国具有"一带一路"建设的领导力，积极引导更多的国家积极参与"一带一路"建设，并在"项目落地阶段"为更多"一带一路"建设的项目落地提供相当可靠与有效的领导性支持，包括提供相应的指引、制定与实施更为全面且有效的规划等；在"规范建构阶段"，中国的领导力能够在议题设置、话语建构等领域发挥相应的作用。

同时，鉴于国际多边合作在"项目落地阶段"与"规范建构阶段"推进中需要借助具有领导力的国家保障"一带一路"建设的落实，因而需要中国提供相应的以"参与"为基础、以"领导"为导向的"一带一路"建设领导力构建。毕竟，中国作为"一带一路"建设的首倡国所具有的地位、所发挥的作用不可忽视。这一分析是

"一带一路"国际多边合作得以推进中，中国"领导与参与兼具"角色定位的基本起点。

第二，"一带一路"建设国际多边合作的积极推进，需要落实更为有效的执行力构建，即在"项目落地阶段"更多项目得以落实与在"规范建构阶段"更多的规范得以明确，需要考虑建构必要的执行力，以实现相关进程的积极推进。结合对未来"一带一路"建设基本前景的分析，"一带一路"建设能否在巩固现有成果的基础上得以积极推进，其中至关重要的因素在于构建相当有效的执行力。结合"一带一路"建设已有的成果阐释，执行力构建的关键在于相当的综合国力支撑。对于"一带一路"建设的未来，执行力得以有效构建的基础在于依托中国综合国力所发挥的积极作用。

结合未来"一带一路"建设执行力推进的现实考虑，中国积极推进的执行力构建，其相关基础在于中国对于"一带一路"建设提供更为有效的物质保障与支持。通过2017年"一带一路"国际合作高峰论坛及其以后中国对于"一带一路"建设所提供的各种实质性支持，大致可以明确中国所拥有的强大综合国力，为"一带一路"建设的相关执行力构建提供了相当有效的支持。"领导与参与兼具"的角色定位是对执行力构建的基本体现，并进一步指引"一带一路"建设、"一带一路"建设国际合作的积极发展。

第三，结合"一带一路"建设国际多边合作的现实考虑，确立"领导与角色兼具"的定位，源自"一带一路"建设国际多边合作的现实，进而需要考虑借助这一定位构建"一带一路"建设所需要的保障力。这一现实的根源在于：从国际多边合作的现实与作为"一带一路"建设路径的国际多边合作考虑，来自中国角色的保障力作用大致体现为：中国能够为"一带一路"建设的整体布局与具体实践，提供相当必要且有效的保障。

结合"一带一路"建设在"项目落地阶段"与"规范建构阶段"所需要的保障现实阐释，这一保障力主要体现为：在开展中国与"一带一路"沿线国家相关合作的基础上，通过国际多边合作建立健全相应的物质保障与制度保障。这一保障不仅在于中国能够为推进"一带一路"建设提供相应的经济支持，这一进程与执行力存在着一定的相关性但也有所不同。其中，物质层面对于"一带一路"建设的支持，包括提供相应资金、技术、人员等资源以及必要的项目等。但是保障力的相关理解并不仅仅局限于物质层面的支持，而且还涉及制度层面的支持，将物质层面的支持显著强化、升级。确立在"一带一路"建设领域制度层面的强化、升级，更为现实的意义在于保障"一带一路"建设的制度支持，比如亚洲基础设施投资银行的设立与运行、"中国—中东欧银联体"的设立与运行等。进而结合"一带一路"建设的"规范建构阶段"所谓规范化建构的重要组成部分之一在于制度层面对于"一带一路"建设的积极支持，并进一步落实制度层面的相关优化。比如对于现有的涉及"一带一路"建设国际合作相关制度的升级，尽管中国与中东欧国家的"16＋1"框架的建设——"16＋1"框架的提出要早于"一带一路"建设，但随着"一带一路"建设的逐步推进与有效落实，"16＋1"框架的有效充实与"一带一路"建设的"提出与落实阶段"、"项目落地阶段"之间构成明确的积极互动，这一互动更为现实的依据在于"一带一路"建设与"16＋1"之间所存在的密切的、客观的关联。

第四，结合"一带一路"建设国际多边合作的发展趋势，确立"领导与角色兼具"的定位，需要进一步构筑强化"一带一路"建设的统筹力。这一统筹力表现为：通过“一带一路”建设的逐步落实，优化国际多边合作，进而真正意义上实现“人类命运共同体”建设的全面落实。结合全球范围国际关系互动的趋势，国际关系互动所内含的结构性矛盾在呈现为不断发展的困境——当更多的国家谋求发展时，国际局势的客观现实限制了发展的实现。面对这一局面，中国所积极推动与有效保障的“一带一路”建设，同时在国际多边合作中借助中国角色定位的发挥，实现对于上述困境的应对乃至最终破除。

“一带一路”建设国际多边合作的发展中，借助“领导与参与兼具”的角色定位，重视在“一带一路”建设既有成果的基础（包括“五通”所取得的积极成效）上，进一步实现对于全球范围内发展的统筹。这一统筹大致体现为：通过中国角色定位所实现发展的统筹，能够明确降低参与“一带一路”建设相关国家的发展成本；能够实现更为有效的发展联合，包括贸易与投资便利化、区域治理的合作等；能够实现更为明确的发展协调，包括各国发展在国家层面对接的实现与优化。对于中国，“一带一路”建设为中国发挥在世界发展中的统筹作用提供了相应的基础与机遇。结合国际多边合作的趋势，建立健全基于发展的统筹，对于积极且明确地落实“一带一路”建设，也具有相应的积极意义。

综合上述对于“一带一路”建设国际多边合作的中国角色定位相关的原因分析，大致明确中国具有的“领导与参与兼具”角色定位源自“一带一路”国际多边合作所需要的领导力、执行力、保障力与统筹力。对于依托中国角色所构建的中国积极推进“一带一路”建设的领导力、执行力、保障力与统筹力，共同构成推进“一带一路”建设国际多边合作中中国角色得以发力并建构合理、全面且有效的结构性支撑与关键动能的核心所在。对于领导力、执行力、保障力与统筹力对于"一带一路"建设国际多边合作的积极推进所具有的作用，可以结合"一带一路"建设国际多边合作的现实案例加以明确。

在案例分析的同时，需要首先明确的是领导力、执行力、保障力与统筹力所构成的中国积极在"一带一路"建设中所具有的"领导与参与兼具"角色，在为"一带一路"建设提供物质支持的同时，也包括相应的制度创设、话语权设置与运用等，发挥着不可忽视的作用。依托这些作用的具体运用，与"一带一路"建设的具体案例之间构成密切互动。

随着国际多边合作的推进，可以结合"一带一路"建设的具体案例加以明确在多边合作视域下中国、蒙古、俄罗斯落实三国政府层面的协调与合作中中国的角色定位。依据中蒙俄三国针对中蒙俄经济走廊已经达成的共识：建设经济走廊旨在通过在增加三方贸易量、提升产品竞争力、加强过境运输便利化、发展基础设施等领域实施合作项目，进一步加强中华人民共和国、蒙古国和俄罗斯联邦三边合作。经济走廊以建设和拓展互利共赢的经济发展空间、发挥三方潜力和优势、促进共同繁荣、提升在国际市场上的联合竞争力为愿景。[①] 通过这一共识阐释说明，中蒙俄三国已经根据其发展的需要在三国协调与合作发展方面形成相应进程。这一进程涉及中蒙俄三国协调与合作的落实，为三国"一带一路"建设相关项目的落实提供了相当坚实、可靠的基础。继而，对《建设中俄蒙俄经济走廊规划纲要》涉及合作内容的具体规划（包括合作内容与具体建议）进行分析：

---

① 《建设中蒙俄经济走廊规划纲要》，中华人民共和国国家发展和改革委员会网站，http：//www. ndrc. gov. cn/zcfb/zcfbghwb/201609/t20160912_ 818326. html，访问时间：2016 年 12 月 12 日。

表 4 - 1　　《建设中俄蒙俄经济走廊规划纲要》涉及合作的具体规划①

序号	合作领域	合作内容	具体建议
1	促进交通基础设施发展及互联互通	共同规划发展三方公路、铁路、航空、港口、口岸等基础设施资源,加强在国际运输通道、边境基础设施和跨境运输组织等方面的合作,形成长效沟通机制,促进互联互通,推动发展中国和俄罗斯、亚洲和欧洲之间的过境运输。	——建设、发展国际陆路交通走廊,实施基础设施共建项目,保障乘客、货物和交通工具的无障碍流动; ——提升三方铁路和公路运输潜力,包括推进既有铁路现代化和新建铁路公路项目; ——在跨境运输领域协商制定规则,提供良好的技术和关税条件,促进国际通关、换装、多式联运整体衔接,推进国际联运信息交换,为包括初步信息在内的铁路货运数据预先交换创造条件; ——发展三方空中航行服务互联互通,提高安全水平,提升经济效益和做好空间利用; ——发展中蒙俄定期国际集装箱运输班列,建设一批交通物流枢纽。
2	加强口岸建设和海关、检验检疫监管	加强三方口岸软、硬件能力建设,推动基础设施翻新和改造,提升口岸公共卫生防控水平,加强信息互换和执法互助。创新完善海关、检验检疫业务及货物监管机制和模式,共同推动提升口岸通行过货能力	——促进换装量、边境火车站货物装卸、铁路口岸吞吐能力平衡增长; ——推动动植物检验检疫领域合作; ——建立食品安全合作机制,加强三方在食品过境贸易方面的监管合作,促进食品过境贸易的便利化; ——加强在经认证的经营者等方面的相互协调,充分交流和分享三方经验及做法。 ——加强在跨境传染病监测控制、病媒生物监测、突发公共卫生事件处置等方面的合作。
3	加强产能与投资合作	加强三方在能源矿产资源、高技术、制造业和农林牧等领域合作,共同打造产能与投资合作集聚区,实现产业协同发展,形成紧密相连的区域生产网络。	——扩大三方之间电信网络,增加互联网流量,加强电子商务合作,研究提高中转流量的举措; ——研究新建输电线和新发电设备的经济技术合理性; ——在具体建议形成的情况下,研究过境蒙古国的中俄原油及天然气管道的合理性; ——继续推动三方在核能、水电、风电、光伏能源、生物质能源等方面的合作; ——强化三方科技园区和创新高地合作; ——依托民用航天基础设施,开展三方卫星应用服务和实现对口部门合作,扩大信息交流与合作。

---

① 《建设中蒙俄经济走廊规划纲要》,中华人民共和国国家发展和改革委员会网站,http://www.ndrc.gov.cn/zcfb/zcfbghwb/201609/t20160912_818326.html,访问时间:2016 年 12 月 12 日。

序号	合作领域	合作内容	具体建议
4	深化经贸合作	发展边境贸易,优化商品贸易结构,扩大服务贸易量;拓展经贸合作领域,提升经贸合作水平。	——在扩大农产品、能源矿产、建材以及造纸产品、纺织品等贸易规模的同时,稳步提高装备制造和高技术产品的生产水平; ——加强旅游、物流、金融、咨询、广告、文化创意等服务贸易领域的交流合作;推进信息技术、业务流程和技术诀窍外包,开展软件研发、数据维护等领域合作; ——建立跨境经济合作区; ——引导边境贸易向加工、投资、贸易一体化完善。
5	拓展人文交流合作	重点深化教育、科技、文化、旅游、卫生、知识产权等方面的合作,促进人员往来便利化,扩大民间往来和交流。	——发展旅游业,开辟跨境跨区域旅游线路; ——着力完善三方边境城市旅游休闲度假功能,提高旅游产品多样性,共建良好的旅游环境; ——推进跨境、跨区域旅游综合安全保障机制建设,包括确保游客人身、财产安全的措施,注意在旅游中保护三方当地的环境。建立紧急情况下的游客救助机制; ——研究培育共同旅游品牌,开展游客信息汇总工作的可能性; ——加强教育和科研机构间交流合作; ——加强三国在知识产权法律制度、知识产权保护实践及知识产权领域人员培训等方面的交流合作; ——着力打造文化交流品牌,拓展直接创作联系,深入开展戏剧、音乐和杂技、电影、民间创作、文化遗产保护、图书馆事务和文化领域人才培养等方面的交流合作。
6	加强生态环保合作	无	——研究建立信息共享平台的可能性,开展生物多样性、自然保护区、湿地保护、森林防火及荒漠化领域的合作; ——扩大防灾减灾方面的合作,在自然灾害和人为事故、跨境森林和草原火灾、特殊危险性传染病等跨境高危自然灾害发生时,加强信息交流; ——积极开展生态环境保护领域的技术交流合作; ——共同举办环境保护研讨会,探索在研究和实验领域进行合作的可能性。
7	推动地方及边境地区合作	充分发挥各地比较优势,推动地方及边境地区合作,建设一批地方开放合作平台,适时编制本国地方参与中蒙俄经济走廊建设实施方案,共同推进中蒙俄经济走廊建设。	——推进三方地方经贸合作; ——充分发挥三方相关城市比较优势,推进建设合作机制,如推动蒙古国东部地区和中俄有关地区次区域合作机制。

　　结合上表所涉及的具体规划阐释，中蒙俄三国合作涉及的七项合作领域对接"一带一路"建设的实施，构成中蒙俄三国开展涉及"一带一路"建设相关合作的基础。在这一基础上，推进中蒙俄三边合作积极对接"一带一路"建设的进程中落实中国角色定位。结合中蒙俄三国关系发展演变的历史与现实，尤其是结合三国现实发展的需求阐释，中国在中蒙俄三国合作中需要通过"领导与参与兼具"的角色为基础，进一步推动三国在具体领域的合作进程。整体上看，中国角色定位需要考虑在落实上述合作领域具体情况与积极参与的基础上，进一步针对相关合作领域展开相应的布局与实践。

　　其中，针对"促进交通基础设施发展及互联互通""加强产能与投资合作""深化经贸合作"和"加强生态环保合作"这四个领域的合作，需要明确考虑中国所具有的主导性角色，继而发挥中国的领导作用。其原因在于，在中蒙俄三边关系互动与中国作为"一带一路"建设的首倡国的积极推动中，中国拥有推进上述四个领域中至关重要的资金、技术、劳动力等资源，同时通过"一带一路"建设所涉及的具体交通基础设施关于中蒙俄三国合作的具体规划落实，可以为相应的合作提供坚实的、具有持续性的动力。但同样明确的是，与中国在中蒙俄三边合作对接"一带一路"建设中所具有的"领导与参与兼具"的角色定位，并不单纯意味着中国仅仅提供相应的资源，而需要进一步参与或者主导"一带一路"建设中蒙俄三国协调与合作的后续进程。对此，需要明确的是，中国所具有的"领导与参与兼具"的角色定位，还需要进一步涉及中国在中蒙俄三边合作中具体项目的有效管理与持续助力的作用发挥。换言之，对照"一带一路"建设所相关的"项目落地阶段"和"规范建构阶段"，中国"领导与参与兼具"的角色定位，不仅体现为中国在"项目落地阶段"提供相应的资源投入（包括人力、财力和物力等），以落实中

184

国与"一带一路"沿线国家共同发展，而且也体现为中国在"规范化建构"阶段参与与领导更多的制度、机制建设并将相应的投入转化为"一带一路"建设相关项目的执行力与保障力，继而能够在真正意义上实现与推进"一带一路"建设相关项目的落实并提供有效的保障。

同时对于"加强口岸建设和海关、检验检疫监管""拓展人文交流合作"和"推动地方及边境地区合作"领域所涉及的中蒙俄三国合作，更多地需要顾及在政府层面开展相关合作的同时，应对上述三个领域相关合作提供必要的支持与保障。相关支持与保障进一步涉及在中蒙俄三国政府协调的基础上，对接"一带一路"建设相关的具体合作，诸如在"加强口岸建设和海关、检验检疫监管"的合作领域涉及三国政府以及相应的边检、海关等部门之间开展相应的协调工作；"拓展人文交流合作"的领域涉及中蒙俄三国政府、政党、社会团体乃至个人层面所开展的交流合作；"推动地方及边境地区合作"的领域涉及在中蒙俄三国中央政府落实相关合作的同时，也涉及事关中蒙俄三国的地方政府之间、边境管理部门之间的相关合作。上述涉及中蒙俄三国之间的合作，共同构成中蒙俄三国合作的整体体系。

在上述进程中，中蒙俄三国合作对接"一带一路"建设中，需明确考虑中国的参与性角色，并借助相应的制度、机制作用的发挥，优化相应的三国合作进程。其原因在于，上述合作领域在更多地涉及政府交往、主权事宜的同时，也关注到相应的民间交流，而在上述合作中过多地突出相应的领导角色，往往造成合作遭遇某些困境和障碍，继而影响到相关合作的顺利实施。因而，对于中国在上述涉及中蒙俄三边合作中的角色定位，可以考虑更多地关注在共同参与的基础上，落实相应的合作进程。

结合中蒙俄三国多边合作的现实，中国角色更为具体的作用还体现为在国际多边合作推进的框架下，中国"领导与参与兼具"角色的具体效应还可以体现为通过更为有效的作为，诸如引导中国地方政府积极参与中蒙俄三国合作，并配合"一带一路"建设的有效落实。以中国新疆为例，按照相关报道的阐述，新疆维吾尔自治区人民政府研究出台了《新疆参与中蒙俄经济走廊建设实施方案》，进一步完善了新疆与蒙古、俄罗斯两国在基础设施互联互通、经贸、人文和生态环保等领域合作的顶层设计。①《新疆参与中蒙俄经济走廊建设实施方案》的出台，为进一步推进新疆在中蒙俄三国合作中所发挥的积极作用提供了有效的指引。同时，根据这一指引，能够实现在"一带一路"建设整体实施背景下，新疆对于"一带一路"建设整体布局中"中蒙俄经济走廊建设"的积极参与。

　　根据《新疆参与中蒙俄经济走廊建设实施方案》的具体规划，要以基础设施互联互通为先导，以乌鲁木齐市、阿勒泰地区、昌吉回族自治州、哈密市等沿线区域为依托，以塔克什肯、红山嘴、乌拉斯台、老爷庙等口岸为节点，以产业合作、多边贸易和优化生产要素为动力，以商贸物流和医疗合作为重点，积极创新合作模式，加快对外开放步伐，持续提升新疆与蒙古、俄罗斯两国合作空间，全面推进丝绸之路经济带核心区建设与中蒙俄经济走廊建设深度融合。② 在关注到这一方案的具体部署外，还需要关注到：《新疆参与中蒙俄经济走廊建设实施方案》围绕强化基础设施建设、加强口岸建设和海关、检验检疫监管、加强产能与投资合作、深化经贸合作、拓展人文交流

---

① 《〈新疆参与中蒙俄经济走廊建设实施方案〉发布》，中国一带一路网，https：//www.yidaiyilu.gov.cn/xwzx/dfdt/38656.htm，访问时间：2017年12月7日。

② 《〈新疆参与中蒙俄经济走廊建设实施方案〉发布》，中国一带一路网，https：//www.yidaiyilu.gov.cn/xwzx/dfdt/38656.htm，访问时间：2017年12月7日。

合作、加强生态环境保护合作和推动地方及边境地区合作等 7 项重点任务，提出了 34 项主要措施。① 总体上看，《新疆参与中蒙俄经济走廊建设实施方案》针对上述 7 项重点任务的阐释相关的中蒙俄三国合作，作为国际多边合作的案例阐释，中蒙俄三国合作的积极推进与"一带一路"建设相关的国际多边合作之间构成明确的对应关系。随着这一关系的持续发展，也随着"一带一路"建设的积极推进，中蒙俄三国之间所构成的国际多边合作中，中国所具有角色表现为"领导与参与兼具"的基本定位。

通过国际多边合作的"一带一路"建设整体进程中中国角色定位的分析，这一定位涉及在更为广泛的"一带一路"建设相关的"项目落地阶段"与"规范建构阶段"，明确中国的角色定位为领导与参与兼具的基本格局。这一格局的整体演变中，"领导与参与兼具"的基本格局涉及：鉴于合作以及有效合作对于"一带一路"建设的推进具有相当重要的意义，在中国积极倡导"一带一路"建设的背景下，国际多边合作得以在真正意义上推进的关键在于中国角色定位，以及在角色定位的基础上推进"一带一路"建设的具体实践。

通过"一带一路"建设在"项目落地阶段"与"规范建构阶段"中国角色的定位阐释：这一定位更多地体现为中国自身的优势与中国所面临国际形势的局面，需要中国借助国际多边合作有效推进"一带一路"建设。国际多边合作自身具有相当复杂的背景，在推进国际多边合作的进程中，应更为充分地考虑到更多变量的参与、更多变数作用的发挥。因而需要进一步考虑到在中国积极推进"一带一路"建设的过程中，中国自身所具有的种种优势。整体上看，所谓

---

① 《〈新疆参与中蒙俄经济走廊建设实施方案〉发布》，中国一带一路网，https://www.yidaiyilu.gov.cn/xwzx/dfdt/38656.htm，访问时间：2017 年 12 月 7 日。

中国的优势在于，自 1978 年以来的改革开放进程中，持续四十年的改革开放为中国发展带来的优势——中国的综合国力实现显著增强、国际地位的提升等。对此，结合中国共产党的十九大报告为例加以明确：

表 4 - 2　中国共产党的十九大报告中对于既有成就的概括[①]

序号	领域	概况
1	经济建设取得重大成就	经济保持中高速增长,在世界主要国家中名列前茅,国内生产总值从五十四万亿元增长到八十万亿元,稳居世界第二,对世界经济增长贡献率超过百分之三十。供给侧结构性改革深入推进,经济结构不断优化,数字经济等新兴产业蓬勃发展,高铁、公路、桥梁、港口、机场等基础设施建设快速推进。
2	全面深化改革取得重大突破	改革全面发力、多点突破、纵深推进,着力增强改革系统性、整体性、协同性,压茬拓展改革广度和深度,推出一千五百多项改革举措,重要领域和关键环节改革取得突破性进展,主要领域改革主体框架基本确立。中国特色社会主义制度更加完善,国家治理体系和治理能力现代化水平明显提高,全社会发展活力和创新活力明显增强。
3	民主法治建设迈出重大步伐	积极发展社会主义民主政治,推进全面依法治国,党的领导、人民当家作主、依法治国有机统一的制度建设全面加强,党的领导体制机制不断完善,社会主义民主不断发展,党内民主更加广泛,社会主义协商民主全面展开,爱国统一战线巩固发展,民族宗教工作创新推进。
4	思想文化建设取得重大进展	主旋律更加响亮,正能量更加强劲,文化自信得到彰显,国家文化软实力和中华文化影响力大幅提升,全党全社会思想上的团结统一更加巩固。
5	人民生活不断改善	深入贯彻以人民为中心的发展思想,一大批惠民举措落地实施,人民获得感显著增强。脱贫攻坚战取得决定性进展,六千多万贫困人口稳定脱贫,贫困发生率从百分之十点二下降到百分之四以下。

[①] 根据中国共产党第十九次全国代表大会报告内容摘录。习近平：《决胜全面建成小康社会夺取新时代中国特色社会主义伟大胜利——在中国共产党第十九次全国代表大会上的报告》;《党的十九大报告学习辅导百问》,学习出版社、党建读物出版社,2017,第 3 ~ 6 页。

续表

序号	领域	概况
6	生态文明建设成效显著	大力度推进生态文明建设，全党全国贯彻绿色发展理念的自觉性和主动性显著增强，忽视生态环境保护的状况明显改变。生态文明制度体系加快形成，主体功能区制度逐步健全，国家公园体制试点积极推进。
7	强军兴军开创新局面	着眼于实现中国梦强军梦，制定新形势下军事战略方针，全力推进国防和军队现代化。国防和军队改革取得历史性突破，形成军委管总、战区主战、军种主建新格局，人民军队组织架构和力量体系实现革命性重塑。
8	港澳台工作取得新进展	全面准确贯彻"一国两制"方针，牢牢掌握宪法和基本法赋予的中央对香港、澳门全面管治权，深化内地和港澳地区交流合作，保持香港、澳门繁荣稳定。坚持一个中国原则和"九二共识"，推动两岸关系和平发展，加强两岸经济文化交流合作，实现两岸领导人历史性会晤。
9	全方位外交布局深入展开	全面推进中国特色大国外交，形成全方位、多层次、立体化的外交布局，为我国发展营造了良好外部条件。我国国际影响力、感召力、塑造力进一步提高，为世界和平与发展作出新的重大贡献。
10	全面从严治党成效卓著	推动全党尊崇党章，增强政治意识、大局意识、核心意识、看齐意识，坚决维护党中央权威和集中统一领导，严明党的政治纪律和政治规矩，层层落实管党治党政治责任。党的建设制度改革深入推进，党内法规制度体系不断完善。

中国所取得的显著成就表明：中国拥有的强大综合国力与国际影响力等，能够为中国在"一带一路"建设的具体落实中，提供相当有效的支持，无论是在物质资源的投入与运用，还是在制度、机制的创设等或是话语建构方面。其中，更进一步的解释在于，对于包括"一带一路"建设，以及更为广泛与长远的人类命运共同体的构建，中国所发挥的作用相当重要且不可忽视。进而结合上述分析所涉及的中蒙俄三国合作案例分析，涉及"一带一路"建设的相关部署，需要明确的分析进一步展现为：在"一带一路"建设的"项目落地阶段"和"规范建构阶段"，中国拥有的强大综合国力与国际影响力，

是中国推进中蒙俄三国合作的关键性基础，中国能够为三国共同发展提供稀缺的战略性资源，包括资金、技术、劳动力与市场等。同时，还需要进一步关注到：中国在提供相关战略资源的同时，在"一带一路"国际多边合作的整体进程中，中国角色所具有的领导力、执行力、保障力与统筹力，也能够在对应中蒙俄三国合作中发挥相应的作用。以中蒙俄三国合作作为"一带一路"建设国际多边合作典型案例，在"项目落地阶段"和"规范建构阶段"中国所具有的领导力在于：通过相应的资源投入、战略协作（两者并重、不可偏废），在有效协调中蒙俄三国的同时，推进中蒙俄三国的共同发展；中国所具有的执行力在于，对于中蒙俄三国所实施的相关项目，在其落地的进程中给予相应的支持并给予贯彻，即使蒙古、俄罗斯对于相关项目有所退缩；中国所具有的保障力在于，借助中蒙俄三国之间积极互动，进一步提升三国协调与合作的制度化（这明显有别于领导力领域的战略协调与合作，制度化的协调与合作能够为"一带一路"建设提供持久动力，战略协调与合作的作用更多地体现为推进"一带一路"建设的导向性等）并考虑借助相应的协调与合作的制度化建设，实现中国对于相关项目的明确保障；中国所具有的统筹力在于，不仅涉及中蒙俄三国之间推进共同发展之间的统筹，尤为突出的是还需要将中蒙俄三国的统筹得以推进或者在遇到障碍的同时，有效推进中国国内涉及"一带一路"建设参与中蒙俄三国合作的相关统筹等（比如在新疆积极参与中蒙俄三国协调以实现共同发展的同时，还需要关注到中国其他地区与新疆在涉及"一带一路"建设领域的相关协调与合作）。

进一步针对中国自1978年以来改革开放所取得的成就阐释，中国能够在"一带一路"建设国际多边合作中展现的领导力、执行力、保障力与统筹力。结合中蒙俄三国共同发展的现实，展现中国在

"一带一路"国际多边合作中所具有的"领导与参与兼具"的角色。进而言之，是否可以进一步明确将这一角色定位向中国与世界的关系发展加以落实，构成全面与深入论证"一带一路"国际多边合作研究的衍伸性内容所在。

从上述阐释看，中国所取得的成就值得肯定，这一成就也更多地意味着中国能够发挥相当重要的作用。结合中国所取得的成就阐释，这一成就意味着中国能够在全球范围内的国际关系互动中发挥更为重要的作用。这一作用的发挥意味着由中国所积极倡导的"一带一路"建设能够获得更为有效的动力与支持。这一点在"一带一路"国际合作高峰论坛召开前的"一带一路"建设实施进程中已经得到明确体现。中国的发展是世界的机遇，中国是经济全球化的受益者，更是贡献者。中国经济快速增长，为全球经济稳定和增长提供了持续强大的推动。中国同一大批国家的联动发展，使全球经济发展更加平衡。中国减贫事业的巨大成就，使全球经济增长更加包容。中国改革开放持续推进，为开放型世界经济发展提供了重要动力。^①进一步结合中国发展的现实成果考虑，中国发展为世界发展提供了相当积极的贡献。"一带一路"建设，作为中国发展为世界发展作出具体贡献的重要组成部分之一——"一带一路"建设国际多边合作的推进，是对于这一具体贡献的进一步深化与落实。

二 "领导与参与兼具"："一带一路"建设国际多边合作中国角色的具体实践——以国际组织的参与为视角

对于国际多边合作的关注，除了国家间的多边合作，还需要关注

---

① 《习近平主席在世界经济论坛 2017 年年会开幕式上的主旨演讲（全文）》，新华网，http://news.xinhuanet.com/politics/2017-01/18/c_1120331545.htm，访问时间：2017 年 1 月 20 日。

到在包括国际组织等其他领域，国际多边合作的推进对于"一带一路"建设所具有的影响。同时，在这些影响的形成与持续演变的进程中，需要考虑落实中国在其中所发挥的各种积极作用——起点在于国际多边合作中的中国角色定位。其中，尤为突出的是在联合国、世界贸易组织、世界银行、国际货币基金组织等相关国际组织的运行中，对于中国角色的定位需要结合"一带一路"建设的具体推进得以明确。

在涉及"一带一路"建设国际多边合作的具体进程中，需要考虑中国与相关国际组织等其他国际关系行为体之间开展合作的基础上，在国际多边合作的框架下，进一步推进与提升"一带一路"建设在"项目落地阶段"和"规范建构阶段"所应取得的成效，需要建立健全的相关制度、机制等。进而需要明确"一带一路"建设国际多边合作视域下的中国角色在实践中如何落实：中国与国际组织等其他国际关系行为体之间的关系？中国与国际组织等其他国际关系行为体如何在多边国际合作框架下开展更为有效的协调与合作？同时，将上述设想纳入"一带一路"建设的相关进程。

"一带一路"国际多边合作涉及国际组织等其他国际关系行为体至少可以分为两类，一类是与"一带一路"建设存在关联的国际组织等其他国际关系行为体，比如世界银行、国际货币基金组织、东盟（东南亚国家联盟）、阿盟（阿拉伯国家联盟）、欧盟、维谢格拉德集团、非盟（非洲联盟）以及各种跨国公司、社会团体等。这类国际组织等国际关系行为体，既涉及专门性的国际组织、跨国公司、社会团体、政党乃至个人等，也涉及区域性的国际关系行为体诸如东盟等。另一类是"一带一路"建设推进中中国所积极倡导并建立的国际关系行为体诸如丝路基金等。根据"一带一路"建设发展的现实与趋势，对于上述两类国际关系行为体在"一带一路"建设国际多边合作的"项目落地阶段"和"规范建构阶段"所发挥的作用与中国角色之间构成密切的互动。

表 4 - 3　涉及"一带一路"国际多边合作的国际关系行为体分类（国家除外）

第一类："一带一路"建设存在关联的国际关系行为体	联合国、欧盟、非盟、东盟等全球性、区域性国际组织；世界贸易组织、世界银行、国际货币基金组织、亚洲开发银行、各种跨国公司、金融机构、社会团体与个人等
第二类："一带一路"建设推进中中国所积极倡导并建立的相关国际关系行为体	丝路基金等与"一带一路"密切相关的机构

对于第一类与"一带一路"建设密切相关的国际关系行为体，"一带一路"国际多边合作中，中国应当发挥的作用在于以"积极发挥中国的参与角色"为主导。究其原因，从国际关系互动发展与相关国际关系行为体的运行现实考虑，参与角色的定位不仅是国家关系互动的现实性需求所在，而且也是从更为广泛与积极的意义上实现对于"一带一路"建设的相关资源整合与项目优化等考虑。同时，还需要涉及在"一带一路"建设的具体项目推进中，"积极发挥中国的参与角色"有助于在开展涉及"一带一路"建设的相关合作时，落实中国与相关国家的合作进程。

在多数与"一带一路"建设密切相关的国际关系行为体中无论是世界贸易组织、世界银行、国际货币基金组织，亚洲开发银行等，还是在更为广泛的联合国等，"积极发挥中国的参与角色"大致可以释义为：中国需要在参与上述国际关系行为体的相关活动中，落实中国与相关国际关系行为体之间开展密切的合作与协调。中国需要促使更多的国际关系行为体认可与支持"一带一路"建设，进而为"一带一路"建设提供相应的支持而非有意制造麻烦与困难。进一步结合"一带一路"建设国际多边合作的现实考虑，"一带一路"建设国际多边合作中相关国际关系行为体的作用发挥，对于中国角色，更为具体的现实在于当作为国际关系行为体涉及"一带一路"建设时，其所发挥的作用在于提供更具有现实性的指导与有效的保障、支持等。

当在这些国际关系行为体内部运行涉及"一带一路"建设时，首先需要明确相关国际关系行为体的内部运行本身可以视为国际多边合作的框架。在这一框架下推进的国际多边合作中，中国所发挥的作用在于积极参与相关国际关系行为体互动的现实中，借助国际组织的平台，展现"一带一路"建设的推进与相关国际关系行为体的运行之间所存在的密切互动。

在"一带一路"建设相关的国际多边合作乃至更为广泛的国际关系互动中，中国角色的参与角色定位表现为在中国积极参与的进程中，进一步优化中国参与具有的作用，为相关国际关系行为体助力"一带一路"建设提供相应的条件。对此，可以结合"一带一路"建设的国际组织作为具体案例加以明确：在世界贸易组织、世界银行与国际货币基金组织等的国际多边合作框架下，中国角色所定位的参与作用在于，在参与这些国家组织的正常运行中，中国在国际组织运行中的参与角色，立足于对于国际组织参与的基础上，在这些国际组织的相关运行中明确"一带一路"建设相关的项目与规范的建构，是满足于这些国际组织发展进程的，也利于这些国际组织相关成员各自的发展。

与上述中国作为成员国的国际组织所不同的是，对于不包括中国的国际组织，需要中国在"一带一路"建设相关的外交活动中，尽管无法实现直接参与，但是也可以需要落实相应的间接参与，为"一带一路"建设提供相应的保障与支持。比如在欧盟的相关议程中，需要考虑通过相关欧盟成员国间接影响欧盟的相关活动。这并不是中国对于欧盟事务的干涉，而是意在保障"一带一路"建设的顺利推进。进一步结合"一带一路"建设在"项目落地阶段"和"规范建构阶段"所推进的具体行动，考虑在有效确立与积极巩固中国与欧盟在"一带一路"建设相关合作的基础上，避免欧盟为"一带一路"建设的推进带来某种不必要的冲击、制约。同时，进一步推进中国与欧盟在"一带一路"建设中落实必要的合作并开展积极的协调等，以保障"一带一路"建设的顺利实施并在"项目落地阶段"和"规范建构阶段"进一步优化欧盟所发挥的作用。

诚然，需要承认在欧盟的运行中，并非所有的欧盟国家能够更为客观与妥善地看待中国与相关"一带一路"沿线国家共同推进"一带一路"建设。应考虑应对某些国家或有意或无意地为"一带一路"建设带来某些麻烦与困境。诸如，在对待"16＋1"的问题上，随着"16＋1"与"一带一路"建设在"一带一路"建设的"项目落地阶段"和"规范建构阶段"到 21 世纪第二个十年中后期逐步展现为更为积极的对接与互动，欧盟内部对于"16＋1"的不满与非议很可能通过欧盟的内部运作而对"一带一路"乃至"16＋1"的顺利实施造成损害。对于这一局面，应考虑在欧盟的运行中通过更为有效的外交协调，尤其是促使主要欧盟国家以及积极参与"一带一路"建设的相关欧盟国家（比如从匈塞铁路中获得受益的匈牙利等），在欧盟的运行中发挥积极作用。

进而，"积极发挥中国的参与角色"在于中国需要在"一带一路"建设国际多边合作中，积极参与相应的国际组织进程，乃至更为广泛的国际互动与协调。以实现对于"一带一路"建设趋利避害为导向，有效落实与逐步充实中国对于相关国际组织活动的参与。但需要强调的是，中国对于相关国际组织运行的参与，尤其是对于某些中国并非其成员国的国际组织，中国的参与并不意味着对于相关国际组织的干涉或者干涉欧盟内部事务。相反，结合中国与欧盟关系的现实分析，中国为推进"一带一路"建设所实施的相关举措，意在有效推进"一带一路"建设；在中国与欧盟之间涉及"一带一路"建设的有效推进中，中国与欧盟涉及"一带一路"建设的合作符合中国与欧盟关系发展的现实与趋势，进而实现中国与欧盟的共赢。因而，中国的作用能够有效助力欧盟的发展，这是当前与未来中欧关系的事实。

对于第二类"一带一路"建设推进中中国所积极倡导并建立的相关国际关系行为体，"一带一路"建设国际多边合作中中国所发挥的作用应考虑以"积极发挥中国的领导角色"为主导。究其原因在于，从丝路基金等相关组织的创设与运行进行阐释，中国在相关组织运行中发挥着相应的主导性作用。从这一主导性作用出发，应考虑在相关国际关系行为体的运行中中国所具有的领导角色。此外，还需要强调的原因在于，倘若中国并不重视中国自身所具有的主导性作用，从而忽视了"积极发挥中国的领导角色"，可能造成"一带一路"建设中诸如丝路基金相关国际关系行为体的职能弱化甚至出现管理与运行危机。设想倘若丝路基金的运行中，缺少来自中国的主导性作用以及与之密切相关的"领导角色参与"，丝路基金对于"一带一路"建设所具有的支持作用也将难以发挥。

进而言之，可以将中国所具有的"领导角色"进一步落实为中国对于在推进"一带一路"建设的相关现实中相关国际关系行为体的运行理念与实践。比如，结合丝路基金的具体运行分析，需要以首先明确丝路基金的创设背景、运行框架与进程以及发展趋势为基础，进一步明确中国在丝路基金整体发展中所具有的"领导角色"相关的基本布局与实践。

回顾丝路基金的发展演变历程，2014 年 11 月 4 日，习近平主持召开中央财经领导小组第八次会议，研究丝绸之路经济带和 21 世纪海上丝绸之路（即"一带一路"）规划、发起建立亚洲基础设施投资银行和设立丝路基金。4 天后，在北京举行的"加强互联互通伙伴关系"东道主伙伴对话会上，习近平宣布，中国将出资 400 亿美元成立丝路基金，为"一带一路"沿线国家基础设施、资源开发、产业合作和金融合作等与互联互通有关的项目提供投融资支持。① 次日（2014 年 11 月 9 日），在亚太经合组织工商领导人峰会上，习近平发出邀请：丝路基金是开放的，可以根据地区、行业或者项目类型设立子基金，欢迎亚洲域内外的投资者积极参与。② 上述阐释表明，丝路基金的设立与"一带一路"建设的推进密切相关。中国国家主席习近平对于丝路基金的原因进一步阐释为：以建设融资平台为抓手，打破亚洲互联互通的瓶颈。亚洲各国多是发展中国家，普遍缺乏建设资金，关键是盘活存量、用好增量，将宝贵资金用在刀刃上。③ 进而对于为"'一带一路'建设提供资金支持"的相关定位，进一步明确了设立丝路基金的关键所在。进而言之，上述原因分析说明，中国对于"一带一路"建设所提供的资金支持，构成中国推进"一带一路"建设的关键动力所在。

结合丝路基金的运行现实考虑，丝路基金运行中需要依托中

---

① 《丝路基金的"五个 W 和一个 H"》，中华人民共和国国务院新闻办公室网站，http：//www.scio.gov.cn/ztk/wh/slxy/31213/Document/1426164/1426164.htm，访问时间：2017 年 12 月 20 日。

② 《丝路基金的"五个 W 和一个 H"》，中华人民共和国国务院新闻办公室网站，http：//www.scio.gov.cn/ztk/wh/slxy/31213/Document/1426164/1426164.htm，访问时间：2017 年 12 月 20 日。

③ 《丝路基金的"五个 W 和一个 H"》，中华人民共和国国务院新闻办公室网站，http：//www.scio.gov.cn/ztk/wh/slxy/31213/Document/1426164/1426164.htm，访问时间：2017 年 12 月 20 日。

国发挥必要的领导角色，进而支持丝路基金在相关的商业化与政策化模式下运作，有效助力"一带一路"建设的推进。比如以丝路基金与美国通用电气的合作为例加以说明：2017 年 11 月，丝路基金与通用电气旗下 GE 能源金融服务在京签署"成立能源基础设施联合投资平台合作协议"，共同投资包括"一带一路"国家和地区的电力电网、新能源、油气等领域基础设施项目。[①] 针对这一案例所需要明确的是：第一，丝路基金是中国投资与主导的，因而需要中国发挥相应的领导角色并主导相应的合作；第二，结合具体的合作内容分析，中国所推进的合作进程，在尊重其既有的商业化运作的同时，明确倘若失去来自中国的主导，往往造成丝路基金难以实现其初衷。究其原因，丝路基金是当今世界较少的、由发展中国家所倡导的致力于"一带一路"建设，并为"一带一路"提供助力的国际关系行为体。进而，这也说明丝路基金的运行，需要基于中国政府的支持。鉴于丝路基金所具有的开放性，随着"一带一路"建设"项目落地阶段"和"规范建构阶段"的推进，当更多的股东加盟丝路基金，中国对于丝路基金的主导所具有的必要性也随之凸显。坚持中国对丝路基金的主导，主要考虑以下因素：

第一，丝路基金的中国主导源自中国政府对于丝路基金的积极投入。依据相关介绍，丝路基金的股东为：国家外汇管理局、中国投资有限责任公司、中国进出口银行和国家开发银行。[②] 这些股东具有明

---

① 《丝路基金与通用电气成立能源基础设施联合投资平台》，http://www.silkroadfund.com.cn/cnweb/19930/19938/35997/index.html，丝路基金有限责任公司官网，访问时间：2017 年 12 月 20 日。

② 《丝路基金的"五个 W 和一个 H"》，中华人民共和国国务院新闻办公室网站，http://www.scio.gov.cn/ztk/wh/slxy/31213/Document/1426164/1426164.htm，访问时间：2017 年 12 月 20 日。

显的中国政府背景，这一背景意味着丝路基金的运作带有政府行为的性质。

第二，依据丝路基金的运行阐释，可以结合丝路基金投资运作策略加以明确丝路基金的运作需要落实来自中国政府的主导。相关信息参见下表：

表 4 - 4　丝路基金投资运作策略

序号	策略名称	策略内容
1	夯实基础	强化项目驱动、扎实推进，避免概念驱动和投资冲动。
2	增进信任	在项目合作过程中增进各方了解和互信，促进政策沟通和民心相通。
3	统筹兼顾	尊重投资所在国的法律，遵循国际标准，照顾各方"舒适度"，兼顾经济效益和社会效益。
4	探索创新	加强相关领域的研究，探索互利共赢、可复制可推广的合作模式。

从上表的信息看，丝路基金投资运作策略的实践，是依托政府的主导得以实现的。即上述策略的运用，不能仅仅依托商业性运作原则，而是需要考虑政府的积极参与。考虑到要为"一带一路"建设提供可靠与有效的金融支持，政府参与也就意味着中国政府在其中需要发挥相应的主导作用。具体表现为：

在"夯实基础"的策略运用中，为了避免概念驱动与投资冲动需要政府发挥相应的作用尤其是提供必要的动力与制约。与西方经济学中所倡导的政府经济学将政府定位为公共部门的观点、理念不同，中国政府在这一策略中所发挥的作用在于，通过强化项目驱动，使相应的投资真正意义上符合"一带一路"建设的需要。

在"增进信任"的策略运用中，政策沟通与民心相通不仅是对于"一带一路"建设中的"五通"对应，更为重要的是应考虑到来自中国政府的主导能够为政策沟通提供必不可少的条件、为民心相通提供明确可靠的指引。整体考虑这一策略的运用，政策沟通与民心相通的落实客观上不能单纯依靠商业性质的投资或者积极导向的推进，而是需要考虑到政府的积极作为，进而在政府作为的基础上落实相应的民间交流并加以包装。

"统筹兼顾"的策略运用中，"统筹兼顾"涉及的经济效益与社会效益的共同推进，继而需要国家在其中发挥关键性的作用。作为"一带一路"建设首倡国的中国，对于这一关键性作用的发挥，中国所具有的责任相当重要甚或不可忽视。结合"一带一路"建设的现实考虑，"统筹兼顾"对于丝路基金所具有的意义在于能够在实现"一带一路"建设相关项目落地的同时，保障相应的项目获得经济收益与社会收益。其中，更为明确的案例在于在"一带一路"建设的"项目落地阶段"和"规范建构阶段"，中国与"一带一路"沿线国家之间金融合作的相关项目需要依托丝路基金等作为平台，进一步需要落实更多的金融合作项目——融资所发挥的统筹作用需要实现对于经济与社会的兼顾。

"探索创新"的策略运用中，需要明确在既有的利益格局下，"一带一路"建设在融资领域的探索需要以政府引导为依托。这一依托需作为丝路基金的主导方的中国政府相应的创新，同时，还需要强调的是，在"探索创新"的实践过程中也需要注重政府与企业的结合。

综合上述针对"一带一路"建设国际多边合作中国角色在"项目落地阶段"和"规范建构阶段"所具有的"领导与参与兼具"的定位分析与阐释表明，在"一带一路"建设的推进中，中国角色所发挥的作用已经呈现出不可或缺的境遇。"领导与参与兼具"的角色定位具有的作用大致概括为：第一，"领导与参与兼具"的角色定位能够更为有效地对应中国在21世纪第二个十年以及以后相当一段时期内，中国在国际事务中发挥相应作用的客观基础。到21世纪第二个十年，中国作为大国在国际事务中发挥作用并不意味着中国能够作为强国在国际事务中发挥作用。"领导与参与兼具"的角色定位适应于中国目前"大而不强，似强非强"的基本状态，并能够促进中国发挥相应的积极作用。

第二，"领导与参与兼具"的角色定位能够更为有效地适应于"一带一路"建设的基本现实。"一带一路"建设到 21 世纪第二个十年中后期仍然处于正在积极推进的态势。"领导与参与兼具"的角色定位符合这一态势的基本需求，即"一带一路"建设的推进，需要顾及团结、协调更多的国家参与"一带一路"建设。"领导与参与兼具"的角色定位，有助于中国与更多的"一带一路"建设参与国家开展更为有效的合作与协调。

第三，"领导与参与兼具"的角色定位所展现的是中国通过"一带一路"建设实现中国与"一带一路"沿线国家、中国与世界的共同发展。这与霸权主义、强权政治的基本逻辑存在本质不同，因此，"领导与参与兼具"的角色定位符合"一带一路"建设的基本要义。

同时，这一定位的作用发挥可以更为有效地落实对于基于国际多边合作的推进中，明确"一带一路"建设中国角色本质理解。即围绕"一带一路"建设整体实施路径中占据主流地位的国际多边合作，涉及"一带一路"的国际多边合作推进中，中国所发挥的角色需要在"领导与参与兼具"定位的基础上进一步有效落实。进而言之，结合"一带一路"建设国际多边合作的现实考虑，"领导与参与兼具"的角色定位是对于"一带一路"建设中国角色的基本释义，从这一释义出发，对于进一步分析与阐释"一带一路"建设，可以提供相当有效的解读，为进一步明确"一带一路"建设国际合作的中国角色本质理解提供基础与条件。

"一带一路"：多边推进与务实建设

第二节　"一带一路"建设国际多边合作的中国角色本质理解

　　基于对"一带一路"建设国际多边合作的中国角色相关定位分析，进一步展开"一带一路"建设国际多边合作的中国角色本质理解，这是对于中国角色分析的拓展与深入，进而能够从历史与现实的互动中，从国际战略演变的博弈中，有效明确中国在"一带一路"建设国际多边合作中所具有的积极意义与良好作用。对此，大致明确阐释"一带一路"建设国际多边合作的中国角色本质理解的基本路径在于：以中国参与国际多边合作的历程作为"一带一路"建设国际多边合作的中国角色本质理解的主要脉络，进一步结合时代变迁的条件下中国角色的基本变化以及"一带一路"建设所赋予中国角色作用发挥的条件变化。进而，结合相应的条件变化，进一步阐释"一带一路"建设中国角色的相关研究。

　　一　中国参与国际多边合作的梳理

　　回顾自中华人民共和国成立以来中国外交对国际事务的参与历程，中国外交对于国际多边合作的参与具有相应的关注与实践，并积极致力于国际多边合作的开展。中华人民共和国成立后，中国外交有效参与国际多边合作的典型案例是1954年的日内瓦会议与1955年的万隆会议。在这两次会议上，中国外交通过成功的国际多边合作框架下的外交战略运作，为中国外交在抗美援朝战争后打开了良好的局面。在1954年的日内瓦会议上，中国外交在多边互动中，在实现中国与苏联、朝鲜、越南（北越）等社会主义国家开展有效协调的同

202

时，也打开了中国与西方国家尤其是英国、法国等国家交往的路径。可以认为，1954 年的日内瓦会议开启了中国运用国际多边合作的外交路径，推进中国外交发展的进程。

1955 年的万隆会议，是亚非国家第一次在没有西方国家和苏联参与下的国际会议，也是中国在亚非国家中展现国际多边合作的另一次契机。中国为当代国际关系发展提供了推进国际多边合作的重要主张，即"求同存异"。"求同存异"作为中国推动亚非国家开展国际多边合作的关键性理念发挥了重要作用。即使到 21 世纪第二个十年中后期，依托"求同存异"开展国际多边合作，仍然具有相当重要的积极意义。

从这两次会议出发，梳理中国外交在 20 世纪 50 年代到 20 世纪末再到 21 世纪初的发展历程，从争取亚非拉国家的普遍团结与民族解放事业到积极动员第三世界国家，从社会主义阵营内的多边合作协调到"一条线""一大片"的外交方针确立与贯彻，中国在国际多边合作中所发挥的积极作用在助力中国外交得以有效发展与提升、获得相关外交战略成果与收益的同时，国际多边合作对于中国外交具有积极效应也得以展现。国际多边合作成为中国应对霸权主义与强权政治的重要路径。借助中国与亚非拉国家的积极合作，1971 年中国恢复联合国合法席位，可以视为其中最为关键与成功的案例之一。

到改革开放后，尤其是到 21 世纪初，在中国外交的整体布局中，多边外交与双边外交之间的互动更为频繁与密切。其中，中国在双边外交领域所取得的成就相当显著，无论是中国与大国之间伙伴体系的建构还是在众多国际事务中的大国协调与合作，双边外交展现的积极作用都得到明确与肯定。同时，中国外交在多边国际合作领域所取得的成就也值得重视，尤其是自 2001 年中国成功加入世界贸易组织后，中国在国际事务中对于多边外交的重视也进一步得到明确。

　　整体上回顾上述中国对于国际多边合作的参与进程，中国在国际多边合作进程中的角色基本上定位为中国作为国际多边合作的参与者并发挥相关的积极作用。这一角色的定位，其相关的原因在于：第一，在上述进程中，中国的综合国力仍然有限，甚至并不能够有效影响相应的国际合作进程。因而，这一局面客观上限制了中国在国际多边合作中所需要发挥的作用。比如，中国难以在1954年的日内瓦会议上按照中国所提出的方案解决朝鲜半岛问题，也无法影响美国对印度支那问题的相关作为，其中最为重要的原因在于中国的综合国力仍然有限。第二，上述进程中，中国所发挥的作用客观上受制于国际形势。比如冷战时期，美苏两大阵营的对立，客观上限制了中国等国家在国际多边合作中所发挥的作用。比如中国难以有效推进与周边国家的合作，冷战的因素限制了中国与周边国家开展更为有效的合作。第三，从国际多边合作自身与时代的互动考虑，国际多边合作在21世纪第二个十年以前所面临的时代仍然是西方世界处于明确优势的时代，西方国家仍然牢固地掌握着世界发展的趋势与话语权，这并不仅仅局限于西方国家冷战后所鼓吹的所谓"历史终结论"等相关论调，而且也涉及西方国家的发展模式仍然具有相当的影响力乃至权威性，进而西方国家能够有效影响国际多边合作的走向与进程。这些原因相当程度上影响乃至限制了中国在国际多边合作中所发挥的作用。

　　通过对上述进程的回顾与分析表明，中国参与国际多边合作的演变历程，更多地表现出具有规律性的内容在于：综合国力、国际形势与时代变化等对于国际多边合作的影响，在相当程度上影响着中国参与国际多边合作的方式、中国在国际多边合作中发挥的作用等。中国在综合国力以及与之密切相关的国际影响相对有限、国际形势相对紧张且不利于中国开展积极对外交往以及时代因素对于国际多边合作的制约等相关内外部因素的共同作用下，中国对于国际多边合作的参与大致展现为"在对国际多边合作的有限参与中，发挥中国在国际事务中的作用；依托这一有限参与，助力中国自身的发展"等。

以国际战略学的相关分析阐释，综合国力对于一个国家参与包括国际多边合作在内的国际事务的影响往往具有显著的决定性作用，这一决定性的作用大致涉及对于这一国家能够以何种方式在何种程度上影响国际事务的走向，或者释义为在国际事务的演变中，这一国家能否提供更为有效的战略实施手段，包括其在经济、外交、军事、社会文化等领域对于国际事务的影响以及影响程度，往往更为基础地在于这一国家的综合国力。

较之综合国力等国家自身所具有的因素外，国际形势对于一国参与包括国际多边合作在内的国际事务所具有的影响在于国际形势具体的演变与趋势对于一个国家参与能力、参与意愿等因素的作用，对于国际战略的解读往往更具有客观性与外在表象。国际形势的变化并不会以某一个或者某几个国家的主观意愿为导向，国际形势的客观演变，对于各国对国际事务参与的影响相当重要。国际多边合作的演变中，鉴于国际形势对于参与国际多边合作的各方影响都有所不同，随即带来各种对于一国参与国际多边合作的不同影响。

时代的变化表面上看与国际形势的变化存在着一定的相关性，但更为深刻的变化在于从时代变化与国际多边合作之间的互动分析，时代变化对于国际多边合作的影响往往更为突出并具有相应的复杂性。对比冷战中后期（20世纪80年代）、冷战后初期（20世纪90年代）与21世纪初乃至21世纪第二个十年，和平与发展的时代主题并未出现根本性的变化，但时代的具体形势出现了显著的变化，非西方国家的群体性崛起与西方国家内部的变化、离散之间构成相当显著的国际战略博弈。这一时代变化所蕴含的变迁等，对于国际多边合作所构成的影响更为突出与明确。

整体上看，从国际战略学层面的相关解读，国际多边合作与各国实现对国际事务参与之间的相关关系，大致进一步梳理为：综合国力、国际形势与时代变化等对于国际多边合作的影响构成分析国际多边合作中一个国家所发挥作用的关键指向。进而，结合中国对于国际事务的参与、结合中国对于"一带一路"建设国际多边合作的参与，大致阐释为——到中国提出与落实"一带一路"建设的21世纪第二个十年，中国综合国力有效提升的局面与国际形势的显著变化，为中国在国际多边合作的推进中发挥更为明确且有效的作用提供了有利条件。同时，在和平发展时代的推动下，全球范围内的国际战略博弈也呈现出对于中国积极参与国际事务、积极参与国际多边合作的有利条件。

　　依循上述国际战略学的相关判断，综合国力方面中国在进入21世纪后的明确提升，不仅表现为综合国力所直接相关的国内生产总值（GDP）的提升，成为世界第二大经济体，而且在于对于中国经济发展与中国经济的结构优化，更为重要的是随着中国国家治理体系和治理能力现代化的不断实现，为中国直接且有效地推进"一带一路"建设、借助与运用"一带一路"建设国际多边合作积极推进"一带一路"建设在"项目落地阶段"和"规范建构阶段"的有效发展提供动力。

　　随着"一带一路"建设实践的不断推进，这一实践将明确体现为中国为"一带一路"建设所提供的各种支持，并非仅仅局限于物质投入。而且由于相应投入的增加，中国综合国力在中国参与"一带一路"建设的整体进程中所发挥的不可或缺的作用得以彰显。与"一带一路"建设国际多边合作密切相关的还有，中国综合国力的提升在保障中国积极参与国际多边合作的同时，也能够影响到"一带一路"建设参与的其他国家，构成相应的规模化效应。

与综合国力提升这一中国自身层面的积极变化相比，国际形势在进入 21 世纪第二个十年后所呈现的各种复杂多变、变数频生的局面，同时，在全球范围内中西方世界对于发展的普遍共识等，为中国进一步推进"一带一路"建设提供了相应的背景。21 世纪第二个十年在全球范围内国际形势变化中，不可否认的现实在于，从西亚北非到前苏联地区再到撒哈拉以南非洲的持续动荡，客观上造成了国际局势的持续紧张。但是同时，中国对于全球治理的积极努力、对于世界经济发展的努力都取得显著成效，客观上在积极推动世界经济的好转。尽管全球治理领域面临着一系列的问题，但是对于全球治理层面各国（国际组织等）的积极努力具有相当显著的积极作用。

　　需要强调的是，在国际形势方面，更为辩证与客观的现实在于当明确认识到国际形势存在着持续紧张以及随之而来的对立、对抗升级的同时，也需要看到国际形势的变化也存在着积极的因素。作为维护世界和平的坚定力量，中国发展本身可以视为对世界和平的贡献；作为最大的发展中国家和最大的社会主义国家，中国发展本身也可以视为对世界发展乃至对人类进步的重要支撑。因此，"一带一路"建设国际多边合作的推进以及与之相关的研究，应明确国际形势变迁中所并存的消极与积极因素。同时，考虑在具体推进的现实中，应明确落实"一带一路"建设国际多边合作在相关进程中的趋利避害等。

　　结合国际多边合作与时代的互动分析，"一带一路"建设国际多边合作所面临的时代因素需要明确为："一带一路"建设国际多边合作所面临的时代仍然是和平与发展的时代，这一时代主题影响下的具体形式以东西方更为积极、显著的战略博弈得以彰显。东西方之间战略博弈的显著变化，为国际多边合作的进一步发展、推进与完善，提供了相对积极的时代背景。

　　与这一时代背景所密切相关的是，东西方之间战略博弈的推进尤其是西方国家内部从国家治理到外交等领域的变数频生，对于有效落实"一带一路"建设国际多边合作提供了显著的机遇。较之二战后国际关系史的演变历程，21 世纪第二个十年中后期随着西方国家在国际战略博弈中所展现的式微与非西方国家群体性崛起，为更多的国家积极参与"一带一路"建设国际多边合作提供了相当有利的条件。至少，参与"一带一路"建设国际多边合作的相关国家，在参与"一带一路"建设国际多边合作的同时，可以较少地受到来自西方国家的制约。

二 "一带一路"建设国际多边合作的中国角色本质理解

结合"一带一路"建设的现实与趋势考虑，"一带一路"建设的推进与国际多边合作之间构成明确的现实性契合，为进一步明确"一带一路"建设国际多边合作的中国角色本质提供了基础。这一基础在于：中国综合国力提升所展现的自身发展、国际形势变化所具有的积极因素以及国际多边合作与时代互动所带来的积极态势，有助于明确"一带一路"建设国际多边合作中的中国角色的本质体现为：通过"一带一路"建设的积极推进与借助国际多边合作，落实中国与世界的共同发展，进而助力"人类命运共同体"的积极构建。对此，需要强调的是，发展作为"一带一路"建设国际多边合作中中国角色的核心所在，能够有效展现中国对于"一带一路"建设、"一带一路"建设国际多边合作的积极推进。

这一核心的表现在于通过"一带一路"建设国际多边合作的积极推进，整体上落实中国发展对于世界发展的重要意义并展现中国的国际责任。这一进程的基础在于，中国外交在国际多边合作中所发挥的作用。结合中国外交在国际多边合作中所发挥作用的发展演变历程分析，中国外交对于国际多边合作的重视不仅在中国外交自身的发展中得以明确，而且对于"一带一路"建设的全面推进国际多边合作的重视与实践具有的重要性也逐步明确。

通过中国外交在国际多边合作中的积极作用梳理，将"一带一路"建设进一步诠释为中国发展为世界发展所作出的积极贡献——将这一贡献与"一带一路"国际多边合作的中国角色加以必要的关联：即在"一带一路"国际多边合作中中国所具有的"领导与参与兼具"的角色定位，落实为对于中国借助"一带一路"建设展现中国发展助力世界发展的重要表现。

结合中国角色的领导与参与并重的定位为基础，进一步结合国际多边合作中中国所发挥的作用理解中国角色在国际多边合作的本质理解表现在于：中国角色意在以中国的发展为世界的发展提供明确的贡献，中国角色表现为向世界的发展提供中国的支持与助力——需要借助"一带一路"建设得以有效实现。或者说，在中国国际多边合作的整体布局下，"一带一路"建设作为展示国际多边合作中中国角色的路径，进而借助"一带一路"建设的推进而展现中国发展对于世界发展的贡献——以中国经济、军事等领域的发展，助力世界经济的和平、世界和平的保障等，进而实现以中国发展为世界发展提供支持。

依据上述论述分析，"一带一路"建设国际多边合作的中国角色本质理解为：基于"一带一路"建设是对于中国与世界共同发展的"中国方案"，基于国际多边合作在"一带一路"建设中所具有的积极作用与重要作用，"一带一路"建设国际多边合作的中国角色在于中国在"一带一路"建设的具体落实与逐步完善中，尤其是在"项目落地阶段"和"规范建构阶段"，中国需要落实对于"一带一路"建设的领导与参与，并实现这一进程的不断优化。中国对于"一带一路"建设的领导与参与，并不仅仅局限于对于领导与参与的字面含义理解，而是需要结合中国发展的历程与现实，在阐释中国发展与世界发展相关关系的基础上，明确"一带一路"建设对于发展所具有的重要意义；以这一意义为出发点，进一步结合"人类命运共同体"构建的现实与趋势加以分析，进一步阐释"一带一路"建设国际多边合作中国角色的本质理解。

对于"一带一路"建设国际多边合作中国角色的本质理解，其根源在于中国发展以及中国发展所取得的一系列成就。从中国发展与世界发展的现实出发，中国发展作为世界发展的一部分并发挥相当积极的作用，这是不可否认的现实。进而势必需要明确的是，发展作为"一带一路"建设的核心，应起到相应的作用。对于发展的理解，应进一步明确为发展对于"一带一路"建设所具有的重要性——从这一现实出发，中国发展具有相当显著的意义与作用：中国发展是中国自身社会主义现代化建设、实现中华民族伟大复兴中国梦的积极体现，同时，中国发展能够有效助力世界发展的持续推进。对此，依据中国政府对于发展的基本表述分析：发展是人类社会永恒的主题，寄托着生存和希望。发展权是一项不可剥夺的人权，象征着人类尊严和荣耀。唯有发展，才能消除全球性挑战的根源；唯有发展，才能保障人民的基本权利；唯有发展，才能推动人类社会进步。中国有 13 亿多人口，是世界上最大的发展中国家。发展是中国共产党执政兴国的第一要务，是解决中国所有问题的关键。① 从这一阐述看，发展的持续推进在有效解决中国所有问题的同时，也能够为中国在世界发展中发挥相应的积极作用提供支持。进而，从世界发展的格局考虑，中国坚持相互尊重、平等相待、合作共赢、共同发展的原则，把中国人民

---

① 《发展权：中国的理念、实践与贡献》白皮书，中华人民共和国国务院新闻办公室，2016年 12 月。

的利益同各国人民的共同利益结合起来，支持和帮助发展中国家特别是最不发达国家减少贫困、改善民生、改善发展环境，推动建设人类命运共同体。① 由此，可以进一步明确，中国发展与世界发展之间所存在的密切的相关性。中国发展作为世界发展的一部分，为世界发展作出了相当显著的贡献，尤其是中国发展自身所取得的辉煌成就、中国发展所构筑的发展路径等。同时，也需要明确，世界发展对于中国发展所带来的相关机遇与有利形势。从这一相关性出发，随着中国发展的不断持续与中国发展所具有的优势不断彰显，中国发展对于世界发展的积极助力、支持，通过"一带一路"建设的整体推进得以体现。

或者说，"一带一路"建设是对于推进中国发展、推进中国与世界共同发展的基本释义。"人类命运共同体"建设，构成中国与世界共同发展的基本目标。通过发展的视角阐释，不仅需要关注上述分析所涉及的中国发展与世界发展的关系梳理与论证，还需要进一步关注中国角色在世界发展中所具有的地位与作用。

从人类历史发展的长远视角考虑，中国发展对于世界发展、对于人类发展发挥过相当重要积极的作用。可以认为，中华文明的成果对于世界发展所具有的不可忽视的作用在于促进人类的发展。到 21 世纪，随着中华民族伟大复兴的中国梦不断实现，中国对于世界发展、对于人类发展的贡献也将得以呈现新的面貌。从"一带一路"建设到"人类命运共同体"的提出与落实，可以视为将中国发展对于世界发展所提供的支持加以升级，这是中国发展的世界意义。

继而，将"发展"释义为"一带一路"建设中中国角色的本质。

---

① 《发展权：中国的理念、实践与贡献》白皮书，中华人民共和国国务院新闻办公室，2016 年 12 月。

依托这一本质的传承，在"一带一路"建设国际多边合作中，发展所具有的本质属性与指向性，需要在国际多边合作的具体布局与相关实践中得以体现。2016 年 12 月，中国国务院新闻办公室所发表的《发展权：中国的理念、实践与贡献》白皮书中，对于发展的表述涉及经济发展、政治发展、文化发展、社会发展、绿色发展与共同发展诸多内容。① 结合"一带一路"建设的现实与发展趋势，大致可以至少从两个层面理解作为"一带一路"建设中国角色所具有的本质属性。从狭义层面理解，狭义的发展包括"一带一路"建设发展中所涉的经济发展与共同发展，这一理解主要源自"一带一路"建设的基本定位、设想、实践与趋势。从广义层面理解，广义的发展涉及白皮书中"发展"相关的诸多内容，这一理解源自对于发展自身的理解，同时，这一理解与"人类命运共同体"的提出与实践密切相关。

对于发展作为"一带一路"建设中国角色的本质属性理解，更为具体的原因在于：第一，"一带一路"建设所倡导的发展，其基础性的含义在于明确以中国发展为依托，推进中国与世界的共同发展。这一发展，在"一带一路"建设的"提出与落实"阶段，通过"五通"的积极努力与"一带一路"建设诸多参与国家的共识达成与合作推进，已经得到体现；在"一带一路"的"项目落地阶段"和"规范化建构"阶段，通过涉及"一带一路"建设更为普遍的国家间协调与合作的基础上所实现的共同利益实现与不断完善，需要得以进一步实现与体现。第二，结合"一带一路"建设在"项目落地阶段"和"规范建构阶段"推进发展所面临的现实与趋势，"一带一路"建

---

① 《发展权：中国的理念、实践与贡献》白皮书，中华人民共和国国务院新闻办公室，2016 年 12 月。

设所倡导的发展，其全面性的含义对于发展的理解不应也不能仅仅局限于经济领域的发展，而是需要关注到发展所涉及的广义层面释义，并为相应的发展建立必要的保障。这一发展在涉及"一带一路"建设当前与未来的推进中，应考虑落实充实"一带一路"建设发展的内容并考虑建立必要的保障。

结合"一带一路"建设的现实与趋势，中国角色作用发挥主要体现为对"一带一路"建设的进一步落实，以"人类命运共同体"作为导向，并将中国角色与这一导向进行有效结合。这不仅体现为中国政府提出与落实"人类命运共同体"，而且体现为中国在"人类命运共同体"导向下，以中国的发展对世界的发展提供更具有现实意义的支持。

从上述分析看，无论是对于以发展所释义的"一带一路"建设还是依托"人类命运共同体"为导向进一步推进"一带一路"建设，两者的协调与统一在于发展作为"一带一路"建设中国角色的本质属性理解。基于这一理解，推进"一带一路"建设的全面实践。针对"一带一路"建设国际多边合作的中国角色本质理解的进一步拓展，作为这一实践中的重要组成部分之一，国际多边合作在作为"一带一路"建设不可或缺路径之一的同时，也作为当代国际关系现实的主要内容之一，需要在落实发展作为"一带一路"建设中国角色的本质属性理解的基础上，进一步充实将发展作为"一带一路"建设国际多边合作的中国角色本质的同时，明确这一本质的实践需要落实更为有效的支持与保障。

结合国际多边合作的现实考虑，也结合"一带一路"建设的现实与趋势，"一带一路"建设的落实，能够在相当程度上明确中国角色所具有的地位与作用在于中国对于发展的理解、贯彻与强化。当前与未来的"一带一路"建设整体谋篇布局中，对于发展的理解、贯彻与强化，需要落实为推进"一带一路"建设相应的倡议性导向与政策性解读，提供更具有话语意义与议题意义的"一带一路"建设的相关智力支撑并在实践中完善相应的务实建议。进而，当前与未来的"一带一路"建设整体实践推进中，对于发展的理解、贯彻与强化，需要落实为更为显著的务实建议——"一带一路"建设国际多边合作的推进，相关的务实建议不仅涉及中国在推进"一带一路"建设国际多边合作所致力的共同发展，同时相关的务实建议也涉及对于共同发展落实与完善的发展保障——这是"一带一路"建设国际多边合作的中国角色在相关理论与实践的互动中的基本出发点。

作为国际多边合作路径探索的基础，"一带一路"建设国际多边合作的具体建议需要明确以下框架：首先，这一框架需要明确依托中国在全球范围内国际战略博弈中的优势争取，展现中国引导乃至领导下的国际多边合作进程。中国的引导乃至领导作用，主要表现为借助"一带一路"建设"项目落地阶段"和"规范建构阶段"，为"一带一路"建设国际多边合作提供更为有效的项目实施、更为明确的规范设想与运行。其次，这一框架还需要进一步推进中国与"一带一路"沿线诸多参与国家之间开展有效的国家间协调与合作，这一进程应在政府层面得以优先体现。再次，这一框架需要明确符合乃至对接"一带一路"建设既有的进程，尤其是"五通"的实现。更为重要的是，在项目落地与规范建构中，应考虑落实"五通"相关的区域合作进程等。最后，针对"一带一路"建设国际多边合作可能面临的问题与困境，需要落实"一带一路"建设更为有效的制度与机制建设等。

比较而言，也需要在更为广泛的层面，推进"一带一路"建设国际多边合作的诸多进程，至少涉及以下三个方面：在经济金融合作方面，"一带一路"建设国际多边合作的推进，需要在项目落地与规范建构中，对应"一带一路"建设的"五通"进程，应考虑在"设施联通""贸易畅通"等领域，将已有的双边合作拓展为多边合作，建立健全更具有普遍意义的多边有效合作，继而实现合作优化。比如，在"一带一路"建设"项目落地阶段"和"规范建构阶段"，应进一步考虑落实更具有普遍意义的金融合作进程，尤其是强化丝路基金的相关职能等。

在政治合作方面，应考虑将现有的涉及"一带一路"建设国际多边合作的政治共识等，加以落实与完善。对应"政策沟通"等领域，并需要实现相应的优化。国际多边合作的现实表明，"政策沟通"的落实，较之双边层面可能面临着更多的不确定性、更多的变量等，同样也需要落实多边层面的"政策沟通"。政治合作领域的相关合作落实，应考虑国际多边合作在"一带一路"国际合作高峰论坛后的国家间协调进程推进、职能优化。

在文化与社会交流方面，应考虑将现有的涉及"一带一路"建设国际多边合作的社会、文化等交流，进一步加以充实，并展现出"一带一路"建设国际多边合作的现实性需求。这一现实性需求进一步表现为，对于"一带一路"建设现有进程的有效充实与积极作为。因此，"一带一路"建设国际多边合作在文化与社会交流方面的推进，有助于更为有效地充实"一带一路"建设的有效推进。

总之，"一带一路"建设国际多边合作的推进，并不意在否定"一带一路"建设国际双边合作及其成果，而是意在对于现有的"一带一路"建设进程、未来对于"一带一路"建设的积极推进，通过"一带一路"建设国际多边合作提供更具有现实性的实施路径。对于这一路径探索的关注，主要体现为在"一带一路"建设国际多边合作中从国家战略博弈的现实与趋势出发，落实针对"一带一路"建设国际多边合作的相关现实解读，进而落实国际多边合作战略博弈中的"一带一路"建设的路径探索。因此，对于"一带一路"建设国际多边合作的推进，需要明确这一认知具有相当显著的非排他性。其原因在于，"一带一路"建设国际多边合作的推进，共同发展的路径指向更多地表现为对于"一带一路"建设参与各国发展的关注，对于构建"人类命运共同体"的落实。

诚如上述分析，对于这一路径探索，需要优先明确的是，路径探索不仅意在明确"一带一路"建设国际多边合作自身的发展进程，进而强调中国在这一进程中所不可忽视也不可能忽视的地位与作用。而且对于路径探索的理解，还需要进一步关注到中国在推进"一带一路"建设国际多边合作中应当发挥的积极作用。继而，这一路径探索进一步需要明确为，这是对于现有的"一带一路"建设发展态势的积极优化，是对于有效落实与不断完善"一带一路"建设的积极努力。这一有效落实与不断完善，需要进一步通过相应的路径探索研究，提供必要的说明、阐释与论证。

第五章　国际多边合作战略博弈中"一带一路"建设的路径探索

从国际多边合作自身的战略博弈阐释，"一带一路"建设的路径探索大致体现为"一带一路"建设未来发展呈现为借助国际多边合作战略博弈，全面拓展"一带一路"建设；借助国际多边合作战略博弈，整合与升级"一带一路"建设；借助国际多边合作战略博弈，保障与完善"一带一路"建设。继而构成以国际多边合作战略博弈优化为起点，以安全领域的"一带一路"建设国际多边合作等诸多进程为核心，作为国际多边合作战略博弈的衍伸，两者共同构成"一带一路"建设在国际多边合作框架下的路径探索。

中国发展尤其是改革开放四十年以来的成就以及中国发展所呈现的积极趋势——致力于实现中华民族伟大复兴的中国梦，在习近平新时代中国特色社会主义思想的指引下，中国发展能够为"一带一路"建设的未来趋势提供相应的动力与保障，进而为预判与阐释国际多边合作战略博弈中的"一带一路"建设提供了相当可靠的视角。从进入"项目落地阶段"和"规范建构阶段"的"一带一路"建设现实与趋势考虑，应明确中国自身的发展构成路径探索的基础。

"一带一路"建设未来趋势的持续演变中，来自中国的参与与领导，能够有效地促进与推动"一带一路"建设的持续发展。其中，国际多边合作作为促进与提升"一带一路"建设的路径之一和当代国际关系的现实之一，作为进一步分析与阐释国际多边合作战略博弈优化"一带一路"建设未来趋势的起点，也考虑到基于国际多边合作战略博弈拓展与衍伸的"一带一路"建设趋势，两者共同构成国际多边合作战略博弈视角下的"一带一路"建设未来路径探索的基本内容。

第一节 "一带一路"建设路径探索的起点：国际多边合作战略博弈优化

以国际多边合作的进程通盘考量"一带一路"建设，在全球范围内的多边战略博弈中，国际多边合作所发挥的作用已经呈现为明显的战略博弈优化。这一优化主要体现为：随着国际多边合作的推进、落实与完善，"一带一路"建设未来趋势呈现为更为积极的态势，即通过中国对"一带一路"国际多边合作的领导与参与，在有效优化国际多边合作的同时，更为全面与积极地推进"一带一路"建设。从国际多边合作的相关背景考虑，"一带一路"建设能够为作为"一带一路"建设的路径与当代国际关系现实的国际多边合作提供现实性的基础与相应的条件。从国际多边合作自身发展的现实与趋势考虑，"一带一路"建设所发挥的作用在于进一步引导国际多边合作相关的战略博弈优化。

一 "一带一路"建设的未来与国际多边合作

"一带一路"建设未来趋势背景下的路径探索中，国际多边合作战略博弈优化构成其中的基本内容。依托上述基本内容，进一步展开"一带一路"建设未来趋势的相关论证。国际多边合作战略博弈的推进中，"一带一路"建设未来趋势得以进一步明确为：

　　第一，"一带一路"建设随着国际多边合作以及与之密切相关的战略博弈优化，在"项目落地阶段"和"规范建构阶段"的相关进程取得相应的成就。这一成就的内容包括，更多的"一带一路"建设项目成为真正意义上推进与保障中国与"一带一路"沿线国家共同发展的基础与动力，更多的更为有效的规范实现在制度与机制的建设中助力与保障"一带一路"建设。

　　与"一带一路"建设已经取得成就的相关进程类似，"一带一路"建设未来趋势的发展演变——尤其是在"项目落地阶段"和"规范建构阶段"能够取得更为明确的成果，需要"一带一路"建设的相关国家尤其是作为首倡国的中国为"一带一路"建设继续提供相当有效的各种支持。而且较之 2017 年"一带一路"国际合作高峰论坛之前，未来中国向"一带一路"建设的投入、支持与保障也随着中国对于"一带一路"建设的领导与参与的全面落实得以进一步增加、强化。

　　进而结合"一带一路"建设未来发展趋势相关的国际多边合作战略博弈的相关进程考虑，随着中国对于"一带一路"建设投入、支持与保障得以增加、强化，"一带一路"建设国际多边合作也将随之而获得来自中国的助力——首先，"一带一路"建设国际多边合作的物质基础将得到明确优化，进而推进国际多边合作战略博弈优化的不断实现。从更为长远的发展视角分析，物质基础对于未来"一带一路"建设趋势所具有的基础性作用仍然是长期性的，这与"一带一路"建设所倡导的共同发展趋向存在契合。

　　"一带一路"建设国际多边合作的推进中，中国所提供的物质基础在于"一带一路"建设的相关项目等以及对于相应规范建构的物质保障。这一物质基础的意义在于，在明确助力与支持"一带一路"建设的同时，进一步向国际社会、向更多的参与"一带一路"建设的国家展现中国推进"一带一路"建设的积极举措与态度，并促进更多的国家为"一带一路"建设提供相应的支持。从物质基础的视角审视"一带一路"建设的整体进程，中国提供相应的物质基础所发挥的作用不仅在于积极推进"一带一路"建设，而且在于能够进一步引导更多的国家提供相应的物质投入。同时，对于相应规范建构的物质保障，也有助于落实与完善"一带一路"建设的相关进程并保障相应的权威性等。

其次，"一带一路"建设国际多边合作的战略基础将得到明确强化，进而推进国际多边合作战略博弈优化呈现更为积极的态势。这一态势在于，借助"一带一路"建设国际多边合作，不仅有效推进"一带一路"建设所倡导的发展，而且在于更为有效地应对当代国际关系，在国际区域治理与全球治理的优化进程中的重特大事务等。

这一战略基础主要体现为从"一带一路"建设国际多边合作的战略互动出发，实现相关的大国之间战略博弈的契合、整合，进而推进相应的战略博弈优化。结合"一带一路"建设所面临的现实考虑，大国之间的战略博弈优化主要考虑到战略自身的趋同进程。比如，基础设施建设是中国推进"一带一路"建设的重要内容所在，有效的基础设施建设不仅涉及中国与更多的国家开展相当有效的合作与对接，尤其是在政府职能部门之间。而且在"项目落地阶段"和"规范建构阶段"，基础设施建设所具有的重要意义还在于为"一带一路"建设提供更具有现实性的支持与动力等。同时结合特朗普执政前所涉及的竞选纲领与执政后对于美国经济发展的重视，基础设施建设成为中美两国在特朗普执政进程开启后最为重要的国家发展战略契合点之一，作为研究视角审视中美关系，倘若在中美关系的未来发展对接"一带一路"建设的整体布局中，将中美两国涉及基础设施领域的相关合作得以进一步拓展与深化，对于实现中美两国之间的战略博弈优化具有积极意义。同时这一积极意义也涉及美国在基础设施建设领域认可中国的举措，以及中国所积极推进的在基础设施建设领域的"一带一路"建设国际多边合作。

再次，"一带一路"建设国际多边合作的发展前景，将随着国际多边合作战略博弈优化而实现更为有效的国际关系良性互动——进而为国际区域治理与全球治理的良性运行提供必要的支持。这一支持，进一步体现为随着"一带一路"建设、"一带一路"建设国际多边合作的推进，全球范围内国际关系博弈的良性趋势逐步明晰。

"一带一路"建设对于全球范围国际关系互动的影响在于，通过共同发展，促进借助"一带一路"实现更为有效的互利互惠。"一带一路"国际多边合作的作用在于，将这一互利互惠进一步拓展与提升，并随着"一带一路"积极影响的全球推进而得以助力国际关系良性互动——尤其是落实"人类命运共同体"的构建。

最后，"一带一路"建设国际多边合作的保障进程，将随着国际多边合作战略博弈优化而更为有效地落实。这一保障不仅体现为"一带一路"建设自身发展演变的保障落实，而且"一带一路"建设国际多边合作所具有的保障进程还涉及通过国际多边合作实现相应的国际关系互动进而推进相应的国际战略博弈的优化。

这一战略博弈的优化进一步体现为对现有国际关系良性互动的升级，不仅涉及国际关系具体行为的优化，包括推进以和平手段解决一切争端、积极推进世界经济的发展，而且也涉及公正合理国际秩序的构建与不断完善。同时，战略博弈的优化，也意在通过"一带一路"建设国际多边合作的保障落实、完善等，推进在更为具体的领域落实更为有效的国际关系互动以及相应的制度化建设。

从上述阐释出发，整体上审视全球范围内国际多边合作的现实，相当显著的现实在于安全领域的国际多边合作长期以来成为国际多边合作的短板。这一短板，不仅体现为国际安全领域相当复杂的大国博弈以及相应的重特大国际事务中，安全博弈所面临的现实已经成为在国际区域治理与全球治理中限制或制约相关进程的关键所在。由于安全博弈领域的相对滞后，在部分国际区域治理以及全球治理的整体发展中，相关进程呈现迟滞相当明显。

回顾自冷战结束后的全球安全演变态势，安全领域的国际多边合作相当程度上需要中国等更多的非西方国家参与并发挥积极作用。较之冷战后爆发的各次大规模局部战争，从20世纪末的海湾战争、波黑战争、科索沃战争到21世纪初的阿富汗战争、伊拉克战争乃至进入21世纪第二个十年以来的利比亚战争、叙利亚战争等，无论是在国际区域治理还是在全球治理中，西方国家参与所表现的治理失灵在相当程度上对于国际安全领域治理进程的冲击渐趋明显。同时，治理失灵也客观上造成了对于"一带一路"建设各个相关阶段的冲击与影响。

比如，在亚太地区国际安全治理中，各国尤其是大国在安全领域战略博弈所呈现的对立与矛盾，相当程度上并不利于战略博弈的优化。但是考虑"一带一路"建设在"项目落地阶段"和"规范建构阶段"的不断推进，以及借助"一带一路"建设相关进程所带来的积极效应，推进中国的积极作用发挥，构成与亚太地区国际安全治理的密切相关关系——"一带一路"建设的推进有助于在相当程度上改善与优化亚太地区国际安全态势。

更为广泛与有效的进程在于，无论"一带一路"建设对于中国综合国力与国际地位的有效提升，还是"一带一路"建设自身的发展对于亚太地区国际关系互动环境的积极塑造，都需要依托中国在"一带一路"建设中所发挥的作用，进而大致涉及中国对亚太地区安全事务的参与。针对亚太地区安全事务的中国参与分析，首先应明确"中国一直致力于维护亚太地区的和平与稳定，坚持走和平发展道路，坚持互利共赢的开放战略，坚持在和平共处五项原则基础上同所有国家发展友好合作，全面参与区域合作，积极应对传统安全和非传统安全挑战，为推动建设持久和平、共同繁荣的亚太不懈努力"① 的阐释，这一阐释说明，通过维护亚太地区的和平与稳定，中国为亚太地区安全提供相当积极的支持与作为。进而，中国对于亚太地区安全的积极努力，进一步落实中国在推进"一带一路"建设中所应当发挥的作用以及借助这一作用发挥，助力中国维护亚太地区安全合作的推进。换言之，鉴于"一带一路"建设对于共同发展与安全保障的不断推进，尤其是共同发展的不断实现，有助于改善亚太地区的整体国际环境，进而推进亚太地区安全事务的运作优化、安全合作的发展与升级。

第二，结合相对广泛的时间与空间范围内"一带一路"建设的未来趋势，对于有效助力在国际区域治理与全球治理的相关进程中落实与不断实现国际关系互动的良性运作，具有相当重要的示范效应。整体上审视进入 21 世纪以来的全球范围内国际关系互动的态势，良性运作的国际关系互动尽管存在，但其主流性作用的发挥需要进一步加以明确与强化。

随着未来"一带一路"建设的推进，"一带一路"建设为这一主流性作用的发挥提供了相当重要的基础。从互利互惠到共同发展，

---

① 《中国的亚太安全合作政策》白皮书（全文），国务院新闻办公室网站，http：//www.scio. gov.cn/zfbps/32832/Document/1539907/1539907_1.htm，访问时间：2017 年 1 月 12 日。

"一带一路"建设对于国际区域治理与全球治理的相关进程中落实国际关系互动的良性运作，具有相当积极的作用。推而广之，这一良性运作能够为相关治理进程带来必要的支持。比如，随着"一带一路"建设的推进，整个亚欧大陆的国际关系互动随之受益。进而为与亚欧大陆密切相关的国际区域治理提供良好的支持，从更为广泛的空间视角考虑，这一支持可以进一步优化亚欧大陆各国对于全球治理的积极参与并发挥有效作用。

其具体设想为，因"一带一路"建设得以推进，亚欧大陆的经济发展与各国的社会稳定等也随之得到落实。同时，伴随"一带一路"建设推进所形成的国际协调与合作制度等相关规范，可以有效提升亚欧大陆从国际区域治理到全球治理中的相关作用发挥。

第三，"一带一路"建设对于"人类命运共同体"构建的现实性支持得以不断展现。人类命运共同体可以阐释为：各国政府和各国人民应本着共商共建共享的原则，同心协力构建"人类命运共同体"，建设持久和平、普遍安全、共同繁荣、开放包容、清洁美丽的世界，使人类远离恐惧、远离贫困、远离疾病、远离歧视。"人类命运共同体"汇聚着世界各国人民对和平、发展、繁荣向往的最大公约数。①从这一阐释出发，实现构建"人类命运共同体"，在具体结合"一带一路"建设作为具体方略之一的考量中，需要进一步阐释"人类命运共同体"在"一带一路"建设未来趋势中所具有的引导性作用的同时，展现"一带一路"建设对于"人类命运共同体"构建的现实性支持相关内容：

"人类命运共同体"的构建本身是中国以及更多的国家对于人类

---

① 《首届"南南人权论坛"〈北京宣言〉》，新华网，http：//news. xinhuanet. com/overseas/2017－12/08/c_ 1122081753. htm，访问时间：2017 年 12 月 21 日。

生存与发展的积极贡献，并以包括"一带一路"建设在内的诸多举措共同推进"人类命运共同体"。在这一进程中应充分考虑"一带一路"建设尤其是"一带一路"建设国际多边合作所发挥的作用——以战略博弈优化促进"一带一路"建设并助力"人类命运共同体"的构建。

据此，未来"人类命运共同体"的构建在"一带一路"建设国际多边合作的具体实践中应得以体现。一方面，体现为在未来"一带一路"建设的"项目落地阶段"中国所积极推进与不断完善的相关项目，能够为"一带一路"国际多边合作的推进提供更具有现实性的助力，包括与"一带一路"建设相适应的产业体系建设（以目前的"互联互通"等为基础）以及进一步营造"一带一路"建设相关国家共同发展的格局塑造。这一局面的确立与不断演进，为"人类命运共同体"的进一步构建提供了相当有效的支撑。另一方面，体现为在未来"一带一路"建设的"规范建构阶段"，"一带一路"建设国际多边合作所呈现更多的助力于未来"一带一路"建设与发展的相关制度、机制乃至法律的等相关规范得以落实与完善，这些规范从本质上符合"人类命运共同体"构建，进而能够满足人类发展的相关需求。因此，审视"一带一路"建设国际多边合作战略博弈优化，所明确的是国际多边合作战略博弈优化具有相应的"人类命运共同体"的属性。

从"一带一路"建设自身考虑，"一带一路"建设国际多边合作的推进所展现的现实在于中国对于"一带一路"建设的积极推进，或直接或间接地促进国际多边合作的发展。同时，这一发展的趋向更多地展现为对国际多边合作国际战略博弈的优化。

随着"一带一路"建设整体进程的逐步扩展与深化，对于有效推进与落实"一带一路"国际多边合作的倡议，大致涉及以"一带一路"国际多边合作范式的基本进程作为基础，进一步结合中国推动"一带一路"建设的进程，也结合"一带一路"建设的趋势，有效推进"一带一路"国际多边合作，还需要借助中国在对外政策与战略层面参与必要的措施加以有效推进。之所以对"一带一路"国际多边合作作为范式进行相关现实解读，在于有效落实国际多边合作战略优化的具体进程。同时，从范式本身构建与中国推进"一带一路"双重层面加以有效解读，其原因在于：从"一带一路"建设的演变进程与现实阐释，"一带一路"建设的有效推进，需要参与"一带一路"建设相关各方的共同努力。同时，对于提出与有效主导"一带一路"建设的中国，需要采取必要的措施以推动"一带一路"建设的有效实施并加以明确保障，并落实为"一带一路"建设国际多边合作的具体进程。未来"一带一路"建设国际多边合作的持续的演变，大致呈现为在中国角色引导下的路径探索。其根源在于：第一，中国角色的路径探索，源自中国对于"一带一路"建设、"一带一路"建设国际多边合作的长期主导与有效支持；第二，鉴于"一带一路"建设国际多边合作在"一带一路"建设"项目落地阶段"和"规范建构阶段"所具有的重要作用以及中国对于上述两个阶段的关键性影响，应考虑在上述两个阶段落实必要的、来自中国的支撑性进程；第三，对于应对未来"一带一路"建设可能的风险与困境，中国角色主导下的国际多边合作具有相当显著的必要性。

二　基于路径探索的中国角色："一带一路"建设的理念与实践

随着"一带一路"建设的不断推进，"一带一路"建设理念与实践的不断深入与拓展，未来"一带一路"建设国际多边合作中的中国角色也将随之更为清晰与明确。结合"一带一路"建设国际多边合作推进的现实与趋势，面向未来的中国角色在于，进一步将致力于"人类命运共同体"构建的"一带一路"建设在国际多边合作中给予相应的支持、支撑。因而，对于在"一带一路"建设得以有效推进的背景下，未来"一带一路"建设国际多边合作中的中国角色基本定位大致概述为：中国角色将对于以"人类命运共同体"为导向的"一带一路"建设提供更具有现实意义的作用——在"构建人类命运共同体"的相关主张得以诠释与不断落实的背景下，中国通过在"一带一路"建设、"一带一路"建设国际合作中的积极作为，推动"一带一路"建设落实为构建人类命运共同体的关键组成部分之一。

对于未来"一带一路"建设的中国角色相关论证与分析，考虑以构建人类命运共同体的相关论述为基础，有效阐释"一带一路"建设国际多边合作中国角色的具体内容。进一步结合"一带一路"建设国际多边合作在未来所面临的现实与趋势，提供相应的判断等。这一论证与分析逻辑，关注到从中国与世界的关系的基本演变现实出发，对于"一带一路"国际多边合作落实更为详实的说明以及相关的论述等。

2017 年 10 月，中国共产党第十九次全国代表大会的报告中对构建人类命运共同体作出的相关阐释为：坚持推动构建人类命运共同体。中国人民的梦想同各国人民的梦想息息相通，实现中国梦离不开和平的国际环境和稳定的国际秩序。必须统筹国内国际两个大局，始终不渝走和平发展道路，奉行互利共赢的开放战略，坚持正确义利观，树立共同、综合、合作、可持续的新安全观，谋求开放创新、包容互惠的发展前景，促进和而不同、兼收并蓄的文明交流，构筑尊崇自然、绿色发展的生态体系，始终做世界和平的建设者、全球发展的贡献者、国际秩序的维护者。[①] 人类命运共同体的提出与相关实践，是中国在全球范围内国家关系互动中发挥积极作用的重要导向所在。进而，结合"一带一路"建设"项目落地阶段"和"规范建构阶段"的现实与趋势，从中国梦与世界梦的共性与密切相关到国际环境与国际秩序的稳定，从和平发展到对外开放，从正确的义利观到新安全观，从文明交流生态体系到"人类命运共同体"的相关内容，对于"一带一路"建设更为全面、深入与有效地落实、完善，提供了相当重要的方向性指引。

依循这一方向性指引，"一带一路"建设在整体推进的现实性进程中，呈现出在对接"人类命运共同体"的基础上，进一步以"一带一路"建设在"项目落地阶段"与"规范建构阶段"，更多地落实"人类命运共同体"构建的相关进程：

第一，处于"项目落地阶段"和"规范建构阶段"的"一带一路"建设将明确落实为"面向全球"的基本局面。换言之，"一带一路"建设的全球化，将逐步面向全球实施。"一带一路"建设的项目落实，尤其是基础设施建设、生产体系布局与实践，将在全球范围得以布局与推进；"一带一路"建设涉及的相关规范的落实与完善，也向全球治理领域覆盖。也许相关的进程相对漫长，但是，这一进程基于"一带一路"建设而面向全球的推进，是对于中国积极推进"人类命运共同体"构建的落实与完善。

对此，进一步结合"一带一路"建设推进中中国的积极布局阐释，面向未来的"一带一路"建设的中国角色，需要考虑以落实"领导与参与兼具"的角色定位为基础，进一步全面推进"一带一

---

① 习近平：《决胜全面建成小康社会　夺取新时代中国特色社会主义伟大胜利——在中国共产党第十九次全国代表大会上的报告》；《党的十九大报告学习辅导百问》，学习出版社、党建读物出版社，2017，第20页。

路"建设在"项目落地阶段"和"规范建构阶段"的相关进程，同时，积极运用国际多边合作助力相关进程。

鉴于国际多边合作已经在中国对外战略的整体运行中发挥着相当显著的作用，应当对于国际多边合作作为国际关系的现象与参与国际事务的路径加以明确关注、重视。中国在"一带一路"国际多边合作中所具有的"领导与参与兼具"的角色定位中，其未来的发展需要明确中国对于"一带一路"建设的积极主导与有效参与的"同轴推进"。所谓"同轴推进"，意指在"一带一路"建设、"一带一路"建设国际多边合作中，以推进中国与"一带一路"沿线国家共同发展进而实现"人类命运共同体"为目标，中国既要作为"一带一路"建设的"领导"在具体的项目落地与规范建构中发挥相应的领导作用——不仅需要落实相应的物质支持与制度支持，而且需要提供更为有效的战略层面的保障等。中国又要作为"一带一路"建设的"参与"在具体的项目落地与规范建构中发挥相应的作用——不仅需要结合必要的国际形势与自身条件参与相应的合作与协调，而且需要将相关的合作与协调加以有效提升与逐步优化。

面向未来，"一带一路"建设国际多边合作的中国角色定位，在更为有效地立足于中国对于"一带一路"建设有效参与的基础上，进一步强化"领导与参与兼具"的角色定位，并提供更为有效的支持与引导。进而，"领导与参与兼具"大致涉及：中国为"一带一路"建设提供更为可靠与坚实的支持，这不仅涉及中国为"一带一路"建设提供物质支持、制度保障等，而且涉及中国为"一带一路"建设提供更为明确的方向指引与更为有效的范式建构。进而，更为具体地展现为：

第一，中国的发展将为"一带一路"建设提供更为坚实的基础与保障，包括在"项目落地阶段"落实更多与更大的项目和"规范建构阶段"提供更为有效的规范设计与观念支持。从"一带一路"
建设的现实与趋势考虑，中国为"一带一路"建设提供的物质支持
与制度保障中，不仅涉及相关的各种资源投入，而且也需要考虑相应
的制度构建与运行等。

　　"一带一路"建设在"项目落地阶段"与"规范建构阶段"与
正在不断落实与完善的基础设施建设相配套的产业体系建设，需要来
自中国的有效支持——这一支持的根源在于中国发展及其所取得的显
著成就。较之在"一带一路"建设"提出与落实阶段"得到明确注
重的基础设施建设与政策协调，在"项目落地阶段"与"规范建构
阶段"涉及的产业体系建设，能够实现对于现有"一带一路"建设
的成就进行升级，并提供更为有效的支持。倘若"一带一路"建设
的相关产业体系得以确立并得到发展，进而"一带一路"产业体系
所密切相关的制造业、交通物流业、建筑业、信息产业、农业、通信
产业等，对于真正意义上助力中国与"一带一路"沿线国家的共同
发展，可以提供持续性的动力。这不仅在于通过产业体系的构建，进
一步推进相应的国际区域治理，优化产业协作与分工，还为有效推进
全球治理的改善与提升提供依据与基础。

　　进而，以"一带一路"建设相关的交通物流产业体系为例加以
说明：在"一带一路"建设的整体布局中交通基础设施建设是"五
通"中"设施联通"的关键所在。随着"项目落地阶段"和"规范
建构阶段"的积极推进，各种在中国政府与"一带一路"沿线国家
政府之间达成共识基础上的交通基础设施建设得以有效落实，包括
"一带一路"建设所需要的铁路、公路、港口、机场等与交通基础设
施相关项目的不断推进尤其是落实为"一带一路"建设的显著成绩。
随之而来的是，"一带一路"建设的交通基础设施建设得以呈现为更
为显著的体系化发展局面。诸如从中巴经济走廊的交通基础设施建设

到中欧班列的开通与运行，进而为"一带一路"建设的交通物流产业建设提供了相当坚实的基础。在"一带一路"建设"项目落地阶段"和"规范建构阶段"的推进中，中国与"一带一路"建设参与的相关国家的交通物流产业发展，将借助上述交通基础设施建设的成就得以推进交通物流体系的发展。国际多边合作作为其中具有引领意义的框架，为各国开展交通物流体系建设实现相应的共识提供相应的支持。

具体的案例可以涉及在中巴经济走廊建设中，交通物流体系的全面建设，涉及与中巴经济走廊相关的各个交通物流企业之间的协调与合作，包括中巴经济走廊相关的海陆空交通运输体系。这一体系的建设，首先体现为对于巴基斯坦的经济建设、对于中巴关系的有效助力，其次体现为对于"一带一路"建设的积极支持。同时，还需要强调的是，鉴于中巴经济走廊建设也具有相应的国际区域合作效应，能够通过相应的国际多边合作，促进这一交通体系的建设进一步落实为对于整个南亚地区交通体系建设的典范构建并发挥相应的积极作用。

与上述案例相类似，"一带一路"建设中通信产业的发展与整合，在相当程度上对于促进与提升中国与"一带一路"沿线国家的合作与协调提供的具体支持在于"一带一路"建设各个参与国家之间开展相应的通信产业合作与协调，进而能够支持各种产业的发展。建立"一带一路"建设良好的通信保障，不仅在相应的基础设施建设中得以体现，而且随着通信产业的合作得以实现，相应的保障能够实现有效的升级。

在上述作为案例的产业得以推进的同时，与上述产业有所相似但存在显著不同的产业体系构建在于金融产业等。其原因在于：在"提出与落实阶段"，"一带一路"建设的主要参与国家中，除欧洲国家外，多数国家属于发展中国家，金融产业的发展并不充实与完善。即使相当数量的欧洲发达国家，其金融产业的发展也存在不足之处。因而，在"一带一路"建设的推进中，确立与有效落实相应的金融产业，具有不可忽视的意义。随着"一带一路"建设在"项目落地阶段"与"规范建构阶段"的实施，更多的涉及"一带一路"建设的金融合作项目投入运行与更为有效的金融活动规范确立并推进，为实现"一带一路"建设的金融合作项目提供明确且有力的支持。

第二，中国在"一带一路"建设的具体进程中，中国的积极作为能够进一步明确展现中国发展对于"一带一路"建设、对于"一带一路"建设国际多边合作提供相应的全面保障与支持。这一保障与支持，大致阐释为："一带一路"建设能够为更多的参与"一带一路"建设的国家提供良好的协调与合作平台。将涉及"一带一路"建设的更多的国际组织与大国，通过相关的合作与协调加以有效整合并促使其在"一带一路"建设中发挥相当积极的作用，进而实现围绕"一带一路"建设的良性国际关系博弈。

比如，在"一带一路"建设的"项目落地阶段"与"规范建构阶段"，考虑与推动包括亚洲基础设施投资银行、丝路基金等中国能够发挥主导性作用的组织与机构，在"一带一路"建设中发挥相应的支持作用。同时，对于在"一带一路"建设中能够发挥积极作用的相关国际组织，诸如从世界银行、国际货币基金组织到亚洲开发银行，从欧盟、独联体到非洲联盟、东盟与南盟（南亚联盟），在条件允许的情况下甚或可以考虑北大西洋公约组织等，有效推进其认可"一带一路"建设，并展现其相应的支持与助力。

此外在国际多边合作的框架下，除国际组织外，还需考虑在国际多边合作框架下中国与涉及"一带一路"建设的诸多大国之间开展相应的合作与协调。随着"一带一路"建设"项目落地阶段"和

"规范建构阶段"的有效推进与不断拓展,中国与美国、中国与俄罗斯等大国之间的合作与协调,对于"一带一路"建设的不断完善等,具有相当重要的意义。除双边领域对于大国关系博弈的涉及外,"一带一路"建设的推进中,对于大国关系博弈也更多地涉及多边层面的国际关系互动现实。

针对上述分析所涉及的中美两国事关"一带一路"建设的博弈,因"一带一路"建设中美国并不直接参与,但美国或直接或间接地介入中国与其他国家之间涉及"一带一路"建设相关项目的推进或者规范的执行等,多展示为更为明确的多边合作。换言之,美国对于"一带一路"建设施加影响更多地意味着美国作为国际多边合作的一方参与其中。即除中美两国在双边层面开展涉及"一带一路"建设的直接协调外,美国对于中国与"一带一路"沿线国家之间事关"一带一路"建设合作与协调的介入,往往更多地展现为国际多边合作的相关进程。诚然,从特朗普执政后美国在从中东到欧洲再到亚太地区的战略实施的基本状况与趋势看,特朗普政府对外战略的不确定性与美国对外战略长期拥有的霸权主义、强权政治属性之间的碰撞与磨合,为美国在整个东半球乃至全球的战略实施增添了相当的不确定性。因此,对于美国介入"一带一路"建设,应考虑相应的措施,促进美国参与至少认可"一带一路"建设,进而引导美国积极参与"一带一路"国际多边合作。

继而,结合未来"一带一路"建设在中东与欧洲等美国拥有相当显著的战略性影响的地区推进时,需要优先考虑"一带一路"建设与美国在整个东半球乃至全球范围内的战略实施之间的关系。这一关系的定位在于,不应将"一带一路"建设与美国的全球战略加以明确对立。需要在中美关系中明确,致力于共同发展的"一带一路"建设推进,并不直接构成对美国军事战略的挑战;当中东欧国家接受

233

美国军事援助或为美国军事基地提供支持时，并不影响这些中东欧国家积极参与"一带一路"建设。或者说，中国与中东欧国家所共同推进的基础设施建设与产业合作，对于美国部署在中东欧地区的军事基地或军事存在并不构成威胁。这一关系的演变，应考虑在明确上述定位的基础上，以中美两国在"一带一路"倡议中共同利益的落实与推动，引导中美两国涉及"一带一路"建设得以积极推进。这一共同利益在于：随着"一带一路"建设的推进，从亚欧大陆到整个东半球乃至全球范围内的经济发展与社会稳定将随之获得收益，这也符合中美两国在全球治理等领域开展合作的相关设想。

对于同属亚欧大陆的中俄两国，"一带一路"建设推进中的两国关系定位，在考虑落实"一带一路"建设对接"亚欧经济联盟"的同时，应进一步明确中俄两国在涉及"一带一路"建设国际多边合作中的相关协调的落实与完善，以在真正意义上落实中俄关系对于"一带一路"建设的积极助力。

其中，较为典型与具体的案例在于依托上海合作组织这一多边国际合作的框架，进一步推进中俄两国事关"一带一路"建设的相关对接与合作。首先，从上海合作组织的基本职能出发，中俄两国的相关合作能够在有效推进与上海合作组织密切相关的中亚等地区良好国际环境的塑造与强化，进而对接"一带一路"建设所涉及的共同发展理念。从良好国际环境构建出发，结合上海合作组织的基本职能与"一带一路"建设的基本前景考虑，"一带一路"建设的推进能够为上海合作组织的发展提供在经济领域相当可靠的支撑、保障。同时，上海合作组织相关职能的强化与完善，也能够有效助力"一带一路"建设尤其是在安全领域的保障得以建立与完善。"一带一路"建设与"上海合作组织"之间的积极互动可以为中俄两国在这一国际多边合作框架下开展相应的合作提供必要的支持。从更为现实与直接的意义考虑，中俄两国在上海合作组织框架下所推进的、涉及"一带一路"建设的相关合作，能够作为中俄两国实现"一带一路"建设对接"亚欧经济同盟"的重要起点。第三，中国在面临"一带一路"建设可能遭遇的安全危机或者现有的困境升级时，尤其是在涉及"一带一路"建设所面临的安全困境、所应对的安全危机中，根据相关的预案或者积极应对，展现中国对于"一带一路"建设的积极维护与保障。处于"项目落地阶段"与"规范建构阶段"的"一带一路"建设，经济与社会领域的相关项目推进，在构成"一带一路"建设主体性内容的同时，也应考虑到为"一带一路"建设提供相应的安全保障。

面向未来，"一带一路"建设的推进中，安全保障具有的地位与作用正在呈现逐步上升的态势。一方面，随着更多的"一带一路"建设项目不断落地，更多的"一带一路"建设项目所相关的产业需要得以落实与完善，因而需要落实相应的安全保障；另一方面，对于"一带一路"建设无论是具体的项目运营，还是对"一带一路"建设至关重要的安全协调等，都需要涉及针对"一带一路"建设的国际多边合作在安全领域的积极作为。其中中国作为国际安全合作中发挥"领导与参与兼具"的角色不可或缺，应考虑中国为"一带一路"国际多边合作提供相应的安全领域作为；应考虑依托"一带一路"建设在未来国际多边合作的安全领域提供更为显著与有效的全局性统筹；应考虑在更为具体的安全合作与协调中，为"一带一路"建设国际多边合作提供相当有效的安全保障与支持，即提供可靠的安全博弈规划等。对于"一带一路"建设国际多边合作的安全博弈，需要提供更为坚实的物质准备等。对此，本项研究将在后续论证中提供更为全面且详实的论证。

进一步结合"一带一路"建设国际多边合作的发展趋势考虑，

国际多边合作的推进，能够为开展更为有效的事关"一带一路"建设的国际合作提供相应的平台。处于"项目落地阶段"与"规范建构阶段"的"一带一路"建设，可以进一步考虑在项目的实施、相关规范的设置与运行中，强化对于"一带一路"建设的积极推进。

进而，在"一带一路"建设得以推进的趋势中，"一带一路"建设能否获得相应的成效？其决定性因素至少涉及以下四方面的因素：第一，中国与"一带一路"沿线国家能否在已有合作的基础上，进一步推进涉及"一带一路"建设更多的、更有效的合作。需要中国角色在推进"一带一路"建设各类国际合作尤其是国际多边合作中，给予更为有效的作为。第二，中国需要为"一带一路"建设提供更具有现实意义的物质支持的同时，也需要为"一带一路"建设提供更具有现实意义的制度支持，这与"一带一路"建设的"项目落地阶段"与"规范建构阶段"密切相关。中国角色在其中的作用在于，在上述两个阶段中落实中国的"领导与参与兼具"的作用，强化相应的物质投入与制度创设等。第三，如何将"一带一路"建设相关国际关系博弈的整体进程加以积极引导，这一积极引导需要中国开展更为广泛的国际关系博弈参与进程，尤其是实现相应的大国外交协调等。对于中国角色，其所发挥的作用在于借助"项目落地阶段"与"规范建构阶段"的国际战略博弈，优化相应的国际关系互动。第四，面对"一带一路"建设相关国际关系博弈中的困境与危机，中国如何采取有效的举措开展相应的应对。不仅将引导中国角色在中国与"一带一路"建设参与相关国家、中国与涉及"一带一路"建设诸多大国之间的互动中发挥更为积极有效的作用，而且中国角色也进一步表现为引导更多的国家积极参与"一带一路"建设并在"一带一路"建设的"项目落地阶段"与"规范建构阶段"发挥相应的作用。更为重要的是，中国角色的作用发挥还涉及对于相关困境与危机的应对，同时对各种潜在的威胁进行有效威慑。

根据上述分析，结合"一带一路"建设已有案例加以明确：中欧班列的开行与不断完善，不仅可以视为中国与"一带一路"沿线国家开展相当有效合作的成功典范，而且也可以视为未来进一步推进"一带一路"建设拓展与深入的关键所在。借助"一带一路"建设引导下的中欧班列推进，不仅能够直接助力中欧关系的全面发展，并支持中欧班列沿线国家的共同发展，而且能够有助于实现"一带一路"建设从交通基础设施运行到产业体系建设的不断完善。截至2017年12月，根据中国铁路总公司相关负责人在中欧班列运输协调委员会第二次全体会议上的表态：随着"一带一路"建设不断推进，我国与欧洲及沿线国家的经贸往来发展迅速，物流需求旺盛。中欧班列已累计开行6235列，2017年开行数量达3271列，安排班列运行线57条，国内开行城市达到35个，顺畅连接欧洲12个国家34个城市，货物品类日益丰富，回程班列数量已超去程班列的一半，呈现出良好的国际品牌效应和发展前景。① 从中欧班列的运行现实不难发现，中欧班列的运行对"一带一路"建设的推进具有相当积极的意义。同时，随着中欧班列的不断发展，将为中国以及更多的"一带一路"沿线国家的发展带来相应机遇。

与之密切相关的是，在未来"一带一路"建设"项目落地阶段"与"规范建构阶段"相关的国际多边合作推进中，中国角色所发挥的作用在于——对中欧班列的顺利运行与不断拓展提供相应的支持：第一，为进一步提升中欧班列回程数量与商业支持，提供更为有效的解决办法，并提供有效的实施方案，这是中欧班列持续发展的动

---

① 《中欧班列累计开行 6235 列连接欧洲 12 国 34 个城市》，新华网，http：//www.xinhuanet.com/politics/2017－12/26/c_129775909.htm，访问时间：2017 年 12 月 26 日。

力所在；第二，为中欧班列持续运行提供更为有效的外交环境，包括推进与优化中国与"一带一路"沿线国家涉及中欧班列的相关合作等；第三，对于可能出现的问题尤其是涉及中欧班列的危机与风险，需要在强化相应防范意识的同时，提供可靠的物质基础与制度保障等。

整体上通盘考虑"一带一路"建设在处于"项目落地阶段"与"规范建构阶段"的相关布局与实践，未来"一带一路"建设国际多边合作中中国具有的"领导与参与兼具"的角色定位，大致能够在"一带一路"建设相关的以下诸多领域发挥作用：在"五通"涉及的"一带一路"建设整体布局中，"一带一路"国际多边合作能够为"项目落地"的有效实现与"规范化建构"的落实完善，提供必要的合作平台。借助国际多边合作所积极推进的"五通"中，尤其是在"政策沟通"、"设施联通"与"资金融通"等方面，"一带一路"建设的项目推进与规范建构能够取得相应的成效。这一成效的具体效用如何，需要考虑中国角色所发挥的作用，尤其是能够在相关的项目实施、规范建构中提供相应的领导与参与，也需要进一步提供更为有效的话语领导与议题设置等。

在"一带一路"建设的国际协调与合作中，"一带一路"国际多边合作的推进中中国角色所发挥的作用应给予明确体现。尤其是在涉及"一带一路"国际多边合作的国际关系博弈中，中国所具有的"领导与参与兼具"的角色，应当明确展现为在中国与"一带一路"沿线国家开展有效合作与协调的基础上，引导与之密切相关的中国与大国、中国与国际组织之间关系的积极发展，并对接"一带一路"建设；在中国与大国、中国与国际组织开展有效合作与协调的基础上，引导与之密切相关的中国与"一带一路"沿线国家之间关系的积极发展。

在事关"一带一路"建设的安全事务协调中，应进一步考虑在具体的安全事务进程中，将中国角色给予明确定位的基础上，进一步通过"一带一路"国际多边合作落实中国对于相关安全事务的参与，并发挥相应的领导作用。对于具体的安全事务，大致需要考虑在"一带一路"建设的未来推进进程中，考虑落实涉及安全领域合作的相关项目与规范建构。这并不意味着中国将在围绕"一带一路"建设的整体布局中，建立类似北大西洋公约组织或者美日同盟模式的军事组织，而是意味着涉及在"一带一路"建设推进的过程中，落实相当全面与有效的安全保障。

对此，可以考虑对推进"一带一路"建设国际多边合作的具体建议加以明确。结合"一带一路"建设国际多边合作的具体现实与趋势考虑，主要涉及从全球治理到"一带一路"建设重点地区的安全事务等。从相关具体建议的内容出发，进一步明确"一带一路"国际多边合作的应有之义，并为进一步评估"一带一路"国际多边合作具体建议，提供相对有效的分析样本与路径。

第二节　基于国际多边合作战略博弈拓展与衍伸的"一带一路"建设路径探索

安全博弈的保障构建，构成"一带一路"建设拓展的关键所在。尽管"一带一路"建设在 2013 年提出时，其更多地关注到中国与"一带一路"沿线国家的共同发展，即使在 2017 年"一带一路"国际合作高峰论坛后，"一带一路"建设在"项目落地阶段"和"规范建构阶段"，发展作为"一带一路"倡议的核心与主题仍然需要加以关注与重视。但是，通观"一带一路"建设的整体布局，不可以也不可能忽视的现实与趋势在于，需要建构"一带一路"建设的重要保障，即对于"一带一路"建设通过相应的安全博弈落实相应的保障措施。换言之，"一带一路"安全博弈的保障进程，需要落实为更为有效的安全博弈现实建构，是为"一带一路"建设的关键所在。结合"一带一路"建设国际多边合作的现实考虑，在国际多边合作的框架下，积极推进"一带一路"建设的安全保障构建，或者推进"一带一路"安全博弈的良性运作，对于全面且有效、积极且明确地保障"一带一路"建设，具有相当重要的意义。

一　安全保障——"一带一路"助力国际多边合作博弈升级的关键

整体上审视"一带一路"国际多边合作的未来发展趋势，"一带一路"国际多边合作的布局与实践中，未来的发展持续性不仅取决于"一带一路"建设自身在经济发展、国家交往等"五通"领域的持续，尽管其能够为"一带一路"建设提供相应的物质基础，但更为重要的是，"一带一路"建设国际多边合作的推进，对于"一带一路"建设的安全保障所具有的重要意义渐趋明显。即对于"一带一路"建设的整体推进，需要顾及相关安全保障的确立与完善。从未来的发展进程分析，在"一带一路"的"项目落地阶段"和"规范建构阶段"的相关实践中，"一带一路"建设国际多边合作战略博弈拓展与衍伸涉及的安全博弈之所以强化的关键原因在于：

第一，从"一带一路"建设的整体成就看，经济领域的成就相当显著，但安全领域的成就仍然需要进一步突出与强化。对于"一带一路"建设国际多边合作的整体进程，安全领域所发挥的作用已然得到凸显。因而，对于中国，倘若有效推进"一带一路"建设并加以相应的优化与提升时，安全领域的相关考虑相当重要。

从安全领域国际关系互动的现实出发，需要进一步明确："一带一路"建设离不开和平安宁的环境。我们要构建以合作共赢为核心的新型国际关系，打造对话不对抗、结伴不结盟的伙伴关系。各国应该尊重彼此主权、尊严、领土完整，尊重彼此发展道路和社会制度，尊重彼此核心利益和重大关切。① "一带一路"建设的推进需要落实的安全保障，应考虑"合作共赢为核心的新型国际关系"等为"一带一路"建设提供相应的客观环境。面向未来的发展中，中国在"一带一路"建设"项目落地阶段"和"规范建构阶段"的相关实践仍然面临着从霸权主义、强权政治到三股势力等诸多安全危机与隐患，因而对于"一带一路"建设相关项目的保障与安全领域的相关规范的创设、落实，构成未来"一带一路"建设在安全领域的主要内容。

　　进一步结合"一带一路"建设国际多边合作的现实考虑，面对上述安全危机与隐患，应进一步考虑推进国际多边合作的安全进程。其中，不仅涉及中国与"一带一路"沿线诸多国家开展必要的安全合作与协调以保障"一带一路"建设相关安全项目，并考虑将相关安全与协调实现相应的制度化等规范建构。同时，还需要进一步落实更为有效的安全危机与隐患的应对，即在国际多边合作的框架下，对于影响或者威胁"一带一路"建设的安全危机与隐患，需要确立更为有效的措施，包括强化中国本国在国际安全领域的相关运筹、准备；为更多的"一带一路"国际安全合作的参与国家提供相应的物质支持等以及优化中国与诸多大国之间的合作等。

　　第二，从"一带一路"建设的客观发展现实考虑，"一带一路"

---

① 《习近平在"一带一路"国际合作高峰论坛开幕式上的演讲》，新华网，http://news.xinhuanet.com/politics/2017-05/14/c_1120969677.htm，访问时间：2017年5月14日。

建设的客观发展中，安全领域的相关支持对于"一带一路"建设在"项目落地阶段"和"规范建构阶段"尤其是相应的项目落实与规范确立等，能够为相应的涉及"一带一路"建设的安全保障提供明确的实践。

按照中国政府对于"一带一路"建设在安全领域的相关主张，古丝绸之路沿线地区曾经是"流淌着牛奶与蜂蜜的地方"，如今很多地方却成了冲突动荡和危机挑战的代名词。这种状况不能再持续下去。我们要树立共同、综合、合作、可持续的安全观，营造共建共享的安全格局。要着力化解热点，坚持政治解决；要着力斡旋调解，坚持公道正义；要着力推进反恐，标本兼治，消除贫困落后和社会不公。① 因而，"一带一路"建设的推进，尤其是在落实上述措施的进程中，应考虑更为具体与有效的实施方案等。借助国际多边合作框架下的"一带一路"建设安全事务协调等，建立健全"一带一路"建设的安全保障体系以及相应的政府间合作等。

进一步结合"一带一路"建设的发展趋势，"一带一路"建设在"项目落地阶段"和"规范建构阶段"的安全保障构建，主要涉及安全领域建立健全相应的政府间合作为主导的相关部署与实践，并针对更为现实的安全问题提供必要的支持，大致涉及以军事安全为核心，涉及包括传统安全与非传统安全领域的诸多事项等内容。同时，需要强调的是，"一带一路"建设国际多边合作所涉及的安全保障推进中，应进一步考虑在军事安全得以贯彻的同时，应对其他领域的安全给予必要的重视。即对于"一带一路"建设国际多边合作的安全保障构建，还需要保障必要的经济安全、政治安全等。在经济安全领

---

① 《习近平在"一带一路"国际合作高峰论坛开幕式上的演讲》，新华网，http：//news. xinhuanet. com/politics/2017 - 05/14/c_ 1120969677. htm，访问时间：2017 年 5 月 14 日。

域，应对"一带一路"建设的相关项目给予保障，这其中不仅涉及相关项目的投资安全与运行安全等，而且能够进一步推进"一带一路"建设相关项目。比如，对于"中巴经济走廊"的相关项目建设，经济安全层面的保障，需要为"中巴经济走廊"建设相关的基础设施建设、产业体系建设等，提供必要的保障；需要提供更多的项目投资与金融安全的保障等。在政治安全领域，从"一带一路"建设所密切相关的"一带一路"建设不干涉内政等相关原则，进一步推进"一带一路"建设政治安全的落实。"一带一路"建设并不意味着中国干涉他国内政，而是意味着将"一带一路"建设作为推进中国与"一带一路"沿线国家的共同发展的平台。中国愿在和平共处五项原则基础上，发展同所有"一带一路"建设参与国的友好合作。中国愿同世界各国分享发展经验，但不会干涉他国内政，不会输出社会制度和发展模式，更不会强加于人。[①] 这一阐释明确说明"一带一路"建设致力于共同发展的基本主张，并结合"一带一路"建设的实践进程，展现推进"一带一路"建设的中国所具有的国际责任。

第三，结合"一带一路"建设未来发展所面临的风险防范等考虑，安全保障的必要性需要加以明确。这一必要性在于：从全球范围内的国际战略博弈考虑，"一带一路"建设在安全保障领域的积极推进并通过相应的安全保障有效助力"一带一路"，能够为进一步有效落实与优化"一带一路"建设提供相应的有利条件。对此，更为现实的趋势在于，随着拥有安全保障的"一带一路"建设得以推进，有助于实现"一带一路"建设相关的国际区域治理中的发展与安全状况的同时提升，这不仅意味着在"一带一路"建设推进的背景下，

---

① 《习近平在"一带一路"国际合作高峰论坛开幕式上的演讲》，新华网，http://news. xinhuanet. com/politics/2017－05/14/c_ 1120969677. htm，访问时间：2017 年 5 月 14 日。

中国与"一带一路"沿线国家共同发展的实现经济发展与安全保障的相互平衡与积极发展，而且有助于更为广泛的国际战略博弈优化的实现。

结合"一带一路"建设面临安全风险的评估中，应明确包括军事、经济以及金融在内的诸多风险。对于"一带一路"建设的主导国家中国，需要考虑对"一带一路"建设的安全风险防范提供自身部署的同时，尤其是传统安全与非传统安全的相互交织，可能对中国推进"一带一路"建设带来相应的冲击。此外，还需要关注"一带一路"沿线尤其是亚欧大陆面临的安全困境，对于"一带一路"建设顺利推进所带来的种种制约。对此，应考虑确立必要的"一带一路"建设安全风险布局与实践——第一，强化对于安全风险的整体防范，尤其是建立健全相应的物质与制度层面的保障；第二，强化对于安全风险的积极应对，尤其是落实必要的危机管理与控制。

同时，结合"一带一路"国际多边合作的现实考虑，"一带一路"建设国际多边合作的推进中，应考虑在安全领域的国际多边合作与"一带一路"建设之间的明确对接。到 21 世纪初，即使作为"一带一路"建设涉及的重点实施地域亚欧大陆，在安全领域尚缺乏普遍意义的国际多边合作机制。无论是北大西洋公约组织还是上海合作组织等，对于亚欧大陆安全的有效维护，仍然存在着相当普遍的缺陷，诚然这与这些涉及地区安全组织的基本职能与定位在维护亚欧大陆安全方面存在着一定的关联。比如上海合作组织成员国除了中国、俄罗斯多数都位于中亚地区，难以对整个亚欧大陆的安全事务产生有效影响；尽管北约拥有全球部署的能力并在阿富汗战争中发挥了一定的作用，但是北约对于亚欧大陆腹地、对于东亚的影响仍然微乎其微。

因此，对于推进"一带一路"建设应进一步考虑建立更具有普遍意义的国际多边安全合作，推动"一带一路"沿线国家积极参与"一带一路"建设安全进程。同时也考虑借助已有的安全合作框架，诸如上海合作组织等进一步推进对于"一带一路"建设的相关积极作用。以上述分析为基础，进一步推进未来"一带一路"建设的拓展与衍伸，大致涉及"一带一路"建设在安全保障的基础上，推进经济发展与安全保障相互平衡的同时，以国际多边合作作为重要路径之一优化"一带一路"建设的诸多进程。"一带一路"建设国际多边合作相关的安全合作大致涉及以下内容：

第一，逐步建立健全"一带一路"国际安全合作的普遍协调与合作，并考虑在对接全球治理的现实与趋势中，落实更多"一带一路"沿线国家的积极参与，并通过相关参与的落实优化中国与"一带一路"沿线国家之间在安全领域的合作。从进入21世纪以来，全球范围内国际安全形势的基本态势分析，"一带一路"建设的顺利推进需要通盘考虑传统安全与非传统安全的相关现实。进而结合"一带一路"国际多边合作的现实与趋势考虑，需要明确在国际多边合作的框架下，推进"一带一路"沿线国家积极参与国际多边合作。这一参与进程是对国际多边合作重要的支持。

第二，将"一带一路"国际多边合作的安全领域协调与全球治理的安全事务进程必要对接。这一对接进程体现为更多的"一带一路"沿线国家在推进"一带一路"建设的具体项目与规范建构中，对于安全事务的积极参与并发挥有效作用。

其中对于恐怖主义等的应对，需要考虑与"一带一路"沿线国家建立必要的反恐合作等，并以此为基础，有效打击三股势力，为"一带一路"建设的推进提供相当有效的保障。比如，结合"一带一路"建设在"项目落地阶段"和"规范建构阶段"在安全领域的具体布局阐释，除了已有的安全领域合作，可以考虑在中东欧国家借助

"16＋1"框架推进安全领域的国际多边合作。

第三，在条件成熟的情况下，进一步推进"一带一路"建设安全保障的构建、拓展与深化。这一进程可以进一步考虑，中国与"一带一路"沿线国家之间建立良好的政府间合作进程。这一领域的合作，主要涉及上述安全合作在具体的落实中，对于政府间合作加以相应的落实——从安全战略与政策之间的对接、协调，到相应的情报与后勤部门的合作等。

依循国际多边合作的框架下，相关的政府间合作能够为"一带一路"建设安全保障的构建提供明确的支持。同时，依托这一支持能够进一步落实更为具体的合作。从多国之间在经济、军事、外交等领域的合作到具体安全危机的应对等，政府间合作的推进所具有的主体性作用需要得以明确体现。

第四，考虑"一带一路"建设的全面推进，国际多边合作框架下的安全合作应考虑必要的规范性。这一规范性的建设，主要涉及在国际多边合作的推进中以相关制度与机制的建立健全为基础，进一步在国际安全合作的相关理念演进中加以必要落实。这一领域的合作，主要涉及在上述政府合作的基础上，进一步对政府合作的进程确立必要的规范。值得强调的是，长期以来在国际安全领域，国际多边合作的推进不得不面临着西方国家与非西方国家的安全认知，尤其是西方国家的双重标准等对国际安全合作在规范性建构中所带来的困扰。

对此，"一带一路"建设国际多边合作在安全领域的规范性建构，需要考虑落实更为有效的国际规范建构，即考虑建立涉及政府、媒体、智库等多元化的规范建构体系。通过这一体系将"一带一路"建设在安全领域所面临的风险、危险通过规范建构加以明确认定，并采取有效手段给予必要的应对。

在考虑"一带一路"国际多边合作相关内容的同时，结合"一带一路"国际多边合作中中国具有的"参与与领导兼具"的角色定位，及其对于中国与世界的关系演变中这一角色定位的具体传承等，进一步明确"一带一路"建设国际多边合作的相关影响分析：借助国际安全合作的积极作用发挥，有效落实与推进"一带一路"建设所具有的积极效应。回顾自 2013 年"一带一路"建设提出以来，"一带一路"建设的不断落实、有效发展与逐步升级，更多地彰显出中国以及"一带一路"建设诸多沿线国家的积极努力，到 2017 年"一带一路"国际合作高峰论坛召开时，"一带一路"建设已然成为推进世界和平与发展的关键路径。随之而来的现实性问题在于，对于提出"一带一路"建设的中国，如何实现对于"一带一路"建设更为有效的管理，进而落实更为积极的引导？对于更多的"一带一路"建设沿线国家，如何实现对于"一带一路"建设相关管理的积极参与？在实现"一带一路"建设管理的相关进程中，如何有效落实更多的事务性进程与危机管理等？都是分析、阐释与研究"一带一路"建设国际多边安全合作的相关论断的关键所在。

实现"一带一路"建设的有效管理和管理参与，首先，需要落实对"一带一路"建设的有效保障，这一保障更多地在于安全领域的相关布局与举措并面向全球加以展示。这主要依循于中国为"一带一路"建设提供坚实且有效的安全保障与动力的基础上，推进事关"一带一路"建设国际多边安全合作；同时相关国际安全合作的制度、机制构建等也随之得到落实，进而充实"一带一路"建设国际多边安全合作。此外，还需要重视的是，鉴于应对"一带一路"建设相关的安全风险的需要，也涉及在安全领域的重特大国际问题上"一带一路"建设所需要发挥的作用。其次，从"一带一路"建设具体运行的现实考虑，"一带一路"建设能否得以顺利运行，相当程度上取决于安全保障能否获得相应的落实。推进涉及“一带一路”建设国际多边安全合作，客观上构成有效充实“一带一路”建设的关键措施之一。最后，在落实对“一带一路”建设保障的基础上，推动涉及“一带一路”建设的国际关系良性互动，进而带来对于“一带一路”建设有效管理、管理参与的实现。其中，应考虑落实在“一带一路”建设相关项目中，为相关“一带一路”建设沿线国家的参与提供相应的便利：这主要来自“一带一路”建设国际多边安全合作的相关进程中所创设的制度、机制，并以此为基础进一步实现国际关系的良性互动。依托上述阐释，通过落实对于“一带一路”建设的有效管理，能够进一步明确与充实“一带一路”建设国际多边安全合作所具有的现实性意义：

以阐释“一带一路”建设的相关进程为背景，进一步结合“一带一路”建设国际多边安全合作相关的战略布局、具体实践以及影响效应等，明确“一带一路”建设国际多边安全合作的影响。“一带一路”建设国际多边安全合作的不断推进，已然随着全球范围内和平与发展、国际关系良性互动的不断实现，在更为显著的时间、空间层面得以展现。同时，“一带一路”建设国际多边安全合作的相关进程对于“一带一路”自身的影响、对于人类历史发展的影响也得以体现。结合“一带一路”建设国际多边安全合作相关进程分析，需要明确强调的是，对于“一带一路”建设国际多边安全合作的理解，不能也不可能仅仅局限于国际战略学相关的时间层面与空间层面，而且也不能单纯地依靠地缘政治的理论与逻辑理解“一带一路”建设国际多边安全合作的影响，而是需要关注到更为广泛的视野与领域。从时间层面与空间层面的相关理解看，“一带一路”建设国际多边安全合作所彰显的影响在于从理解国际关系良性互动的现实出发，进一步明确“一带一路”建设国际多边安全合作的影响及其演变。

从时间层面的趋势看，历史演变进程更多地展示出大国兴衰进程中对立与纷争，进而带来更多的冲突与战争。"一带一路"建设的提出与落实，更多地展现为对于历史演变进程的发展与创新——改变大国兴衰的基本逻辑，以明确的和平与发展为内容，促进国际关系良性互动的实现，展现出中国的发展能够在真正意义上惠及世界的现实。

在国际关系史演变历程中，自《威斯特伐利亚和约》订立与主权国家在国际舞台上不断发挥积极作用以来，国家间关系的持续发展演变中，更多的对立与对抗说明国际关系良性互动的趋势并不显著。进入21世纪第二个十年，中国对于全球范围内国际关系互动的诸多相关主张中，依托国际安全合作得以逐步推进与不断提升的"一带一路"建设提出与落实，是对于过往国际关系史演变中大国兴衰所带来桎梏加以应对的积极举措。借助"一带一路"建设国际多边安全合作的实现，逐步实现国际关系良性互动，进而在真正意义上打造符合共同发展的国际关系。进而言之，"一带一路"建设国际多边安全合作所昭示的是一种崭新的国际安全互动模式，这一模式的基本背景在于服务于国际关系良性互动——以和平发展为主导、以合作互利为内容的国际关系互动。

从空间层面的趋势看，"一带一路"建设国际多边安全合作得以推进，其发展进程展现出，在助力"一带一路"建设得以在诸如亚欧大陆等相关战略空间得以有效落实的基础上，进一步推进"一带一路"建设的相关影响转向更为广泛的空间与更多的领域。"一带一路"建设的国际合作安全所带来的变化，是以战略空间层面的"一带一路"建设作用于国际关系互动的变化为基础。进而推动"一带一路"建设国际多边安全合作之于亚欧大陆乃至全球的积极影响。

随着亚欧大陆国际安全形势因"一带一路"建设国际多边安全合作的推进而得以改善，进而将促进整个亚欧大陆国际安全合作形势得以改善。进而，作为当前全球国际关系互动中重要的战略性区域——亚欧大陆对于全球经济发展与和平稳定具有相当重要的意义。从全球国际安全形势研判，亚欧大陆国际安全形势的积极变化，能够在相当程度上为安全领域的全球治理提供相应范本。一旦亚欧大陆国际安全形势积极变化得以呈现，进而可以调集更多的国家与资源积极推进其他区域的安全治理。以此为基础结合"一带一路"建设推进与全球治理之间的积极互动分析，"一带一路"建设的持续推进，尤其是国际安全合作为依托的"一带一路"建设，能够为安全领域的全球治理提供必要的支持。

除了时间、空间层面的影响，"一带一路"建设国际多边安全合作对于"一带一路"建设自身的影响在于：国际安全合作的不断推进与完善，在保障"一带一路"建设与构建"一带一路"建设动力的基础上，进一步实现"一带一路"建设实施进程的合理与优化。这一合理与优化的实现，客观上构成"一带一路"建设得以顺利推进的现实性影响。继而需要明确强调的是："一带一路"建设国际多边安全合作之于"一带一路"建设自身的影响不仅在于对"一带一路"建设在项目落地进程中所提供的相关安全保障，而且在于随着国际安全合作的深入开展，为"一带一路"建设提供更为积极的动力构建。

依托国际安全合作所带来的动力构建，对于"一带一路"建设的相关具体影响涉及，为"一带一路"建设提供应对各种安全风险能力，进而将"一带一路"建设在实现促进中国与"一带一路"沿线国家共同发展的同时，有效提升"一带一路"建设对于安全领域全球治理的积极影响。换言之，得到国际安全合作助力的"一带一路"建设，更多地可以被作为全球治理的中国建设得以发挥积极作用。当"一带一路"建设得以充分落实且致力于"一带一路"建设相关参与国家经济发展与社会稳定时，"一带一路"建设国际多边安全合作的实现是对于相关参与国家经济发展与社会稳定所提供的必要保障，进而能够为相关国家带来国家治理层面的优化、带来区域和平与稳定的实现，进而打造共同发展的坚实基础。

基于"一带一路"建设国际多边安全合作对"一带一路"建设所具有的积极作用，"一带一路"建设得以积极发展，客观上是为人类命运共同体得以构建创造了相当有利的条件。"人类命运共同体"的构建，是当前与未来中国对外战略实施的关键目标所在，也是中国致力于人类发展的积极贡献所在。"一带一路"建设国际多边安全合作的积极推进，相当程度上是对"人类命运共同体"的有效落实与保障。显而易见，"一带一路"建设国际多边安全合作所具有的意义并不仅仅局限于"一带一路"建设自身，而且对于"人类命运共同体"的打造同样具有积极意义。

"一带一路"建设国际多边安全合作的不断落实，为"人类命运共同体"的打造提供相应的支持。进而，"一带一路"建设国际多边安全合作的推进，意味着中国对于打造"人类命运共同体"的积极努力所在。从更为广泛的意义上考虑打造"人类命运共同体"，更为客观的现实在于"人类命运共同体"的打造需要依靠中国等相关国家的积极努力，这种努力的现实表象需要依托"一带一路"建设国际多边安全合作得以实现。

中国的和平发展以及随之而来的综合国力提升，已经在相当广泛的时间与空间范围内实现对于国际社会、世界格局的积极改变。"一带一路"建设的提出与落实，是对于这一积极改变的有效诠释。"一带一路"建设国际多边安全合作的不断推进，是对于提出与落实"一带一路"建设的重要路径体现——除了上述相对具体的影响，"一带一路"建设国际多边安全合作的影响还在于：积极塑造与不断完善中国与世界的关系——中国提出的"一带一路"建设意在塑造中国对于世界和平发展的积极贡献；中国与世界的关系所呈现的积极互动意在展示中国所具有的国际责任。"一带一路"建设国际多边安全合作的实现，是对于上述影响的积极发挥提供必要的保障与动力。

举例而言，结合"一带一路"建设重点实施的战略性区域——亚欧大陆的国际安全形势分析，随着中东地区尤其是叙利亚战争的进程推进，"一带一路"建设的推进以及相应国际安全保障的实现，为"一带一路"建设国际多边安全合作所发挥的影响提供相应的契机。到 2018 年初春，随着叙利亚战场上基本战事相继结束，"一带一路"建设国际多边安全合作倘若能够涉及叙利亚战后的国家治理以及相关的地区局势，将带来一系列的积极效应："一带一路"建设国际多边安全合作能够为叙利亚战后国家秩序的稳定提供相应的支持，尤其是通过"一带一路"建设的落实，实现国内局势的稳定；"一带一路"建设国际多边安全合作的推进中，战后叙利亚政府的积极参与，能够为叙利亚在战后中东地区国际安全博弈中争取相应的主动；"一带一路"建设国际多边安全合作的不断完善，能够为叙利亚战后的国内重建提供必要的支持。

同时，与之密切相关的是，随着安全领域"一带一路"建设相关保障的落实，"一带一路"建设涉及叙利亚乃至整个中东地区的相关项目推进，也将为战后叙利亚国内重建、推动叙利亚经济的恢复与发展、实现社会稳定与民族团结等提供相应的支持。比如，"一带一路"建设相关的基础设施建设，对于战后叙利亚国内重建具有相当重要的意义——相应国际安全合作的实现与不断充实，构成这一意义得以展现的关键基础。

二 "一带一路"建设安全领域的中国作用

以中国积极构建"一带一路"建设安全领域的相关部署与行动为基础，进而积极推进中国与更多的"一带一路"建设的普遍性国际安全合作与协调。这一普遍性国际安全合作与协调的构建，大致包括：中国与更多的"一带一路"建设沿线国家在安全领域开展旨在有效保障与推荐"一带一路"相关项目的合作与协调；逐步建立健全"一带一路"建设国际多边安全合作相关的机制、制度，其中包括建立"一带一路"建设在安全领域的危机管理与应对机制；建立健全涉及"一带一路"建设的普遍性大国协调；建立健全涉及"一带一路"建设的国际组织协调等；建立健全涉及"一带一路"建设的国际社会宣传与鼓励机制等。其中具体的阐释为——中国与"一带一路"建设沿线国家的国际安全合作意指中国与"一带一路"沿线国家在安全领域形成必要的共识，并以相关共识为基础，指导中国与"一带一路"沿线国家开展双边、多边层面的诸多合作进程。

上述相关合作所针对的目标在于，"一带一路"建设所面临的安全风险，大致涉及亚欧大陆内外的各种不稳定因素，包括大国因素的干涉与冲击等，也包括亚欧大陆在安全领域所面临的恐怖主义势力、民族分裂主义势力以及宗教极端势力的影响；包括在"一带一路"建设相关项目的落实，需要为这些项目提供必要的支持，比如在推进贸易畅通、资金融通等领域，需要提供相应的安全保障；包括针对"一带一路"建设的各种潜在威胁，包括在加强民心沟通领域，提供必要的安全观念构建等。针对上述内容，可以进一步考虑依托中国为"一带一路"建设所提供的安全支持作为基础，在国际安全的相关领域实施更为有效的安全合作与协调。从"一带一路"国际安全合作相关的上述领域看，其相关布局与实践的设想如下：

在中国与"一带一路"沿线国家安全合作的基本布局中，需要优先明确"一带一路"建设国际多边安全合作的基础在于中国所提供的安全支持。从中国提供的安全支持出发，进一步明确"一带一路"国际安全合作的发展导向与基本理念在于，依托中国对于"一带一路"建设的安全支持为基础，有效推进中国与"一带一路"沿线国家在安全领域开展更具有普遍性、现实性与前瞻性的合作与协调，这是"一带一路"建设国际多边安全合作的基础布局。进而，逐步展开"一带一路"国际安全合作的全面布局进程，同时推进相关实践。

首先，考虑中国与"一带一路"建设沿线国家在安全领域的协调与合作。这一协调与合作的实现，考虑以"一带一路"建设所明确相关的"五通"的保障落实等作为开展安全领域协调与合作的基本内容。即包括致力于"五通"的安全政策协调与合作为导向，进一步推进必要的安全领域的政府间对话与合作，包括国防、外交等强力部门，也涉及参与其中的企业、社会团体等。

比如，在针对海上丝绸之路的相关国际安全合作设想中，可以考虑中国与"海上丝绸之路"沿线国家开展海洋安全相关的协调与合作。具体合作考虑，包括"海上丝绸之路"沿线国家的国防、外交、司法、海事等部门之间展开定期的对话与协调；创设在维护"海上丝绸之路"的沿线国家安全事务协调与合作机制，诸如协调与行动委员会等；确立与规范在涉及具体安全事务中各国政府部门的职能与行为等。继而，在应对相应的海上安全风险时，无论是应对诸如海啸、台风等自然灾害，还是应对诸如海盗、海上交通事故等人为灾害，在"海上丝绸之路"沿线国家的政府协调与合作得以顺利开展的条件下，依托相应的协调与合作机制，采取妥善、有效的措施，应对相应的风险。此外，在安全领域的具体合作，还需要考虑在政府部门主导下，政府、企业以及社会团体等参与"一带一路"建设相关行为体所认可与支持的安全风险防范与预警机制。

其次，考虑在中国与"一带一路"建设相关的大国关系协调中，纳入相应的安全合作进程。结合国家安全形势以及大国对于全球安全态势所不可忽视的影响，对于在安全领域积极推进"一带一路"建设国际多边安全合作，需要明确考虑大国在其中所发挥的作用。从对安全领域"一带一路"建设的整体评估看，无论是作为"一带一路"建设沿线国家的俄罗斯，还是作为"一带一路"建设推进过程中发挥关键性作用的欧盟，或是位于"一带一路"建设范围外的美国，以及对"一带一路"建设持有复杂立场的日本等，对于有效推进"一带一路"建设并真正意义上以国际安全合作落实对于"一带一路"建设的相关保障等，相关大国所发挥的作用需要加以重视。进而需要考虑涉及安全领域的"一带一路"建设所相关的大国关系协调。

其中，具体协调内容涉及两个密切相关的方面：在中国与相关大国的双边关系、多边关系互动中，进一步考虑在大国关系互动中，推动相关大国认可"一带一路"建设，进而在安全领域至少不能阻碍、妨害"一带一路"建设的顺利推进。鉴于进入 21 世纪第二个十年以来国际形势变幻进程与趋势，有必要考虑积极优化"一带一路"建设之于大国关系的密切互动并提供相应的战略部署。将"一带一路"建设进一步纳入中国与更多大国之间的互动进程。同时，在"一带一路"建设相关的安全事务协调与合作中，也需要合理运用相应的国防、外交等方面的资源，并争取中国与相关大国之间开展相应的协调与合作。从积极推进"一带一路"建设国际多边安全合作的进程与趋势分析，中国积极推进"一带一路"建设之于大国关系的互动博弈，需要中国在面临相当复杂多变并充斥着不确定性的大国博弈进程中，展现本国对于"一带一路"建设安全支持的同时也需要推进中国与"一带一路"沿线国家在安全领域的相关合作，进而对于可能出现的不确定性因素加以明确应对。

比如，在中欧关系的整体发展进程中，应密切关注到中国与欧盟对于"一带一路"建设的积极努力，尽管在安全领域相关合作尚未得到有效开展。但随着未来"一带一路"建设得以全面推进尤其是更多的"一带一路"建设项目落地欧洲，这往往意味着"一带一路"建设在安全领域的中欧合作进程需要得以落实与推进。比如涉及在中欧对接"一带一路"建设相关的经贸、金融等领域的合作开展，也涉及在相关项目尤其是基础设施建设落地的进程中，提供相应的安全保障，还涉及在中欧关系发展进程中民心相通的进程。其中，无论是中国与欧盟中的中东欧国家，还是中国与西欧国家或者与正在实施退欧进程的英国，涉及安全领域的相关协调与合作，具有相当显著的积极效应。这不仅意在保障"一带一路"建设在欧洲得以顺利落实，而且能够有效助力于中欧双方对接"一带一路"建设，进而实现真正意义上的互利共赢。

再次，对于"一带一路"建设国际多边安全合作相关的布局与实践，还需要关注到"一带一路"建设国际多边安全合作与地区安全事务之间的密切互动。从"一带一路"建设所致力的共同发展理念出发，在涉及"一带一路"建设相关的地区安全事务整合与优化进程中，"一带一路"建设国际多边安全合作的进程表现在于：通过国际安全合作助力地区安全事务整合、优化。

比如，到21世纪第二个十年中后期，西亚北非地区的持续动荡与东北亚地区国际关系博弈的长期紧张，都对地区安全形势造成相当显著的负面冲击。随着"一带一路"建设的推进，能够对这种状况的改善提供必要的支持与助力。尤为重要的是，借助"一带一路"建设的落实，推进相关区域安全形势的改善——实现"一带一路"

沿线国家的共同发展，继而能够有效助力地区安全形势的改善。但有必要明确的是，"一带一路"建设的积极落实、"一带一路"建设国际多边安全合作的积极推进，意在助力地区安全形势的改善而非能够从根本意义上彻底改变现有的地区安全事务中的种种安全困境。换言之，"一带一路"建设国际多边安全合作并非是能够彻底解决所有安全事务的灵丹妙药，但是能够有助于在相应时间与空间范围内推进相关安全困境的积极治理、改善地区安全博弈的条件等。同时，从积极落实与推进"一带一路"建设国际多边安全合作的主观层面考虑，"一带一路"建设国际多边安全合作的积极推进，对于改善地区安全事务具有相当的积极作用，能否最大限度地发挥"一带一路"建设国际多边安全合作的积极作用，仍然需要更多主观能动性的发挥并积极致力于相应的安全协调与合作的落实与完善，并需要有效应对地区安全事务中的相关不确定性。值得强调的是，上述分析在一定意义上明确了"一带一路"建设相关的国际关系互动中所具有的复杂性，这符合当前国际关系变幻的本质。

最后，在应对涉及"一带一路"建设的重特大国际问题与安全风险中，需要落实"一带一路"建设国际多边安全合作的相关作用。对于"一带一路"建设的落实，重特大国际问题与安全风险的应对客观上为"一带一路"建设国际多边安全合作的推进提供了明确的机遇。倘若借助"一带一路"建设的积极实施，有效推进中国与更多的"一带一路"建设沿线国家在应对重特大国际问题与安全风险的进程中开展相关的合作与协调，进而实现"一带一路"建设国际多边安全合作的同时，也在积极落实针对重特大国际问题与安全风险的应对，具有显著的战略收益。

继而，对于落实"一带一路"建设国际多边安全合作的布局与实践，进一步结合中国与世界关系得以积极塑造的背景下加以明确：

旨在促进中国与世界共同发展的"一带一路"建设，在安全领域实现相应的国际安全合作的布局与实践，需要优先考虑对于"一带一路"建设顺利实施具有重要影响的大国关系互动，以及围绕大国关系互动所涉及的国家间关系发展、地区安全事务以及对于重特大国际问题与安全风险的应对等。依循这一逻辑，进一步展开涉及"一带一路"建设国际多边安全合作的具体部署中，需要明确中美关系是影响"一带一路"建设国际多边合作在安全领域得以开展的关键变量。

在中美关系的发展进程与积极推进"一带一路"建设的发展进程持续互动中，最为显著的现实在于：在"一带一路"建设推进中至关重要且不可或缺的战略空间——亚欧大陆，美国拥有相当丰富的战略资源、相当显著的综合国力与战略影响，能够对于"一带一路"建设的顺利实施构成不可忽视的作用。从欧洲到中东再到中亚乃至东北亚，欧亚大陆临近海洋的战略空间，多部署有美国军队。进而，美国在整个亚欧大陆具有相当显著的战略性影响，而且这还涉及亚欧大陆美国所拥有相当广泛的同盟并对这些同盟国拥有不可忽视的影响力。因而，在评估"一带一路"建设国际多边安全合作所面临的现实性国际关系博弈中，需要面对美国在亚欧大陆的战略布局。如何考虑"一带一路"建设与美国全球战略之间的相关关系？需要明确"一带一路"建设推进与中美关系之间积极互动的实现。

首先，应考虑"一带一路"建设与中美关系之间的共性。这一共性的出发点在于：中美两国积极推进国家治理的基本逻辑。无论是习近平新时代中国特色社会主义思想在中国的推进，还是特朗普执政后对于美国国家治理的全面重视，在国家治理层面中美两国之间的共性客观存在。更为现实的是，对于中美关系的持续构建与积极发展，在中美两国对接涉及"一带一路"建设的相关合作中，双方存在着相当普遍与广泛的合作基础，比如在基础设施建设领域。

在特朗普执政后对于美国国家治理的重点更多地转向强化美国国内的基础设施建设，这对于将基础设施建设作为重要内容的"一带一路"建设的推进，具有重要意义。即中美两国可以在基础设施建设领域开展必要的合作——这一合作更多地体现为随着"一带一路"建设的有效推进，中美两国在基础设施建设领域开展相应的合作。从中美关系发展的基本格局阐释，在特朗普执政后，中美关系的持续发展面临着某些不确定性，中美关系得以持续构建的基础仍然需要进一步加以明确。虽然特朗普政府退出《巴黎气候框架协定》，说明中美关系在全球治理领域的相关合作基础正在缩小。但借助"一带一路"建设的顺利实施，能够在基础设施建设领域进一步推进中美关系的持续发展，进而将基础设施建设打造为中美关系得以顺利发展的新基础。

其次，从"一带一路"建设与中美关系构建的共性出发，在涉及中美关系的战略博弈中，考虑进一步明确中美关系构建所涉及的中美合作进程应顾及相关共性的运用。依托基础设施建设等共性的合作，进一步推进更多的中美关系互动。按照"一带一路"建设相关设想，中美两国在基础设施建设领域的相关合作开展，诸如资金融通、技术交流等，能够为中美关系的持续构建提供必要的支持。

借助"一带一路"建设推进中美关系的构建，进而能够为"一带一路"建设国际多边安全合作提供更为有效的背景性支持。以中美关系得以顺利推进为背景，进一步实现中美关系的全面构建，这一构建进程进而能够为中美两国的安全合作尤其是军事安全合作提供相应的支持。从中美两国已有的军事安全合作进程看，随着"一带一路"建设在安全领域的持续推进，可以考虑进一步引导中美军事安全合作对接"一带一路"建设国际多边安全合作的相关进程。

最后，需要落实的是，在中美关系的持续构建得以推进的同时，应注重在“一带一路”建设国际多边安全合作中，推进中美安全领域的相关合作。在中美军事关系的持续发展中，从已有的成果看，随着中美军事安全的持续发展，能够实现对于“一带一路”建设国际多边安全合作得以持续推进的积极助力。

比如，南海地区的安全形势与中美军事安全合作密切相关，同时，鉴于南海地区是海上丝绸之路的重要战略区域之一，因而在南海地区推进“一带一路”国际安全合作进程时，可以考虑积极引导中美军事安全合作对接相应的国际安全合作进程。在有效维护南海地区航行安全、海洋灾害救助等领域，在推进中美军事安全合作的同时，可以将中美军事安全合作作为必要的助力发挥相应的作用。

总而言之，在“一带一路”建设国际多边安全合作的持续推进中，实现“一带一路”建设与中美关系的对接，以中美关系的持续构成为先导，进而有效落实在“一带一路”建设国际多边安全合作中中美关系所发挥的作用。更为具体的进程在于积极推进中美军事安全合作对接“一带一路”建设国际多边安全合作。鉴于“一带一路”建设所具有的开放性属性，有效运用这一属性能够在中美关系与“一带一路”建设、中美军事安全合作与“一带一路”建设国际多边安全合作之间构建至关重要的良性博弈，实现中美两国之间依托安全合作持续发展构建的双赢，也实现“一带一路”建设国际多边安全合作进程得以推进下的多赢。

以上述阐释为基础，结合中国在“一带一路”建设中发挥的现实性作用加以阐释——中国对于亚太地区安全事务的积极参与，与中国积极推进“一带一路”建设之间构成密切互动。进而，结合中国在亚太地区安全事务中所发挥作用越来越重要的趋势，明确向外部世界、国际社会展现中国通过对于亚太地区安全事务的积极参与，为进一步落实"一带一路"建设在"项目落地阶段"和"规范建构阶段"所具有的积极作用。

就此审视中国对亚太安全合作政策的基本主张,"作为亚太大家庭中的重要一员,中国深知自身和平发展与亚太未来息息相关,一直以来以促进亚太繁荣稳定为己任。中国愿同地区国家秉持合作共赢理念,扎实推进安全对话合作,共同维护亚太和平与稳定的良好局面"①,以及更为详尽的主张,可以明确了解中国对亚太地区安全合作的基本布局。

表 5-1　中国对亚太安全合作政策的基本主张内容概要

序号	内容
1	促进共同发展,夯实亚太和平稳定的经济基础。扩大经济利益融合是国家间关系的重要基础,实现共同发展是维护和平稳定的根本保障,是解决各类安全问题的"总钥匙"。 着眼于共同发展,中国提出并积极推动"一带一路"建设,倡议成立了亚洲基础设施投资银行和丝路基金。中国欢迎各国继续积极参与,实现互利共赢。
2	推进伙伴关系建设,筑牢亚太和平稳定的政治根基。亚太大国对维护地区和平与发展至关重要,应客观理性看待他方战略意图,抛弃冷战思维,相互尊重正当合理的利益关切,加强良性互动,合作应对地区挑战。中小国家没有必要也不应在大国之间选边站队。地区国家应共同努力,走"对话而不对抗,结伴而不结盟"的新路,共建互信、包容、合作、共赢的亚太伙伴关系。 中国提出构建以合作共赢为核心的新型国际关系,致力于同各国、各地区组织建立不同形式的伙伴关系。

---

① 《中国的亚太安全合作政策》白皮书(全文),国务院新闻办公室网站,http://www. scio. gov. cn/zfbps/32832/Document/1539907/1539907_ 1. htm,访问时间:2017 年 1 月 12 日。

② 《中国的亚太安全合作政策》白皮书(全文),国务院新闻办公室网站,http://www. scio. gov. cn/zfbps/32832/Document/1539907/1539907_1. htm,访问时间:2017 年 1 月 12 日。

序号	内容
3	完善现有地区多边机制,巩固亚太和平稳定的框架支撑。地区国家应坚持多边主义,反对单边主义,继续支持地区多边安全机制发展,推动相关机制密切协调配合,为增进相互理解与互信、扩大安全对话交流与合作发挥更大作用。 中国致力于推进地区安全机制建设,同有关国家共同发起成立上海合作组织和六方会谈,搭建香山论坛平台,建立中国—东盟执法安全合作部长级对话机制、筹建澜沧江—湄公河综合执法安全合作中心,积极支持亚洲相互协作与信任措施会议加强能力和机制建设,参与东盟主导的多边安全对话合作机制。
4	推动规则建设,完善亚太和平稳定的制度保障。国家之间和平相处需要秉持法治精神,遵守以《联合国宪章》宗旨和原则为基础的国际关系准则,以普遍接受、公正合理的规则为保障。国际和地区规则应由各国共商共建共享,不能由哪一个国家说了算,不能把个别国家的规则当作"国际规则",更不能允许个别国家打着所谓"法治"的幌子侵犯别国合法权益。 中国是国际法治和地区规则秩序的坚定维护者和积极建设者。
5	密切军事交流合作,增强亚太和平稳定的保障力量。 中国武装力量是国际安全合作的倡导者、推动者和参与者,坚持和平共处五项原则,全方位开展对外军事交往,发展不结盟、不对抗、不针对第三方的军事合作关系,推动建立公平有效的集体安全机制和军事互信机制。中国坚持在相互尊重、平等互利、合作共赢的基础上,深化同各国军队的交流与合作,加强边境地区信任措施合作,推进海上安全对话与合作,参加联合国维和行动、国际反恐合作、护航和救灾行动,举行中外联演联训。
6	妥善处理分歧矛盾,维护亚太和平稳定的良好环境。亚太地区热点问题多为历史遗留。地区国家应秉持相互尊重、求同存异、和平共处的传统,通过直接谈判与协商妥善处理、和平解决争议问题,不能让老问题损害地区发展与合作,破坏国家间互信。 中国致力于维护南海和平稳定的基本方向不会改变,致力于同直接当事国通过友好协商谈判和平解决领土和海洋权益争议的政策主张也不会改变。中国积极推动朝核、阿富汗等地区热点问题和平解决,努力发挥负责任大国作用。

通过上述措施阐释，大致能够明确中国在亚太地区的安全政策主张，并基于上述政策主张，进一步阐述中国在亚太地区安全事务中的相关战略部署与实践，明确中国在亚太地区的基本主张等。从其中的基本内容阐释，中国的亚太安全政策包括经济、政治、多边合作、规则建设、军事与维护良好环境等诸多内容，这些内容的阐释明确了中国在亚太地区安全事务中的基本主张。从上述基本主张与中国积极推进"一带一路"建设的基本现实考虑，进一步明确中国在亚太地区

的安全合作与推进"一带一路"建设之间的相关关系：

中国的亚太安全合作政策的提出与阐释，为"一带一路"建设的相关安全合作提供了相应的政策范本与支持。随着中国推进"一带一路"建设的逐步深入与全面拓展，中国对于"一带一路"建设的推进需要构建在安全领域的相关合作，并为"一带一路"建设提供相应的安全保障，继而需要中国为"一带一路"建设落实必要的项目与规范——中国亚太地区安全政策可以提供相应的借鉴。同时，中国的亚太安全合作政策在具体实施中，也能够为"一带一路"建设提供实质性的支持，即中国在亚太地区安全事务中的相关主张的提出、落实，客观上有助于亚太地区良好国际安全环境的构建、有助于中国与更多的亚太地区国家开展相应的合作与协调等，这对于"一带一路"建设在亚太地区的落实与完善，具有相应的支持效应。

随着"一带一路"建设的提出与落实，尤其是在"项目落地阶段"和"规范建构阶段"，"一带一路"建设的推进相当程度上为落实中国在安全领域的相关主张提供了一定的依托。对于共同发展的推进、对于优化在国际区域治理与全球治理的相关进程中的安全合作与协调等，"一带一路"建设所具有的作用在于提供相应的背景性条件。

继而，结合"一带一路"建设国际多边合作的现实与趋势考虑，国际多边合作的提出与落实，国际多边合作视域下的"一带一路"建设更为有效地彰显出借助安全合作推进中国与"一带一路"沿线国家落实有效合作与协调，助力"一带一路"建设的顺利开展，并展现"人类命运共同体"的构建。这一构建进一步展现出中国与世界的关系发展的相关进程——国际多边合作需要多国之间的合作与协调，能够在相当程度上展现出"一带一路"建设框架下，中国积极推动国际多边合作作为"一带一路"建设的重要路径之一。

进一步结合"一带一路"建设中国推进国际关系良性互动的相关主张：国际多边合作作为当代国际关系互动的现实，这一现实因"一带一路"建设的不断发展而得以明确呈现。国际多边合作的推进，不仅在于自身的发展、优化，更为重要的是，对于进一步分析与评价积极推进"一带一路"建设的中国乃至中国与世界的关系的变化，提供必要的基础。同时，随着包括"一带一路"建设国际多边合作在内的国际多边合作在全球范围内的推进，及其对于全球治理积极作用的不断展现，表明中国与世界的关系，因"一带一路"建设国际多边合作的推进而得到进一步的显现与明确。

第三节　路径探索的现实——东半球国际关系互动中"一带一路"建设国际多边合作

对于未来"一带一路"建设的演变进程以及"一带一路"建设已然取得的效果进行分析，"一带一路"建设积极推进，相当程度上改善了包括亚欧大陆作为实施重点的整个东半球的国际关系互动进程。换言之，对于东半球国际关系互动的整体认知，对于理解"一带一路"建设积极推进的相关背景、现实与趋势具有重要意义。到21世纪初，东半球的国际关系互动已经在全球范围内的国际关系互动中占据主流地位，这不仅涉及东半球国际关系互动牵涉到所有的大国关系互动，无论是东半球内的大国关系博弈还是地理位置在西半球、对东半球国际关系互动具有重大甚或决定性作用的美国对于东半球大国博弈的参与，而且全球范围内的近乎所有的重特大国际事务都与东半球的国际关系互动密切相关。因此，对于东半球国际关系互动的厘定，大致考虑到"一带一路"建设在 2013～2017 年的"提出与落实阶段"已经取得的显著影响与从 2017 年国际合作高峰论坛后，进入"项目落地阶段"和"规范建构阶段"中"一带一路"建设推进的现实与发展的趋势等，"一带一路"建设的影响或辐射范围，已经从亚欧非大陆等"一带一路"建设沿线参与国家更为有效地拓展到整个东半球，其中亚欧大陆作为"一带一路"建设的实施重点，需要给予必要的关注。

一　东半球国际关系互动下的"一带一路"建设国际多边合作

选取东半球作为"一带一路"建设所相关的国际多边合作评估的对象，并不是取决于地缘层面的因素，更不是地缘政治的相关分析——势必需要强调的是，按照中国国家主席习近平的阐释，我们推进"一带一路"建设不会重复地缘博弈的老套路，而将开创合作共赢的新模式；不会形成破坏稳定的小集团，而将建设和谐共存的大家庭。[①]因而，对"一带一路"建设的基本理解，应遵循"合作共赢、和谐共存"的共同发展理念而非地缘博弈的固有逻辑。进而选取东半球的具体原因在于：依据"一带一路"建设的现实考虑，东半球尤其是亚欧大陆作为"一带一路"建设实施的重点地域，"一带一路"建设在这一区域的实施并以此为基础开展相应的评价具有相当典型性，这一典型性的核心在于通过共同发展实现共赢，这是其一。

其二，"一带一路"建设在"项目落地阶段"，有大量的项目将在东半球得以落实与推进。在 2013～2017 年的"一带一路"建设

---

① 《习近平在"一带一路"国际合作高峰论坛开幕式上的演讲》，新华网，http://news. xinhuanet. com/politics/2017－05/14/c_1120969677. htm，访问时间：2017 年 5 月 14 日。

"提出与落实阶段"，"一带一路"建设所涉及的"五通"项目中相当多数在东半球得以推进，从中国推进"五通"所涉及的五大战略通道①到中国与中东欧国家相关的"16＋1"框架对接"一带一路"建设，从中巴经济走廊到中国援建非洲的诸多基础设施项目，这些明确推动"五通"的项目在整个东半球国际关系互动中发挥着相当积极的作用。即从"一带一路"建设的既有现实考虑，东半球国际关系互动具有展现"一带一路"建设对于东半球影响的现实性。

其三，东半球国际关系演变中更为明确的现实在于"一带一路"建设的推进中已经展现出依托"一带一路"建设国际关系互动的积极进程。大致内容涉及，随着"一带一路"建设的推进，安全保障的积极落实构成与共同发展的密切互动，进而推进国际东半球区域治理的整体提升乃至国际关系互动的良性运作。因而，以东半球国际关系变化的视角分析"一带一路"建设及其相关的国际关系互动，具有相应的必要性。

继而明确东半球国际关系互动中，上述原因分析表明，"一带一路"建设的推进对于东半球国际关系互动的影响是客观与现实的。结合"一带一路"建设国际多边合作的现实考虑，国际多边合作能够为评估未来"一带一路"建设提供相应的评价体系：国际多边合作从多边参与的视角，阐释"一带一路"建设在东半球的整体布局与具体实践，并针对参与的有效性、可靠性提供相应的评估；通过国

---

① "一带一路"建设所涉及的五大战略通道为："一带一路"贯穿亚欧非大陆，一头是活跃的东亚经济圈，一头是发达的欧洲经济圈，中间广大腹地国家经济发展潜力巨大。丝绸之路经济带重点畅通中国经中亚、俄罗斯至欧洲（波罗的海）；中国经中亚、西亚至波斯湾、地中海；中国至东南亚、南亚、印度洋。21世纪海上丝绸之路重点方向是从中国沿海港口过南海到印度洋，延伸至欧洲；从中国沿海港口过南海到南太平洋。参见：《〈推动共建丝绸之路经济带和21世纪海上丝绸之路的愿景与行动〉发布》，中华人民共和国国家发展和改革委员会网站，http：//www.sdpc.gov.cn/gzdt/201503/t20150330_669162.html，访问时间：2015年8月26日。

际多边合作所具有的路径效应，对接"一带一路"建设的多边进程，进而结合相应的制度、机制建设提供必要的分析，诸如评价"中国—中东欧"银联体；通过国际多边合作的效果分析，进一步明确国际多边合作整体进程中，对于"一带一路"建设效果的整体评估、项目评估与规范化评估。上述评估得以推进的基础在于：对于东半球国家关系互动的整体分析以展开必要的评估，同时考虑以这一评估为基础，进一步深入评估在国际多边合作视域下东半球国际关系互动中的"一带一路"建设。

通观"一带一路"建设已经取得的成效，与"一带一路"建设在"项目落地阶段"和"规范建构阶段"所面临的现实与未来的趋势，"一带一路"建设倘若能够有效巩固其已经取得的成果，并进一步推进与提升"一带一路"建设的进程，需要明确考虑并积极落实对于"一带一路"建设的安全保障。通过历史经验、国际战略与世界经济等多重视角的考虑，"一带一路"建设所获得的成果、所积聚的财富需要建立相应的安全保障，这不仅在于保护"一带一路"建设的成果，而且在于对于"一带一路"建设的进一步推进。

进而结合"一带一路"建设的实施重点东半球以及东半球国际关系互动的现实，"一带一路"建设的推进，与东半球的国际关系互动之间所构成的关系在于："一带一路"建设的推进能够为东半球国际关系的持续演进以及推进更为合理的国际秩序提供支持。这不仅是因为"一带一路"建设所带来的共同发展，而且在于"一带一路"建设能够为东半球国际关系互动带来更为充分的活力。面向未来，"一带一路"建设的推进对于东半球国际关系互动所具有的影响在于：第一，"一带一路"建设为中国与更多的"一带一路"沿线国家，通过共同发展实现更为公平与合理的国际秩序构建。同时，通过"一带一路"建设的"项目落地"与"规范建构"，进一步实现以

"一带一路"建设助力更为公正与合理的国际秩序。第二，"一带一路"建设的推进，助力于在东半球国际关系的整体演变中积极应对从霸权主义、强权政治到恐怖主义等，并助力于有效解决东半球国际关系演变中所遭遇的种种困境。对于事关东半球国际关系为表象的国际区域治理，"一带一路"建设的推进对于治理的有效落实，提供了必要的支持。

结合"一带一路"建设国际多边合作在安全领域的积极布局与实践或者将其阐释为"一带一路"建设国际多边安全合作的相关进程，惠及全球的"一带一路"建设，随着更为具体的进程开展、项目实施，需要考虑安全领域的相关保障并采取相应的部署、行动。整体上审视"一带一路"建设的相关进程，安全领域"一带一路"建设的推进不仅被视为"一带一路"建设需要弥补、充实的短板，也是"一带一路"建设相关保障与动力得以构建的关键。进而，以中国推进"一带一路"建设国际多边安全合作为基础，进一步推进"一带一路"建设国际多边安全合作的落实。"一带一路"建设国际多边安全合作的实现，不仅涉及对于现有"一带一路"建设相关安全风险的防范、应对，而且与构建"一带一路"建设的安全保障与持续动力密切相关。依托"一带一路"建设的积极推进，进一步评估未来"一带一路"建设国际多边安全合作的相关影响与未来发展趋势。

"一带一路"建设，作为全球范围内的公共产品，其在安全领域的作为目前尚需明确。"一带一路"建设旨在推动中国与世界的共同发展，但这一进程的实现与安全领域的相关合作密切相关。"一带一路"建设国际多边安全合作的基本逻辑在于：对于"一带一路"建设的中国安全支持构建，作为开展"一带一路"国际安全合作的基础，以推进"一带一路"沿线国家构建更具普遍意义的安全协调与合作，实现更具有普遍意义的、有助于"一带一路"建设顺利实施的有效保障与动力构建。

对于中国，作为"一带一路"建设的首倡国，中国推进与提升"一带一路"建设，客观上需要建构、完善在安全领域对于"一带一路"建设的相关保障，这是开展"一带一路"建设国际多边安全合作的基础所在。积极保障"一带一路"建设顺利推进的国际安全合作，以有效协调更多的"一带一路"沿线国家。以"一带一路"建设国际多边安全合作为出发点，进一步全面构建、有效深化"一带一路"建设推进的基本动力。进而，实现中国与"一带一路"沿线国家之间开展相应的国际安全合作，同时，落实相应的国际安全合作还需要考虑相应的路径规划，涉及相应的制度与机制建设等诸多问题。

自2013年"一带一路"建设提出以来，"一带一路"建设的逐步推进与积极落实，取得了值得称赞的成就。到2017年"一带一路"国际合作高峰论坛后，随着更多的、更为庞大的"一带一路"建设相关的项目逐步实施，需要考虑对于作为国际公共产品的"一带一路"建设发挥积极作用。结合21世纪初乃至21世纪第二个十年的国际形势分析，这一公共产品的有效性需要考虑明确、落实与完善"一带一路"建设在安全领域的相关认知、部署与行动。继而，考虑在安全领域落实"一带一路"建设的相关认知、部署与行动，即推进"一带一路"建设国际多边安全合作的实现——依托"一带一路"建设积极落实的现实性进程中，中国与世界的多维互动，首先明确这一安全合作的背景与条件。

到21世纪第二个十年中后期，"一带一路"建设得以推进的国际背景出现了一系列更为显著的变化：国际安全形势的变化在承袭自2008年华尔街金融危机爆发以来、自2011年以来西亚北非持续动荡爆发，在经济与安全领域的诸多变化正在呈现为更为深刻、更为多元、更为多变的趋势。首先，全球范围内的国际安全形势仍然不容乐观，这不仅体现为在东半球西亚北非地区持续动荡的长期持续，而且在亚欧大陆内部从中东欧地区到乌克兰仍然存在着相当显著的困境；不仅面临着长期以来亚欧大陆内部的种种不稳定因素与正在持续的冲突，而且仍然存在着相当显著的危机等。西方世界内部的纷争仍然在持续，2016 年西方国家内部层出不穷的"黑天鹅事件"，往往存在着西方国家在国家治理中弊病丛生的内在必然。进而言之，这一必然背后所折射的是西方国家在国家治理进程中的混乱所彰显的国家发展路径中的种种问题。倘若 2008 年华尔街金融危机所彰显的是西方国家发展模式所存在的种种问题，那么到 2016 年频发的"黑天鹅事件"更多地彰显出这些问题的现实性持续爆发。较之冷战后纷争不断的亚洲、非洲与拉美，西方国家内部出现的一系列问题往往进一步明确了21 世纪第二个十年中后期全球安全形势并不乐观。其次，结合"一带一路"建设所面临的国际安全环境分析，"一带一路"建设迫切地需要在其项目落地阶段，为"一带一路"建设的相关项目提供必要的安全支持——保障与推动"一带一路"建设相关项目的顺利实施，包括为"一带一路"建设的具体相关项目提供保护，尤其重要的是军事保护。

对于东半球国际关系互动的整体分析在于，东半球的国际关系互动到 21 世纪初已经逐渐展露出影响整个世界的相关进程，在东半球尤其是在亚欧大陆的国际关系博弈中，不仅涉及亚欧大陆与在东半球国际事务中发挥重要作用的美国之间存在着多种多样的国际关系复合博弈，自 2011 年以来西亚北非地区的持续动荡，已经在影响着整个东半球甚或全球范围内的国际关系互动——从持续不断的武装冲突到难民危机再到席卷欧美的恐怖主义袭击事件，东半球国际关系的互动在安全领域呈现更为多变与复杂的态势。而且也涉及包括亚欧大陆乃至非洲、大洋洲在内的国际关系互动中，"一带一路"建设的推进相当程度上展示出东半球的国际关系互动所具有的重要影响。进而言之，随着"一带一路"建设在"项目落地阶段"与"规范建构阶段"的不断推进，东半球国际关系互动中"一带一路"建设所发挥的作用也将得以提升。随着未来"一带一路"建设的推进，在东半球国际关系的互动中，"一带一路"建设所发挥的作用将随之得以展现。

首先，从东半球国际关系互动的整体进程演变评估"一带一路"建设得以推进的现实出发，进一步考虑到在推动共同发展尤其是"五通"的落实的同时，也考虑到"一带一路"建设在安全领域的积极推进并构建相应的安全协调与合作体系等以落实"一带一路"建设的安全保障。通过"一带一路"建设的推进，逐步建立健全"一带一路"的相关制度、机制，能够更为有效地促进"一带一路"建设的全面推进。

结合"一带一路"建设所推进的现实成效考虑，随着"一带一路"建设得以推进，与"一带一路"建设密切相关的国际关系互动也将得以优化，尤其是在东半球国际关系的互动。这一优化的表现在于：借助"一带一路"建设的落实，东半球国际关系的互动进一步呈现为民主化、协调化的趋势，即进一步强化"一带一路"建设相关的共同发展与安全保障为基础，整体上推进东半球国际关系的良性运转。其原因在于，一方面，"一带一路"建设的推进直接助力"一带一路"建设相关的经济发展以及社会稳定等。这为东半球国际关系的良性运作奠定了有利的条件；另一方面，"一带一路"建设安全保障的充实，对于进一步优化"一带一路"建设的推进，提供必不可少的动力，进而助力有效提升东半球国际关系良性运作。

　　表面上看，也许这一局面的阐释相对空泛，但是结合东半球国际关系演变的现实考虑，这一局面的出现与演变，是基于"一带一路"建设的客观现实与演变趋势。从新航路开辟以来的历史演变看，东半球国际关系演变长期存在着西方霸权的主导局面将随着"一带一路"建设的推进而得以开启终结的进程；"一带一路"建设所带来的共同发展与安全保障能够为东半球的发展提供更加公正合理的国际秩序。在国际关系史与西方国际关系理论的演变中，基于现实尤其是国家实力的秩序厘定、创设，构成国际秩序的形成、发展的现实所在。"一带一路"建设所实现的共同发展与安全保障，为更加公正合理的国际秩序得以形成提供了相当可靠的基础。同时，根据中国国际关系理论的解读看，和平发展的实现与中国和平发展的红利通过"一带一路"建设而助力更加公正合理的国际秩序构建、实现国际关系民主化。继而言之，对于"一带一路"建设国际多边合作相关的安全保障构建，大致明确为：在国际多边合作的相关进程中，创设与融入"一带一路"建设国际多边合作的相关布局与实践——安全领域的积极推进并构建相应的安全协调与合作体系等，涉及为"一带一路"建设提供更具有现实性的安全保障。同时，基于这一安全保障，还需要涉及"一带一路"建设国际多边合作具体建议评估所具有的导向性作用方面，即在"一带一路"建设中落实相应的安全导向建构，结合具体建议阐释，未来"一带一路"建设安全导向的构建，是对于"一带一路"建设在"项目落地阶段"和"规范建构阶段"的有效充实，符合对于"人类命运共同体"的积极构建。同时，进一步结合"一带一路"建设国际多边合作具体建议评估所具有的支撑性作用方面，安全领域的物质保障与制度保障，意味着未来"一带一路"建设获得相应的持续性的可靠动力。比如，从"中巴经济走廊"到中国在吉布提设置的海军基地等，能够为中国积极贯彻与有效落实对于"一带一路"建设安全保障提供相应的支持。这些支持不仅涉及对于"一带一路"建设相关贸易通道所给予的战略性保障，而且能够将相应的战略性保障作为推进"一带一路"建设国际关系博弈优化的关键所在。即中国能够向"一带一路"沿线国家、向包括美国在内的诸多大国表明，中国能够为"一带一路"建设提供相应的保障。

此外，在"一带一路"建设国际多边合作具体建议评估所具有的先验性作用方面，借助国际多边合作的实现，能够确保在中国积极推进"一带一路"建设中，中国以及"一带一路"建设相关参与国家能够有效应对各种安全风险。比如，针对三股势力的有效威慑，客观上能够保障"一带一路"建设在中亚地区的全面推进。从"一带一路"建设的客观现实看，"一带一路"建设的积极落实，可以视为"一带一路"建设客观发展的现实成效所在。从这一客观现实出发，进一步实现对更加公正合理的国际秩序塑造、更为民主化的国际关系建构，不仅客观存在而且具有良好的前景。

其次，从东半球的重特大国际事务评估"一带一路"建设，进而考虑到作为重特大国际事务的"一带一路"建设，对于东半球国际关系形势与相应格局的影响。通过"一带一路"建设的推进，渐趋实现对于东半球国际关系形势与格局的积极改变。其中，更为具体的表现在于随着"一带一路"建设的推进，更加公平与合理的国际经济秩序、政治秩序的确立发展，助力于东半球内部的国际关系互动优化，也助力于东半球相关国家之间关系逐步落实、充实以互利共赢为基础的共同发展。

结合东半球的重特大国际事务演变分析，"一带一路"建设能够更为有效地对其他重特大国际事务构成影响。其中，最为显著的影响在于，随着"一带一路"建设的推进与发展，共同发展与安全保障的落实，能够直接推进东半球和平与发展的落实与优化。比如，在南海问题的应对中，南海问题的持续演变与南海沿岸国家参与"一带一路"建设之间构成一定的相关性。这一相关性在于借助"一带一路"建设在南海地区的推进，助力于南海地区参与"一带一路"建设的各国实现共同发展。因此，在对于南海问题的通盘治理与考量中，应考虑落实"一带一路"建设的推进，主导整个南海地区的国际关系积极演变并真正意义上推动以发展作为南海地区国际关系互动的主题。与之密切相关的是，所谓发展成为南海地区国际关系的主题，"互联互通"等在南海地区真正意义上得以落实，可以有效弥合由南海岛礁争端所带来的诸多纷争与困境。从而实现南海地区的有效国际区域治理为前提，进一步推进在诸如南海问题等重特大国际事务中，依托"一带一路"建设，落实国际关系良性互动的实现。

此外，作为重特大国际事务的"一带一路"建设能够实现相当有效的文明交融与交流。通盘考虑"一带一路"建设的全面实施与国际区域治理的良性运转之间的互动，这一互动的持续在中长期相当显著的成就之一在于，随着"一带一路"建设所推动的共同发展，不同文明之间的交流与合作也随之得以呈现。从更为具体的文明交流现实考虑，伴随"一带一路"建设推进，涉及不同文明诸如儒家文明、伊斯兰文明、基督教文明、佛教文明等实现更为融洽的互动与交流。进而言之，不同文明之间的交流实现的基础在于，"一带一路"建设所取得的积极成就——共同发展的实现为"一带一路"建设引导下的不同文明交流提供了相应的基础与条件。

再次，从东半球的大国关系博弈评估分析，在明确这一大国关系博弈涉及全球近乎所有大国积极参与的基础上，落实通过"一带一路"建设尤其是国际多边合作，推进大国关系博弈的良性互动、循环与提升。在整个东半球的大国博弈中，到21世纪第二个十年中后期乃至更为长远的时间，大国关系博弈的良性互动、循环与提升，相当程度上需要落实依靠"一带一路"建设的积极推进所带来的相关效应。

随着"一带一路"建设推进，尤其"一带一路"建设更多的项目得以落地与更多的"一带一路"建设相关项目规范得以实现，为依托"一带一路"建设而落实大国关系博弈的良性互动、循环与提升，提供必要的基础。之所以"一带一路"建设能够提供相应的基础，其关键在于：第一，在"一带一路"建设推进的客观现实中，无论是作为"一带一路"建设主导的中国，还是更多的大国对于"一带一路"建设的参与，大国关系的互动将从"一带一路"建设的整体进程中获得相应的收益。即"一带一路"建设引导下的大国关系良性互动，以"一带一路"建设所取得的物质成果、制度成果，有效助力大国关系良性互动的实现。第二，从大国关系互动自身的现实考虑，"一带一路"建设为大国关系良性互动实现带来相应的基础。回顾东半球21世纪初以来的大国关系互动，因互利互惠的缺失以及更为有效的制度保障等，大国关系整体互动中尽管具有相应的积极导向，但是在更为具体的现实博弈中大国间的矛盾与对立仍然客观存在。借助"一带一路"建设的推进，也许未必能够全面落实大国关系良性互动的彻底实现，但是"一带一路"建设尤其是"一带一路"建设国际多边合作的推进，能够有效引导大国关系良性互动的方向与具体进程。第三，大国关系良性互动的提升中，更为重要的现实性动力在于随着"一带一路"建设推进下的国际关系良性互动得以实现，其相关导向至少能够优先在东半球呈现出国际关系的良性互动，即围绕中俄关系、中美关系以及中欧关系等开展更为有效的互动。基于上述导向的推进，可以进一步借助优化"一带一路"建设国际多边合作，推进相应的国际全球治理实施。

最后，结合全球范围内东半球与西半球之间的互动分析，在21世纪第二个十年乃至更为长远的时间内，东西半球之间的战略性博弈更多地展示为，随着中国"一带一路"建设的推进，进而展现为"一带一路"建设所推动的国际战略博弈全面升级。这一博弈并不仅仅局限于东半球的战略博弈，而且也涉及中美、中欧、美欧、美俄在全球范围内的战略博弈，同时也涉及更为显著的多边国际战略博弈，包括中美欧的战略博弈等。

回顾历史，自门罗主义提出与第一次世界大战结束以来，甚或自第二次世界大战后，西半球的国际关系整体上由美国所主导并依附于"盎格鲁—撒克逊"治下的全球治理体系。同时，在包括东半球在内的全球治理体系影响下，通过跨大西洋体系、北大西洋公约组织等相关国际制度的安排下，实现东半球与西半球的有效互动。这一互动的基础在于：西方主导下的全球治理对于世界经济的影响自19世纪资本主义世界全球体系确立以来，这一影响呈现出明确的决定性。这一主导大致涉及西方国家主导下全球治理的整体运行，并依托这一运行进一步在第二次世界大战后展现为西半球尤其是美国为首主导下的全球治理。

西方主导下的全球治理在21世纪第二个十年因世界经济与国际安全等领域出现一系列的问题，尤其是治理失灵的局面不断凸显。西方主导下的全球治理体系在21世纪初乃至21世纪第二个十年遭遇的困境进一步加剧。特朗普执政后，从跨大西洋联盟内部出现的问题与西方国家的进一步分离，造成西方国家主导下的全球治理以及更进一步的国际区域治理能力呈现为显著的下降。

二　中国推进"一带一路"建设国际多边合作与东半球国际关系互动

从国家在国际关系互动中所发挥的作用分析，"一带一路"建设在安全领域的相关互动，需要考虑以国家参与作为主导，同时也考虑根据相关国际形势的变化，发挥诸多国际关系行为体的作用。对于"一带一路"建设的全面贯彻、落实与不断深化，安全领域相关保障需要中国发挥相应的角色作用——这一作用往往是基础性的。继而，进一步明确"一带一路"建设在具体落实进程中，中国所发挥的这一作用：从国家治理到内政外交互动再到对外政策等，结合"一带一路"建设相关的"五通"（设施联通、贸易畅通、资金融通、政策沟通与民心相通）为导向，在上述五个层面开展必要的部署与行动。

在国家治理运行层面，国家治理的相关部署，考虑在涉及"一带一路"建设的有效实施——需要结合在国家治理尤其是从国家战略布局到西部开发，从交通基础设施建设到中央与地方的关系协调等，都需要顾及在相关领域的积极作为。比如，在交通基础设施建设领域，对于可能出现的安全风险以及应对相应安全风险的需要，"一带一路"建设的相关落实，应考虑强化国内的重要交通设施建设，致力于对"一带一路"建设相关安全风险应对的服务。

进而，建立与优化包括沿海沿边地区所需要的高速铁路、高速公路与现代化港口等基础设施，能够在应对"一带一路"建设相关安全风险中提供必不可少的支持。比如，"一带一路"建设相关项目在海外遭遇风险，来自国内的协助与支持等，借助国内优良的基础设施能够发挥更为有效的作用。

在内政外交互动层面，考虑以内政为依托，进一步推进内政外交的积极互动——尤其是实现内政外交的积极互动与统一。结合涉及

"一带一路"建设的国家治理进程，内政外交的积极互动与统一更多地体现为在相关政府部门之间的协调与合作的积极实现。在安全领域，从目前涉及"一带一路"建设在政府部门的协调与合作阐释：涉及内政外交领域相关的国家发展和改革委员会、商务部、外交部、国防部、安全部、公安部、司法部等相关部门的合作；涉及建立与相关协调与合作密切相关的政府内协调机制，比如，在涉及"一带一路"建设的恐怖主义安全风险防范，涉及"一带一路"建设的具体项目落地阶段，需要确立相应的政府部门协调。包括相关的政府部门之间，确立相应的议题设置、职能整合等相关方面的合作等。其中，在境外反恐方面，涉及国防、外交以及安全等部门之间的密切协调，可以考虑建立专门性的协调委员会加以实现。同时，借助外交、司法以及媒体等方面的协调，为相关境外反恐的合法性、合理性等确立相应的法理依据、提供相应的政策性依据以及合理宣传等。

在对外政策实施层面，中国外交对于"一带一路"建设的积极配合具有相当的必要性。结合 2013 年"一带一路"建设提出后，"一带一路"建设在外交领域得到的积极支持分析，随着未来"一带一路"建设得以明确落地，来自外交领域的相关支持必不可少。对此，需要明确的是，外交领域的支持不可能仅仅局限于外交部门，而是涉及更多的外交、外事部门对于"一带一路"建设的积极支持等。

比如在亚欧大陆，中国外交的相关布局需要在整体上呈现为对"一带一路"建设的积极配合。其中在布局上，应考虑实施包括自东北亚地区、东南亚地区到中亚、中东和西亚，再到欧洲的全面部署——与"一带一路"建设具体项目的积极配合，包括基础设施建设、贸易交往推进、金融融资建设、政策协调与民心沟通相关的"五通"。在具体实施中，应考虑外交部门积极与包括国防、经济、商务、金融等相关部门的配合等。

进而结合在安全领域推进"一带一路"建设的具体发展趋势以及相关案例阐释，中国在构建"一带一路"建设国际多边安全合作中的基础性作用进一步体现为：作为"一带一路"建设首倡国的中国，应考虑对于"一带一路"建设在具体实施进程中，尤其是在2017年以后的项目落地阶段提供必要的安全支持。对于这一安全支持的定位，不仅需要依托中国在军事、外交等领域为"一带一路"建设提供不可或缺的保障，而且需要进一步考虑将在安全领域对于"一带一路"建设的相关保障落实为更为有效的动力。依托来自军事、外交、安全、经济等领域更具有综合性的措施，能够对于"一带一路"建设提供更具有现实性、支撑性的有效支持——进而推动"一带一路"建设得以更为全面且深入地落实。

　　作为惠及全球的公共产品，"一带一路"建设的相关部署，在安全领域的积极作用在于为"一带一路"建设提供相应的安全支持，助力"一带一路"建设得以真正意义上落实，并有效实现相应的风险预防、应对等。以"一带一路"建设在安全领域获得来自中国支持的意义加以进一步阐释：

　　第一，"一带一路"建设的中国安全支持，意在明确中国对于贯彻与落实"一带一路"建设的坚定决心，并向整个世界展示中国对于积极推进"一带一路"建设的积极努力。"一带一路"建设的推进，需要中国提供必要的努力，其中安全领域的努力具有核心作用。结合"一带一路"建设所面临的现实与未来的发展趋势，也结合"一带一路"建设可能面临的安全风险，倘若失去来自中国的支持，往往很难在真正意义上推进"一带一路"建设。第二，"一带一路"建设的中国安全支持，可以进一步引导更多的"一带一路"沿线国家、更多的大国认可中国的"一带一路"建设。进而言之，中国安全支持对于"一带一路"建设的落实，具有相应的示范效应——中国对"一带一路"建设的安全支持不断落实，向更多的"一带一路"沿线国家展现中国推进"一带一路"建设的积极布局与实践，进而推动更多的国家配合与支持"一带一路"建设。第三，结合"一带一路"建设自身的相关进程阐释，安全领域的相关支持至关重要。安全领域的相关支持具有基础性作用。安全领域的支持，能够有效保障"一带一路"建设相关项目的有效落实；同时，安全支持的持续推进，还可以进一步推动"一带一路"建设相关项目的有效落实。

从具体的案例看，对于依托"一带一路"建设的逐步推进为背景，中国与东南亚国家之间所开展的诸多合作与协调中，南海沿岸的各国能够在产业发展与聚集、整合与优化等诸多领域开展必要的合作，尤其是必要的航运业整合与发展，具有相当积极且重要的意义。对于南海国际航运的安全保障，包括应对海盗、航行自由、航行安全等问题，客观上需要包括中国在内的更多南海沿岸国家的积极参与。对于中国，"一带一路"建设的首倡国，应考虑为"一带一路"提出背景下南海地区的国际航运业提供相应的安全支持，包括为南海地区国际航运业在应对诸如上述问题方面提供必要的保障。一旦在南海相关海域邮轮、货轮等遭遇航行危险，应考虑由就近的中国海事、海军和空军派出必要的救援——这可以视为保障南海地区航运业发展的重要案例。

对于这一救援，应考虑运用在南海地区已经完成的西沙、南沙诸岛上的相关设施，包括为海警、海军相关船只、舰艇提供驻泊地，为海空军与海警等支援飞机提供机场等，能够对于落实南海航运业提供相当有效的保障。这一部署与行动构成中国对于"一带一路"建设落实背景下南海地区航运业有效运行的安全支持，进而为南海地区诸多国家的协同发展等提供必要的保障、构建相应的动力。同时考虑，在南海地区旅游资源的开发与有效运用中，安全领域的相关保障可以得到明确的彰显，构成南海旅游产业整合与发展的基础。进而可以考虑到，在"一带一路"建设得以有效推进的背景下，尤其是海上丝绸之路在东南亚地区的积极推进，南海旅游业的相关开发中涉及包括中国、越南、菲律宾等国家的旅游资源整合与协调——涉及相关的国际邮轮航线的运行等。包括中国的三亚、越南的岘港与芽庄、菲律宾的长滩等之间的国际邮轮航行。这些国际邮轮航行，可以考虑由中国提供相应的安全保障，这不仅能够有效助力"一带一路"建设在南海沿岸的积极落实，而且能够有效推动相关旅游产业建设的落实与发展。

从上述分析看，"一带一路"建设在落实进程中，安全领域由中国所提供的相关支持，事实上构成"一带一路"建设得以顺利推进的相关基础。这一基础性的作用，体现为作为"一带一路"首倡国的中国，能够为"一带一路"建设的顺利推进提供相当有效的保障与支持。从这一基础出发，进一步阐释对于"一带一路"建设在安全领域相关的国际协调与合作。对于"一带一路"建设国际多边安全合作的实现，应考虑在中国提供相应安全支持的基础上，进一步推进涉及"一带一路"建设国际多边安全合作与协调。

对此，结合"一带一路"建设国际多边合作的推进，为国际区域治理西方国家的"缺位"提供了相应的补充与充实。尤其是在"一带一路"建设"项目落地阶段"和"规范建构阶段"，围绕"一带一路"建设国际多边合作的开展，更多地实现借助"一带一路"建设的参与助力国际区域治理的实现，尤其是在经济发展与安全稳定方面。

比如，在中巴经济走廊的相关项目建设中，军事保护的实现尤其是通过相应的军事安全合作的实现，构成对于相关项目落实的有效安全保障。诸如中巴经济走廊建设中相关的交通基础设施建设，包括瓜达尔港建设、中巴经济走廊相关的公路等建设，通过中巴两国在安全领域开展富有成效的安全合作，为上述相关建设提供必要的安全保障。借助巴基斯坦军方提供的安全保障、借助中巴军事合作强化相应的军事安全保障等，进一步实现中巴两国在安全领域对接"一带一路"建设。结合当前中巴两国在安全领域对接"一带一路"建设相关进程，为中巴经济走廊提供必要安全保障的现实审视，中巴两国军事安全合作包括以下内容：中巴两国应对恐怖主义、宗教极端势力和民族分裂势力等三股势力的联合军事行动、军事情报与技术交流等。这些内容的推进，客观上有助于依托军事安全领域的国际合作，推进相应的"一带一路"建设进程。

结合"一带一路"建设的未来发展趋势与全球范围内国际安全形势的互动看，更为显著的现实在于——随着作为全球公共产品的"一带一路"建设得以实现，能够在根本上助力于全球范围内和平与发展的实现，从而能够有效改善国际安全形势的基本进程。继而，在可以预见的时间范围内，"一带一路"建设的顺利实施能够在亚欧大陆有效改善相应的安全状况。

亚欧大陆国际形势的变化，整体上仍未摆脱上述危机的持续影响。结合"一带一路"建设推进的现实进程关注："一带一路"建设在其至关重要的国际战略性区域——亚欧大陆的实施中，在中东地区和欧洲都面临着相应的安全风险，这些安全风险不仅涉及正在进行的大规模冲突、战争，而且也涉及经济、安全等诸多领域的潜在风险。对此，需要特别明确的是，"一带一路"建设国际多边安全合作，并不仅仅局限于传统安全领域与非传统安全领域的相关合作，也不仅仅局限于国家间安全合作的相关进程，而且也涉及包括军事安全、经济安全等综合安全的相关构成为主要内容，以构筑观念安全为基本导向的全面性安全部署与行动等。

在对"一带一路"建设的相关阐释中，中国国家主席习近平提出："一带一路"建设跨越不同地域、不同发展阶段、不同文明，是一个开放包容的合作平台，是各方共同打造的全球公共产品。它以亚欧大陆为重点，向所有志同道合的朋友开放，不排除、也不针对任何一方。① 根据这一阐释，大致明确"一带一路"建设本身具有相应的开放性——争取更多的国家积极参与"一带一路"建设。亚欧大陆是"一带一路"建设得以有效实施的关键性区域，这一区域聚集着"一带一路"建设整体布局中相当数量的积极响应"一带一路"建设的国家。同时，需要明确的是"一带一路"建设仍然面临着相当的安全风险，这些风险是对于当前国际安全形势的展现，因而，对于积极推进"一带一路"建设的中国，相关风险的应对需要采取更为积极的努力——建构"一带一路"建设的中国安全支持。

---

① 《习近平在"一带一路"国际合作高峰论坛圆桌峰会上的开幕辞》，新华网，http：//news. xinhuanet. com/politics/2017 - 05/15/c_ 1120976082. htm，访问时间：2017 年 5 月 15 日。

第六章 "一带一路"建设国际多边合作推进的建议

——基于中国与世界的关系

结合 21 世纪初以来中国与世界在互动中的相关现实考虑，中国对于国际事务的参与，正在实现从中国对诸多国际事务的参与角色，转变为"领导与参与兼具"的角色。进而，在依循"一带一路"建设国际多边合作的中国角色定位的基础上，进一步对中国与世界的关系加以明确阐释，以中国与世界的关系再确立作为认知"一带一路"建设国际多边合作的建议基础。"一带一路"建设的提出与落实，正是对应这一角色转换的相关进程。与这一进程密切相关的是，随着"一带一路"建设的推进，也随着中国政府对于"一带一路"建设的积极落实，中国与世界的关系的完善也将随之得以体现。这一体现的关键是，实现中国与世界的关系在战略层面的优化与结构层面的重组。

推进"一带一路"建设国际多边合作的建议阐述，需要考虑结合"一带一路"建设的现实案例，尤其是结合亚欧大陆作为"一带一路"建设的重点，结合其在东亚与中东欧的相关案例进行分析、论证。这一分析与论证，构成"一带一路"建设国际多边合作研究的微观视角。"一带一路"建设国际多边合作的理解与进一步分析，需要考虑到从国际区域治理到全球治理的宏观视角，结合"一带一路"建设与国际区域治理、"一带一路"建设与全球治理之间的关系对"一带一路"建设国际多边合作所具有的效用与影响加以明确。综合考量中国与世界的关系演变整体现实,进一步明确中国与世界关系的持续演变,并提供相应的分析与论证。进而明确,"一带一路"建设国际多边合作在中国与世界的关系定位、完善等相关进程中所发挥的积极且不可或缺的作用。

诚如前文所述,"一带一路"国际多边合作视域下的中国与世界的关系中相当明确的重点在于,"一带一路"建设的整体进程而非仅仅局限于"一带一路"建设的提出与落实,中国与世界的关系的演变带来了历史性的拐点;从这一拐点出发,中国与世界的关系的再确立与完善得以进一步明确并展开相应的探讨。国际多边合作,构成这一拐点具体的进程。依托这一拐点,落实中国与世界的关系的再确立,进而结合战略优化与结构重组等相关进程的落实,推进中国与世界的关系得以进一步完善。因而,整体审视"一带一路"建设国际多边合作的未来发展的具体建议,其中最为关键与核心的进程在于,从"一带一路"建设中中国具有的"领导与参与兼具"的角色定位考量,明确中国与世界的关系,继而明确相应的"一带一路"建设国际多边合作推进与完善中的战略优化与结构重组。战略优化与结构重组的意义,并不局限于"一带一路"建设引导下的共同发展,而是明确考虑到"人类命运共同体"构建的整体目标,进而落实相应的发展优化与升级。

第一节 中国与世界的关系再确立:传承于 "一带一路"建设的领导与参与兼具

中国与世界的关系的再确立大致涉及,到21世纪第二个十年中后期，随着中国渐趋接近世界舞台的中心，中国与世界的关系再确立大致呈现为：中国通过介入国际事务的诸多进程，在明确中国"领导与参与"角色的基础上，借助"一带一路"建设的推进进一步优化中国与世界的关系。所谓"领导与参与兼具"，主要表现为中国与世界的关系确立为：中国将进一步领导世界，同时中国也更为积极地参与世界事务，包括区域治理与全球治理等。治理推进的国际合作的实现，大致涉及有效推动包括"一带一路"建设在内的诸多进程，并积极致力于实现"人类命运共同体"。其中，"一带一路"建设作为"人类命运共同体"的重要组成部分发挥着不可或缺的重要作用，同时，国际多边合作既作为"一带一路"建设的路径又作为与"一带一路"建设构成积极互动的国际关系现实，也具有相应的积极作用。两种积极作用，进一步表现为在中国与世界的关系发展演变中"中国领导与参与世界事务"的落实进程。诚然，需要明确的是，中国与世界的关系再确立，并不意味着中国将颠覆现有的中国与世界的关系、将颠覆现有的世界秩序，而是依托"一带一路"建设的推进乃至"人类命运共同体"的构建，实现中国对于世界事务的有效参与与积极领导。这一参与的实现，是"一带一路"建设解读中国与世界的关系再确立的基础所在。

有别于"一带一路"建设提出之前中国对于世界事务的参与，旨在实现共同发展，进而落实"人类命运共同体"的"一带一路"建设，赋予中国与世界的关系再度确立的新进程。这一进程表现为，借助"一带一路"国际多边合作中的中国角色定位，在中国对于世界事务有效参与的进程中，中国需要实现与完善"领导与参与兼具"的角色定位。

一　"一带一路"建设解读中国与世界关系再确立的原因

中国与世界的关系再确立之所以表现为依托"一带一路"建设，

其原因在于:"一带一路"建设是中国与世界的关系在21世纪第二个十年得以进一步演变与推进的关键进程所在。这不仅涉及中国通过"一带一路"建设的推进,落实中国与世界的共同发展,彰显中国应有的国际责任;而且涉及通过中国与"一带一路"沿线国家之间的共同努力,为实现"人类命运共同体"的积极实践与不懈努力。通过这一原因阐释,能够将中国在"一带一路"建设中所明确的"领导与参与兼具"的角色定位,进一步衍伸为这一"领导与参与兼具"的角色定位对于中国与世界的关系具有的影响。从更深层次的原因理解,中国与世界关系的再确立不仅表现为"一带一路"建设的积极推进及其所取得的一系列成果,也不仅表现为"一带一路"建设所具有的"共同发展"的目标与"人类命运共同体"的导向,而且表现为"一带一路"建设相关的国际战略博弈的整体性变迁。这一变迁的进一步导向在于,"一带一路"建设国际多边合作所积极推动的"一带一路"建设,能够更为有效地助力国际战略博弈的优化。

这一变迁大致体现为,进入21世纪以来,在国际战略博弈中,西方国家的整体性战略强势已然出现某些不稳定,并且随着非西方国家的群体性崛起,西方国家无论在自身的发展成就、发展模式,还是在全球治理、区域治理等具体的国际事务中,其自新航路开辟以来所具有的主导性出现了一系列的问题。诚然这并不意味着在国际战略博弈的整体进程中西方国家在发展中的优势已经荡然无存,而是更多地在于西方国家在国际战略中的支配地位出现了一系列动摇、问题。对此,可以通过以下诸方面的案例加以评述,西方国家在国际战略博弈中的绝对支配地位已然难以持续。

在经济发展方面,西方国家资本主义性质的发展模式,在经过华尔街金融风暴后,其固有的弊端不断显现,也难以助力西方国家实现有效发展。尽管世界经济到 21 世纪第二个十年中后期已经有所恢复，但是西方国家在经济发展的制度层面所存在的问题，仍然难以得到有效解决。

在全球治理方面，西方国家推进的全球治理进程正在面临着严峻的"治理失灵"困境。到 21 世纪第二个十年，无论是在气候变化还是在世界经济发展等诸多领域，西方国家的战略影响较之 20 世纪末与 21 世纪第一个十年，已经难以同日而语。这一治理困境的持续，进一步造成西方国家在国际战略博弈中的作用渐趋衰减。

在地区安全事务方面，自 2011 年西亚北非地区出现持续动荡以来，西方国家对于地区安全事务的有效治理难以落实，相反却进一步造成在西亚北非地区的持续动荡。对比西方国家在科索沃战争、伊拉克战争甚或 2011 年的利比亚战争中的绝对支配性的影响，到 2018 年初春，叙利亚战争中俄罗斯与西方国家的持续对立已然说明，西方国家的管理与控制作用正在下降。

结合这一局面，"一带一路"建设的提出与有效落实以及"人类命运共同体"的导向，在相当程度上促进与提升了包括中国在内的诸多非西方国家在国际战略博弈中的作用。继而，根据中国在"一带一路"建设"项目落地阶段"和"规范建构阶段"的作用发挥，进而借助"一带一路"建设国际多边合作中的"领导与参与兼具"的角色定位，中国与世界的关系再确立的背景得以有效明确。即中国的发展与"一带一路"建设的推进，为世界的发展提供可靠的、有效的乃至必要的支持。

在"中国领导与参与世界事务"的落实进程中，需考虑借助"一带一路"建设推进的背景下，中国与世界的关系的演变中，"一带一路"建设国际多边合作具有的路径性作用。这一作用的发挥，需要考虑到中国与世界的关系的发展演变历程、现实与趋势，进而积极推动构建中国与世界的关系确立为"领导与参与兼具"的基本模式。中国与世界的关系的构建中,确立"领导与参与兼具"的基本模式,主要涉及以下内容:

首先,"一带一路"建设国际多边合作自身推进的进程中,中国具有的"领导与参与兼具"角色,构成国际多边合作的基本布局。中国与世界的关系构建中,"一带一路"建设国际多边合作,可视为"一带一路"建设作用发挥的关键性平台。更为重要的是,随着"一带一路"建设的积极推进,国际多边合作具有的重要性因"一带一路"建设"项目落地阶段""规范建构阶段"的客观需要而得以突出并需要进一步强化。

结合涉及"一带一路"建设国际多边合作具体现实考虑,在国际多边合作的落实进程中,有必要明确中国参与这一合作进程中"领导与参与兼具"的角色定位,以保障"一带一路"建设、"一带一路"建设国际多边合作的开展与实施。一方面,在相关项目中需要落实中国提供的优质化可行性方案,比如在中国与中东欧国家开展金融合作的进程中,其未来发展的相关趋势中需要落实"中国—中东欧银联体"运行,需要依靠中国具有的"领导与参与兼具"的角色构建。其中,所谓领导作用的发挥在于,通过中国的银行和其他金融机构等,为"中国—中东欧银联体"的相关运营提供必要的、可靠的支持,而非仅仅局限于提供资金,还需要考虑在"一带一路"建设的"规范建构阶段",提供相应的金融运行制度建构等领域的支持。所谓参与作用的发挥在于,中国作为"中国—中东欧银联体"的参与者,也需要进一步发挥相应的作用,在"中国—中东欧银联体"的具体运行中开展并落实中国与中东欧国家之间的有效协调等进程。在这一协调进程中,应考虑落实"中国—中东欧银联体"在具体实施中,中国与更多的中东欧国家开展有效的、机制性的对话与协商。

其次，"一带一路"建设国际多边合作自身提升与拓展的进程中，"领导与参与兼具"的角色构建，需要更多地顾及中国自身的发展状况、路径乃至整个国家的战略格局等。到 21 世纪第二个十年中后期，中国自身的发展状况呈现为更为积极的态势——中国的发展取得了举世瞩目的成就，持续四十年的改革开放为中国赢得了空前的国际地位与影响。在中国参与国际事务的整体进程中，这一局面推动了国际多边合作的路径性作用得以发挥，并在这一作用发挥的基础上，进一步推进中国与世界的关系的积极构建。

与之密切相关的是，即使在"一带一路"建设进入"项目落地阶段"与"规范建构阶段"，中国自身的发展仍然处于"大而不强、似强非强"的基本态势，中国拥有的战略资源、战略空间仍然相当有限，同时，中国自身的战略规划与落实等进程仍然需要进一步加以优化。因而，在中国与世界的关系得以进一步推进的过程中，"领导与参与兼具"的角色构建能够在发挥中国既有国际作用的同时，也可以推进中国在战略资源、战略空间领域的有限性的改善，可以优化中国自身的战略规划与落实等进程。但更有必要明确的是，即使中国在 21 世纪的发展从根本上改变了"大而不强、似强非强"的态势，在真正意义上实现中华民族伟大复兴的中国梦与有效推进"人类命运共同体"建设，中国与世界的关系演变中所确立的"领导与参与兼具"的角色建构仍然具有相应的可行性、可靠性。而且这更不意味着中国在成为社会主义强国后改变"领导与参与兼具"的角色，继而奉行类似西方大国的争霸与称霸。其原因在于，"领导与参与兼具"的角色所蕴含的内容不仅涉及中华文化所具有的谦逊与内敛，而且也涉及作为社会主义国家的中国，对于自身发展与人类发展的重视。更为重要的原因阐释在于——科学社会主义与国际共产主义运动在中国的推进下、"人类命运共同体"的构建不断落实中，需要作为社会主义强国的中国，在自身得到发展的同时，通过"领导与参与兼具"的角色构建，进一步推进"人类命运共同体"在全球范围内的积极发展。

再次，在"一带一路"建设国际多边合作与"一带一路"建设的相关关系互动的进程中，中国具有的"领导与参与兼具"角色定位与作用发挥，需要依托国际多边合作作为重要的行动基础与衍伸路径，将这一作用发挥得以展现。结合国际多边合作的现实，"领导与参与兼具"的角色定位在全球范围内国际关系互动中整体上体现为中国对于全球事务的积极作为——基于"人类命运共同体"建设的目标，推进中国与世界的共同发展。

结合"一带一路"建设的现实与趋势考虑，人类历史的发展中，中国与世界的关系在 21 世纪第二个十年呈现中国参与国际事务中"领导与参与兼具"的角色定位，为人类历史的发展开启了"人类命运共同体"的新篇章。继而，从"一带一路"建设国际多边合作的现实与趋势考虑，"领导与参与兼具"的角色定位对于有效落实"人类命运共同体"具有支持性作用。比如，在涉及"一带一路"建设的国际安全事务层面，中国发挥的"领导与参与兼具"的角色应考虑具体定位为：在有效发挥安全支持与协调的基础上，推进"一带一路"沿线各国落实对于"一带一路"建设安全事务的参与。面向未来，这一参与还可以进一步表现为安全事务相关的传统安全、非传统安全等诸多领域，考虑建构与完善相应的安全合作与协调制度。

其中，更为具体的安全合作与协调现实案例，可以考虑以"一带一路"沿线各主要通道的交通物流安全为例加以分析。不仅涉及在传统安全领域对于交通物流通道给予必要的保障，应对各种传统安全，包括强化危机管理的相关准备与制度构建等。而且也涉及非传统安全领域对于交通物流通道的重视，除了对三股势力的威胁加以应对，还需要进一步关注到包括自然灾害救助、打击跨国犯罪等。因而，参照 2014 年中国提出的亚洲安全观所涉及的共同安全、综合安全、合作安全与可持续安全的基本理念与设想，可以为进一步推进与提升"一带一路"建设交通物流安全领域的合作提供必要的安全合作框架。

复次，在"一带一路"建设国际多边合作与国际双边合作互动的进程中，国际多边合作所发挥的作用正在得到有效提升。同时需要明确的是，国际多边合作与国际双边合作在国际合作进程中的有效统一、充分协调正在得以不断体现、彰显。因而，对于"一带一路"国际多边合作的研究并不意味着展现国际多边合作与国际双边合作之间孰优孰劣，而是意在通过两者之间的对立统一，展现国际合作在"一带一路"建设中所具有的整体作用。

从更为显著的实施效果分析，无论对于"一带一路"建设已经完成的"提出与落实阶段"还是正在进行的"项目落地阶段"和"规范建构阶段"，国际合作作为"一带一路"建设的重要路径之一与作为"一带一路"建设实施密切相关的当代国际关系现实，其实施效果在于依托"一带一路"建设的推进，对于实现中国与"一带一路"沿线国家的共同发展提供助力。需要强调的是随着"一带一路"建设的推进，国际多边合作所发挥的作用更值得重视，尤其是"一带一路"建设在"项目落地阶段"和"规范建构阶段"需要对接国际多边合作的诸多进程，从东盟、非盟、阿盟、欧盟等在"一带一路"建设中发挥重要作用的国际组织到孟中印缅经济走廊建设与中国与中东欧"16＋1"框架等，相关进程的推进已然表现出"一带一路"建设国际多边合作所具有的重要意义。

结合"一带一路"建设的现实与趋势考虑，鉴于"一带一路"建设客观上需要依靠国际合作作为其实施的重要路径，因而对于国际合作在"一带一路"建设中的作用研究，需要落实为作为路径与当代国际关系的现实，进一步通过学理、政策等层面的论证，对"一带一路"建设"项目落地阶段"和"规范建构阶段"国际多边合作所发挥的作用给予相应的关注。

　　最后，在"一带一路"建设国际多边合作与中国对外战略的全面、有效对接的进程中，国际多边合作所发挥的作用同样值得关注。21世纪初，中国与世界的关系互动的现实，已经呈现出中国需要发挥不可或缺作用的局面。"一带一路"建设的提出与落实，以及"一带一路"建设与当代国际关系现实的不断互动已然表明，推进"一带一路"建设需要实现"一带一路"建设国际多边合作与中国对外战略的全面、有效对接。

　　通过这一对接，不仅为"一带一路"建设提供更为广泛的来自国家战略制定与实施层面的支持、补充，而且能够有效落实"一带一路"建设与中国对外战略的双向共赢。由于长期以来，中国对外战略从布局到实践，对于国际多边合作的重视程度并不高，往往更多的战略资源与精力都被用于国际双边合作等。因而，随着"一带一路"国际多边合作的推进，国际多边合作在中国对外战略中所发挥的作用正在通过相应的"一带一路"建设进程得以体现。这一体现的基础为，在推进"一带一路"建设国际多边合作的进程中，展现中国与世界的关系再确立的相关进程。

　　中国与世界的关系再确立的原因梳理进一步表明，从时代的变迁，尤其是非西方国家的群体性崛起与西方国家的相对衰落，以及冷战后国际战略领域的多元互动等阐释，中国与世界的关系再确立意味着人类历史正在迎来更为显著的变化。这一变化，意味着引领世界的发展潮流，将更多地呈现为以"人类命运共同体"的演变为导向，以中国与"一带一路"沿线国家的共同发展为主要内容，进而推进中国与世界的共同发展的全面进程与趋势。

中国与世界的关系再确立的原因分析表明，到 21 世纪第二个十年中后期，中国与世界的关系呈现出因中国渐趋临近世界舞台的中心，进而逐步凸显中国对于世界发展的现状与未来所具有的突出性作用。根据"一带一路"建设的现实与趋势，"一带一路"建设是对于中国与世界的关系得以再确立的一种释义。对于这一释义的解读，需要明确强调的是，"一带一路"建设的推进，是中国自身发展成就的表现，同时也是中国与"一带一路"沿线国家乃至整个世界实现共同发展的现实性路径。

二 中国与世界的关系再确立的意义

结合中国与世界的关系再确立的现实梳理，有必要强调的是，随着"一带一路"建设的逐步推进，尤其是"一带一路"建设国际多边合作的有效实施，中国与世界的关系再确立更多地表现为：以中国与世界的共同发展为基础，进而实现"人类命运共同体"的积极建设，这是对于这一关系再确立加以理解的基本出发点。进而言之，中国与世界的关系再确立，意味着现有国际战略博弈的格局出现一系列更为积极的变化：首先，这意味着更加公正合理的国际秩序，能够真正意义上保障"一带一路"建设引导下共同发展的实现。进而言之，这是对于现有国际秩序的优化，但并非彻底摒弃现有秩序。其次，从中国与世界的关系再确立出发，有效助力更为有效的全球治理的实现。这是当前全球性问题有效应对的关键所在。再次，鉴于中国与世界的关系再确立，从经济发展的现实到更为有效的规范（制度、机制、规则）的创立与运行等，都能够展现出基于共同发展的相关收益。最后，面临全球治理等相关领域的一系列问题，中国与世界的关系再确立，可以提供更多的路径选择与方法构建。

中国与世界的关系再确立的意义在于：中国与世界的关系在 21 世纪初，借助"一带一路"建设得以推进并通过"一带一路"建设国际多边合作的相关进程得以提升与拓展。"领导与参与兼具"的角色定位，将不仅促进"一带一路"建设的全面发展，也将为中国与世界的关系的演进提供相应的方向与指导：

这是对中国发展现实以及中国发展所取得成就的认可。自从 1949 年中华人民共和国成立、自 1978 年实施改革开放以来，中国所取得的成就不仅在于中国成为世界上第二大经济体与最大的社会主义国家，而且在于中国的发展能够有效地借助诸如"一带一路"建设等举措，进一步推进中国与世界的发展，并为人类的发展做出应有的贡献。

在中国与世界的关系的确立与发展中，"领导与参与兼具"的角色定位能够更为有效地释义中国发展与世界发展之间的密切互动。而且能够借助"领导与参与兼具"的角色定位，突出中国自身发展所取得成就的同时，将中国发展的成就惠及世界。以上述分析审视"一带一路"建设的提出与落实，"一带一路"建设的推进有助于更为有效地落实中国发展成就具有的世界意义。

这是当代国际关系演变的必然。进入 21 世纪后的全球范围内国际关系演变的进程说明，西方国家所呈现的持续衰落与非西方国家所呈现的群体性崛起，已然表明作为非西方国家中的典型——中国，需要在实现自身发展的同时，借助中国与世界的关系中"领导与参与兼具"的角色定位，展现作为非西方国家的中国在全球范围内国家关系演变中所具有的积极作用。

这一作用的发挥与演变并不直接意味着对于国际秩序的颠覆，相反借助中国与世界的关系定位，展现中国对于国际秩序的维护与保障。这一作用的发挥更多地展现为中国在"领导与参与兼具"的角色定位中对于当代国际关系良性互动的支持。

这是顺应人类历史发展的现实与潮流，并符合历史发展的现实。回顾人类的文明史，自汉唐以来，"中国领导世界"在相当漫长的历史演变中发挥着相当重要的作用，尤其以中华文明对于世界发展的积极引领。到 21 世纪初尤其是第二个十年，随着中华民族伟大复兴的不断推进以及中国在国际事务中所发挥的影响渐趋显现，人类历史发展的现实与潮流进一步展现出中国的发展对于世界的积极作用。

同时，随着人类历史发展，中国在人类历史中所具有的作用也将随着"领导与参与兼具"的角色定位得以展现。进而从更为具体的历史演变现实考虑，这一角色定位能够展现中国在推进国际区域治理与全球治理的进程中发挥相应的导向性作用，并推动这一作用的不断优化，进而落实中国与世界的共同发展，并为共同发展的实现与落实提供有效保障。

较之世界历史的演变进程，中国与世界的关系呈现的"领导与参与兼具"定位，较之人类历史上出现并仍然存在的霸权主义、强权政治存在着根本性的不同。这一根本性的不同在于：作为社会主义国家的中国，对于国际事务的参与并不是基于对全球霸权的争夺，相反，通过包括"一带一路"建设在内的诸多构建"人类命运共同体"的积极努力，展现中国对于世界、对于人类的贡献。

继而，从更为具体的经济发展与社会发展进程考虑，"一带一路"是发展中国家首次对世界经济社会发展提出的务实性倡议，核心是以新思维、新方式引领、主导世界经济社会发展的新进程、新路径。① 这一阐释直接说明了包括"一带一路"建设在内的中国对于国际事务参与的相关进程,意在推进世界经济社会发展、世界各国的共同发展而非控制世界。对比中国与世界的关系呈现的"领导与参与兼具"的角色定位,这一定位能够为进一步解读"一带一路"建设以及更为长远的"人类命运共同体"构建等,提供相应的阐释依据:中国将自身的发展定位为中国与世界共同发展的实现,进而作为推进世界发展的"中国方案"。因此,"一带一路"建设展示的核心理念在于发展而非以往的霸权。

回顾国际关系史的演变历程,霸权主义与强权政治所长期贯穿与影响下的大国博弈中,发展并不是大国博弈的主体,而是实现霸权争夺的路径。随之而来的是与国际关系史所密切相伴的战争与冲突,并造成一场又一场的空前浩劫。即使在西方国家主导下建立过一个又一个国际体系,进而制定相应的规则乃至维持与推进国际关系互动的秩序,仍然是对霸权与强权的种种依循。无论是威斯特伐利亚体系、维也纳体系、俾斯麦体系、凡尔赛—华盛顿体系或者雅尔塔体系,或者冷战后所呈现的"一超多强"的国际格局等,霸权与强权的本质相当程度上得到彰显并仍然维持着国际关系互动的恶性运作,尤其是构成对发展中国家发展的限制。

对比"一带一路"建设、"一带一路"建设国际多边合作的推进背景下的中国与世界的关系在 21 世纪初的"领导与参与兼具"的角色定位,国际多边合作的推进相当程度上是对主张实现全球共同发展的积极诠释。同时,基于这一诠释,通过"一带一路"建设的具体

---

① 王灵桂:《"一带一路":理论构建与实现路径》,中国社会科学出版社,2017,引言,第 2 页。

实施，在真正意义上有效推动"人类命运共同体"的构建，以落实中国与世界的关系的应有之义。继而明确，中国与世界的关系的定位与发展不仅彰显出中国对于世界的发展所具有的责任以及中国作为负责任大国对于世界发展发挥至关重要的作用，而且也是中国对于人类发展作出的积极贡献。对此，这一贡献应当给予相当的肯定，这是旨在推动世界发展与"人类命运共同体"构建的积极努力，而非人类历史上固有的霸权与强权。换言之，通过包括"一带一路"建设在内的诸多积极努力，进而落实"人类命运共同体"是在中国与世界的关系定位中彰显的中国对于人类的贡献。

从人类历史发展的演变历程与潮流分析，人类历史上的霸权争夺，尤其是在西方国际关系理论中所时常涉及的霸权稳定论、永久和平论等相关理论，将执掌全球的霸权国家与崛起国家之间的关系更多地诠释为对立与对抗。或者说，在近现代国际关系史上，大国兴衰往往伴随着更多的战争与冲突。

即使从并未出现大规模战争的冷战后全球国际关系演变进程分析，尽管并未出现类似第二次世界大战的全球范围内的大规模战争，但是，国际安全领域的相关风险并未减少。在"一带一路"建设的提出与不断落实中，涉及"一带一路"建设国际多边安全合作得以有效推进，很可能成为改变"人类历史大国兴衰所带来大规模冲突与战争"的这一逻辑——通过"一带一路"建设塑造全球共同发展的现实与趋势，进而助力"人类命运共同体"构建。换言之，较之过往大国兴衰所带来的冲突与战争，旨在推动中国与各国共同发展的"一带一路"建设所造就国际安全合作的是人类历史发展的新模式、新路径与新契机。理解其中新模式的关键在于："一带一路"建设带来的大国兴衰的内容变迁，和平发展的实现取代了冲突与战争；新路径的关键在于："一带一路"建设是推进人类历史发展的新路径，与人类历史发展的曲折前进的历史规律密切相关，但新路径在于强调发展的重要作用与意义；新契机的关键在于：中国和平发展的实现，为世界和平发展的实现带来契机，"一带一路"建设是这一契机的现实性表现。

进而对于"一带一路"建设国际多边合作趋势的阐释，以上述论证作为出发点，进一步结合"一带一路"建设的推进对于现代国际关系的影响加以明确。从国际关系演变进程与趋势看，"一带一路"建设的推进，是对于现有国际关系互动模式的积极塑造：较之国内外某些研究所涉及的"一带一路"建设与马歇尔计划的对比，"一带一路"建设与美国所提出的21世纪新丝绸之路的对比，"一带一路"建设的相关理念更多地注重共同发展理念引导下的合作与协调，并提供更具有实质性的项目规划与实践、更具有可靠性的规范设计与落实。同时，从2013年"一带一路"建设提出以来的实施效果阐释，"一带一路"建设的不断落实能够助力于有效化解全球范围内的国际纷争与冲突，并实现国际关系良性互动。从当前与未来发展的现实、趋势分析，这一局面的持续与深化，源自"一带一路"建设国际多边合作的积极作用。依循上述分析，中国在21世纪第二个十年所提出并得以不断贯彻的"一带一路"建设更为显著地体现为：

第一，"一带一路"建设的本质属性之一在于推进中国与各国的共同发展并积极致力于"人类命运共同体"的构建。从"人类命运共同体"构建的现实与趋势考虑，"一带一路"建设构成"人类命运共同体"构建的关键路径所在。对于中国提出的"人类命运共同体"，中国国家主席习近平的阐释为：让和平的薪火代代相传，让发展的动力源源不断，让文明的光芒熠熠生辉，是各国人民的期待，也是我们这一代政治家应有的担当。中国方案是：构建人类命运共同体，实现共赢共享。① 继而，从人类命运共同体的构建出发，"一带一路"建设的落实，是对于人类命运共同体的积极实践。

结合"人类命运共同体"构建的现实与趋势阐释，"人类命运共同体"的打造需要借助"一带一路"建设的落实得以实现。"一带一路"建设的落实，尤其是相关国际合作与协调所带来相应保障的实现与落实，能够在相当程度上推进"人类命运共同体"的积极构建。其中，"共赢共享"的实现在于，依托"一带一路"建设的推进，尤其是对于全球范围内和平与发展的积极推进，客观上构成实现"人类命运共同体"的关键基础所在。

第二，"一带一路"建设所明确的是中国应有的国际责任。时至21世纪第二个十年中后期，在更具有普遍意义的全球治理层面，中国发挥的作用在于，借助包括"一带一路"建设国际多边合作在内的诸多路径，实现更为积极地推进全球治理的有效开展。中国将积极参与全球治理体系建设，努力为完善全球治理贡献中国智慧，同世界各国人民一道，推动国际秩序和全球治理体系朝着更加公正合理方向发展。② 进而明确，在中国对于全球治理的积极参与中，"一带一路"建设国际多边合作构成其中的关键内容。

借助"一带一路"建设国际多边合作的落实，中国在全球治理进程中所发挥的作用将会进一步提升。这不仅在于中国将借助"一带一路"建设推进全球治理得以更为有效的实施，而且能够借助"一带一路"建设更为有效地促进全球治理朝着更为积极的方向发展。继而从"一带一路"建设国际多边合作的现实与趋势考虑，"一

---

① 习近平：《共同构建人类命运共同体——在联合国日内瓦总部的演讲》，人民网，http://politics.people.com.cn/n1/2017/0119/c1001 - 29033860.html。

② 习近平：《在庆祝中国共产党成立 95 周年大会上的讲话》，新华网，http://news.xinhuanet.com/politics/2016 - 07/01/c_ 1119150660.htm。

带一路"建设国际多边合作的开展，构成保障中国积极推进"一带一路"建设，进而助力中国参与全球治理的重要进程。

第三，"一带一路"建设所彰显的是符合人类历史发展规律的基本设想，具有鲜明的历史进步性。即从人类历史发展演变规律看，人类历史发展规律具有的进步性是客观的。"一带一路"建设，是对于人类历史发展进步的积极表现——借助"一带一路"建设实现所推进的共同发展，无论是和平与发展的积极体现，还是推动国际关系良性互动，都展现出对于"一带一路"建设对于人类历史发展的贡献所在。

结合人类历史发展的现实分析，旨在推动中国与"一带一路"沿线国家、与全球范围内更多的其他国家借助国际多边合作的进程，实现共同发展的"一带一路"建设，对于人类历史发展的贡献相当显著。比如，对于长期存在的不合理的国际政治与经济秩序的有效治理与改善，这将从根本上推动人类历史的发展与进步。

未来"一带一路"建设的现实性趋势演变中，最为关键的内容在于如何落实与进一步完善对于"一带一路"建设的相关安全保障。随着"一带一路"建设的积极推进，以国际安全合作为主要内容的安全保障，能够在相当程度上助力于"一带一路"建设的全面落实与不断完善。进而，结合未来"一带一路"建设相关的项目推动进程，无论是在"五通"领域的具体项目实施，还是"一带一路"建设的整体布局与实施，或是中国与"一带一路"建设沿线国家的积极互动中，"一带一路"建设国际多边合作在安全领域的积极推进或是"一带一路"建设国际多边安全合作，所具有的基础性、支撑性相关趋势也将随之得以凸显。

第一，从"一带一路"建设自身的视角阐释，推进"一带一路"建设国际多边安全合作的不断落实，能够在实质性的意义上助力

"一带一路"建设，因而"一带一路"建设国际多边安全合作的有效强化与充实，构成其未来发展趋势的基础所在。"一带一路"建设的顺利实施，需要依托国际安全合作的实现。换言之，强化与充实"一带一路"建设国际多边安全合作，能够有效保障"一带一路"建设相关项目的全面落实。"一带一路"建设的整体推进，在得到国际安全合作的相关保障与动力所带来的支持后，能够得以更为有效地落实。其中，现实性的表现在于，能够有效落实"一带一路"建设的安全红利惠及更多的"一带一路"建设相关参与国家。对于未来"一带一路"建设的安全红利，"一带一路"国际安全合作本身将作为相应的红利得以展现。这不仅涉及相应的国际安全保障，而且涉及构建更具有持续性的安全合作制度、机制等。

比如，对于"一带一路"建设落实至关重要的基础设施建设方面，"一带一路"建设国际多边安全合作的推进，能够对涉及"一带一路"的基础设施建设提供相应的保障。"一带一路"建设国际多边安全合作对于相应基础设施建设所提供的支持在于：为"一带一路"建设相关基础设施项目提供必要的安全保障，包括军事安全保障等——不仅可以为相关项目提供军事保障，抵御来自恐怖主义等的外部威胁，而且可以为这些基础设施项目提供必要的安全预警与防范机制等。一旦涉及相关项目的地域出现大规模动荡、冲突，"一带一路"建设国际多边安全合作的落实，能够提供必要的助力。更为长远的设想在于，对比2011年以来西亚北非地区持续的动荡所带来的冲击，未来"一带一路"建设国际多边安全合作在保护相关国家合法利益尤其是诸如实施撤侨行动的同时，还需要致力于通过国际安全合作制约相应的不稳定因素、在相应的冲突解决中发挥必要的作用。

第二，从全球治理的现实与趋势的视角阐释，推进"一带一路"建设国际多边安全合作，在安全领域客观上构成"一带一路"建设对全球治理推进的积极助力所在。较之全球治理在 21 世纪初以来的演变进程,"一带一路"建设的提出与落实,客观上为全球治理的推进提供了必要的支持:通过"一带一路"建设,不平等的国际政治经济秩序得以在一定程度上优化,国际关系良性互动的趋势也得以明确彰显。因而,有助于实现对于西方国家主导下全球治理正在呈现的"治理失灵"困境的有效应对。

更为重要的是,"一带一路"建设在相当程度上促进了不同文明之间的交流。"一带一路"建设并非简单的地缘政治逻辑,而是需要落实"一带一路"建设沿线的儒家文明、佛教文明、伊斯兰文明和基督教文明等的相互交流。这一交流的实现,需要依托相应的安全保障,尤其是落实不同文明之间的"求同存异"与共同发展。

第三,从构建"人类命运共同体"的发展趋势阐释,"一带一路"建设作为"人类命运共同体"的构建路径之一。这一路径得以落实,客观上诠释了"一带一路"建设对于"人类命运共同体"构建的积极助力所在。"一带一路"建设国际多边安全合作的推进,构成对于这一积极助力的有效保障。

同时,"一带一路"建设国际多边安全合作推进,对于全球范围内和平与发展的积极推进、对于构建"人类命运共同体"的作用同样值得关注。以"人类命运共同体"构建的宏观视角与"一带一路"建设的微观视角整体分析"一带一路"建设国际多边安全合作的相关趋势,大致明确"一带一路"建设未来发展相关建议的基本脉络与主张。

结合国际关系的现实考虑,"一带一路"建设未来发展相关建议更多地与中国对外战略的实施密切相关,到 21 世纪第二个十年中后期,"一带一路"建设展现的是中国与世界的关系的积极互动,并借助中国对外战略的实施加以逐步明确。需要首先明确"一带一路"

建设与中国对外战略的关系，并考虑以这一关系阐述为基础，论述"一带一路"建设推进中，中国与世界的关系演变中"领导与参与兼具"的具体体现。

"一带一路"建设作为中国对外战略的整体布局与具体实践重要且关键的组成部分之一，包括国际多边合作在内的诸多进程，尤其是当国际多边合作作为"一带一路"建设的重要实施路径发挥作用时，中国对外战略需要支持国际多边合作的推进，进而助力"一带一路"建设相关项目的落地执行以及相关的规范建构等。具体结合"一带一路"建设国际多边合作的现实考虑，以东北亚地区安全事务为例，21世纪第二个十年中后期的东北亚地区安全局势在朝鲜半岛等问题趋于紧张的同时，在大国关系博弈中也呈现出值得关注的局面，尤其是特朗普执政后鉴于美国"印太"战略的模糊以及中国对亚太地区安全事务的影响不断扩大等诸多因素的相互交织等，东北亚地区整体安全形势在呈现为机遇与挑战并存局面的同时，东北亚地区国际安全合作的相关趋势也渐趋明确。对此，结合中国推进亚太安全合作的背景等考虑，进一步落实"一带一路"国际多边合作可以在中国对外战略的推进中充分推进大国战略多边参与主导下的国际区域治理进程。

依托"一带一路"建设的推进与东北亚地区国际安全合作之间的互动，进一步明确中国对外战略与"一带一路"建设国际多边合作之间的关系梳理："一带一路"建设国际多边合作的持续推进与不断完善，为中国对外战略的实施提供了相应平台，进而也能够为东北亚地区国际安全合作的相关推进提供必要的支持。对照上述分析所涉及的"中国对外战略的推进中充分推进大国战略多边参与主导下的国际区域治理进程"，在东北亚地区安全事务的演变中，中国考虑借助"一带一路"建设的推进，尤其是与大国之间多边合作在实现对于地区安全局势有效维护的同时，推动相关合作的持续。

对此，基于"一带一路"建设国际多边合作的现实性进程与未来演变路径，中国在东北亚地区国际战略博弈中推进"一带一路"建设的相关设想大致体现为：以中国"一带一路"建设东北亚地区进程为依托，以中国积极推进中国与东北亚地区各国的共同发展为导向，全面优化涉及东北亚地区的国际战略博弈。这一优化进程具体体现为：首先，在东北亚地区区域经济发展层面，应优先考虑"双边＋多边"模式下的区域经济协调，将中国东部经济发展不仅仅局限于东北地区，与东北亚地区区域经济发展的进程进行有效对接。进而落实，以"一带一路"建设国际多边合作在东北亚地区有效推进的项目落地与规范建构，助力这一对接进程的实现。其次，在东北亚地区安全协调层面，应考虑在国际多边合作的框架下，有意配合国际多边安全合作并积极破除美国主导下的双边军事合作的负面影响。尤其不应单方面地设想以中国的战略让步促成美日、美韩等军事同盟的功能转化抑或动摇，而是需要建立更具有普遍性与有效性的军事保障基础上的多边安全合作。

继而，基于经济与安全领域的共同发展，应落实相应的国际多边合作为基础的区域协调，进而助力"一带一路"建设在中国的支持下，在东北亚地区得以有效落实与不断完善。通观中国积极推进"一带一路"建设在整个欧亚大陆的布局，国际多边合作的推进，不仅在东北亚地区而且在中东地区、欧洲地区（尤其是中东欧地区），具有相当重要的潜力。其原因在于：在上述地区的国际战略博弈而非地缘政治博弈中，多边领域的国际合作，在地区国际事务中占据相当重要的地位。继而，这也有助于"一带一路"建设国际多边合作的有效推进。

对于中国以及中国积极推进的"一带一路"建设，中国所发挥的"领导与参与兼具"的角色定位在安全领域的国际多边合作体现为：涉及"一带一路"建设的国际安全事务以及与之密切相关的国际安全合作，应考虑借助"领导与参与兼具"的角色定位，积极引领更多的"一带一路"沿线国家参与相应的安全合作，并通过中国的对外战略实施加以明确。在中国对外战略的整体布局与具体实践中，应考虑对于"一带一路"建设的积极推动，并通过"一带一路"建设国际多边合作的推进，落实中国与世界的关系所厘定的"领导与参与兼具"的进程。

进而结合"一带一路"国际多边合作的现实与趋势，"一带一路"建设国际多边合作作为中国与世界的关系持续演变的重要视角之一，借助对"一带一路"建设国际多边合作的推进，可以有效诠释中国与世界的关系演变的相关进程。其中，随着"一带一路"建设国际多边合作的推进与"一带一路"建设在"项目落地阶段"与"规范建构阶段"的推进，中国与世界的关系完善进程也随之得以体现。

从"领导与参与兼具"的角色定位出发，中国与世界的关系再确立，相当程度上意味着中国借助"一带一路"建设、"一带一路"建设国际多边合作的推进，实现对于共同发展与"人类命运共同体"的积极构建。基于"领导与参与兼具"的角色定位，中国与世界关系的再确立演变中，呈现为进一步落实中国与世界的关系完善。这一完善的进程的提出与落实，并非大而化之、"空中楼阁"式的说教，而是需要结合"一带一路"建设的具体进程，阐释构成"一带一路"建设国际多边合作进程未来发展的相关建议。

对于中国与世界的关系再确立的相关认知，除了上述分析，也应关注到中国与世界的关系再确立的相关表现。整体上看，这些表现呈现为中国与世界的关系完善的两个方面：一方面在于从中国自身的视角审视中国与世界的关系变化，这主要呈现为中国自身发展的战略优化；另一方面在于从世界的视角审视中国与世界的关系变化，这主要呈现为国际战略格局的结构重组。无论是战略优化，还是结构重组，其所呈现的原因在于，随着"一带一路"建设国际多边合作的推进，尤其是这一推进的路径演化，其所进一步呈现的是战略优化与结构重组。

第二节 中国与世界的关系完善：战略优化与结构重组

结合中国"一带一路"建设推进的客观现实，以中国对国际区域治理和全球治理的积极参与分析为基础作为案例，在进一步明确中国对国际区域治理参与的现实性与有效性的基础上，阐释中国与世界的关系得以完善的关键进程在于实现内政外交的战略优化，并真正意义上落实中国与世界的关系战略优化与结构重组。其中，中国与世界的关系得以完善的关键进程之一，也是中国与世界的关系得以完善的基础在于中国内政外交的互动，即通过"一带一路"建设得以实现相应的战略优化。同时，以战略优化作为基础，进一步推进中国与世界的关系实现真正意义上的结构重组。在上述进程中，国际多边合作具有的路径性作用不仅需要得以体现，而且需要实现进一步提升与改善。进而言之，"领导与参与兼具"的角色定位在有效展现中国在"一带一路"建设中所发挥作用的同时，也进一步向中国与世界的关系的演变提供了相应的支持。在中国与世界关系的定位中，中国政府明确表态：中国坚定维护联合国权威和地位，积极履行应尽的国际义务和责任，信守应对全球气候变化的承诺，积极推动共建"一带一路"，始终做世界和平的建设者、全球发展的贡献者、国际秩序的维护者。① 按照这一阐释，中国与世界的关系的演变应在依循这一阐释的基础上，进一步将“领导与参与兼具”的角色加以明确落实。

一 战略优化与结构重组的定位与理解

从“一带一路”建设未来发展趋势以及“领导与参与兼具”的角色定位出发，未来通过“一带一路”建设所呈现的中国与世界的关系完善，需要进一步依托“一带一路”建设国际多边合作加以明确。其中国际区域治理与全球治理整体进程中，战略优化与结构重组能够进一步明确中国与世界之间的关系完善的具体建议。

之所以选取国际区域治理作为中国与世界的关系的完善所呈现的建议领域，其原因为鉴于国际多边合作所具有的现实性、有效性，能够更为直观地展现借助国际区域治理的中国参与，彰显“一带一路”建设在实现战略优化与结构重组中的积极效应。之所以选取全球治理作为中国与世界的关系的完善所呈现的建议领域，其原因在于国际多边合作的发展到 21 世纪初乃至更为长远的时间范围内，“人类命运共同体”的构建，已经成为普惠全球的共识。

整体上审视中国政府倡导与实施的“一带一路”建设，需要明确：“一带一路”建设是中国内政外交得以有效地整合的关键范式之一。从“一带一路”建设的具体部署阐释，“一带一路”建设是推动中国国内统筹协调发展的重要路径所在，即推动中国边疆与内地、沿海与沿边地区开展更为有效的统筹协调，以实现中国国内治理所涉及区域事务的整合与升级，以此进一步为“一带一路”建设的落实筑牢根基。进而言之，中国涉及边疆与内地、沿海与沿边地区的区域协

---

① 《国家主席习近平发表二〇一八年新年贺词》，新华网，http：//www.xinhuanet.com/politics/2017－12/31/c_1122192418.htm，访问时间：2018 年 1 月 2 日。

同发展得以实现，促使"一带一路"建设具备持续的发展动力。

国际区域治理进程中，中国推进的"一带一路"建设所发挥的积极作用，可以为进一步明确在更为广泛的全球治理中中国发挥作用提供相应的支持。需要明确强调的是，中国积极推动"一带一路"建设，可以视为中国积极参与全球治理的重要组成部分：这不仅源自"一带一路"建设在"项目落地阶段"和"规范建构阶段"展现为面向全球的相关进程，而且需要进一步落实为通过国际多边合作的不断落实所彰显的中国与世界的关系演变中，"一带一路"建设已经在全球治理中发挥着相当积极的作用。即通过"一带一路"建设所不断推进的中国与"一带一路"沿线国家共同发展，构成对于全球治理的积极助力。

结合国际多边合作进程在全球治理中所展现的中国作用分析，以2016年二十国集团（G20）"杭州峰会"为例，这次峰会为中国积极参与全球治理整体进程提供了良好的案例。依据习近平主席的相关表述：在这次峰会上，我们首次全面阐释我国的全球经济治理观，首次把创新作为核心成果，首次把发展议题置于全球宏观政策协调的突出位置，首次形成全球多边投资规则框架，首次发布气候变化问题主席声明，首次把绿色金融列入二十国集团议程，在二十国集团发展史上留下了深刻的中国印记。① 这一阐释表明中国对于全球治理的积极参与，更为重要的展现为中国对全球治理的积极引导，进而能够展现中国对于世界经济的积极贡献。中国的全球积极治理观的阐释，创新与发展等理念的体现，意在有效明确中国与世界的关系完善所具有的核心理念。进而，对于二十国集团事务的积极参与，还需要进一步明确

① 习近平：《加强合作推动全球治理体系变革 共同促进人类和平与发展崇高事业》，新华网，http://news.xinhuanet.com/politics/2016 - 09/28/c_ 1119641652.htm，访问时间：2016年9月30日。

中国的相关主张。其中，中国全球治理观的提出，构成中国对于全球治理的积极贡献。上述分析表明，中国对全球治理的积极参与是对中国积极参与国际事务的有效诠释。进而，中国参与全球治理所明确的是，中国与世界的关系的积极构建。中国将自身的和平发展的红利，以中国对全球治理的积极参与的进程惠及世界，从而实现中国与世界的关系的积极构建。

无论是国际区域治理还是全球治理，国际多边合作的进程已然占据了相应的主导性地位——这是 21 世纪第二个十年中后期全球范围内国际关系互动的现实所在。借助国际多边合作的相关部署与实践，在有效推进中国"一带一路"建设相关举措的同时，能够为中国积极参与全球治理提供相应的支持与保障，以助力于中国与世界的关系的积极演变。中国与世界的关系的演变中，随着国际多边合作的不断推进，进一步展现为完善中国与世界的关系的相关进程——战略优化与结构重组的实现。

战略优化的定位与表现在于，以中国参与国际多边合作进而助力全球治理为起点，中国对世界事务的参与，即中国对外战略的布局与实施呈现为更为显著的提升与拓展。与这一提升与拓展所密切相关的是，中国对于国际事务的参与中，借助"一带一路"建设国际多边合作的未来趋势演变，加以明确中国对外战略所具有的地位与作用。

"一带一路"建设的有效落实与不断推进，支撑中国在国际区域治理中发挥积极作用。从战略优化的层面分析，中国与世界关系的战略优化体现为从战略实施与战略互动层面所呈现的优化局面。其基础在于对战略优化定位的双重理解：第一，中国与世界的关系完善的基础性理解为从中国自身的国家发展、对外交往等视角的战略阐释，中国国内治理即国家治理体系和治理能力现代化进程推进所带来的战略优化。进一步考虑到中国与世界的关系发展基础，这一优化进程为中国自身的发展与更为有效地实现对外交往，提供了相应的支持与助力等。第二，中国与世界的关系完善的拓展性理解在于从中国对外交往的现实考虑，中国对外战略从制定到实施再到评价等进程的全面优化。这一优化进程的落实，考虑到中国与世界关系的具体实践，战略优化进一步表现为对于相应的战略布局与实践提供必要的支持等。

通过上述对于战略优化的理解阐释，中国与世界的关系完善在战略优化层面的具体表现为依循"一带一路"建设尤其是"一带一路"建设国际多边合作的相关进程得以落实。继而结合"一带一路"建设的具体实施，进一步明确在中国与世界的关系互动进程中，落实战略优化的具体相关现实。

"一带一路"建设意在为中国与包括周边国家在内的"一带一路"沿线国家乃至更为广泛的其他国家，开展更为有效的协调与合作提供必不可少的参与与互动平台。通过这一平台所发挥的作用，促进中国更为有效地参与国际事务，尤其是参与国际区域治理进程——这一进程往往需借助国际多边合作的落实得以实现。具体而言，从中国内政外交领域的有效整合阐释，中国在推动自身与"一带一路"沿线国家关系积极互动的相关进程中，中国的布局更为明确地展示为以相应的整体性部署作为中国与"一带一路"沿线国家之间关系在国际多边合作的进程中实现有效指导。比如在中国周边外交得以积极开展的背景下，中巴经济走廊等相关进程的积极推进，直接展现出中国对于国际区域治理的积极作为。

依据上述分析，对照中国与世界的关系完善所带来的战略优化，这一优化在中国与周边国家之间借助"一带一路"建设的互动中，其所能够展现的是基于中国国家治理层面的战略优化与中国对外战略优化的共同作为与有效协调。进而，以相应的战略优化落实中国与世界的关系完善。这一完善进程在"一带一路"建设的推进中，进一步体现为：第一，中国与"一带一路"沿线国家之间落实更为有效的战略协调与合作，进而为"一带一路"建设的项目落地与规范建构提供明确的保障；第二，中国与"一带一路"沿线国家之间落实更为可靠的战略支持，尤其是针对"一带一路"建设当前与未来可能面临各种风险的准备与应对。结合"一带一路"国际多边合作的具体进程，这一战略优化的具体表现内容为以下三方面：

第一，"一带一路"建设国际多边合作本身可以被视为国家间战略优化的具体表现之一。围绕"一带一路"建设"项目落地阶段"和"规范建构阶段"的具体进程，"一带一路"建设国际多边合作的推进主要表现为中国与更多的"一带一路"沿线国家在相关的项目，包括基础设施建设、经济金融合作等"五通"领域，开展国家间的必要协调，进而落实相应的协调优化以助力战略优化的实现。

从"一带一路"建设国际多边合作的现实与趋势考虑，国际多边合作所需求的战略优化，客观上构成推进与优化国际多边合作自身发展的动力与根源。比如前文论证中所涉及的诸多经济走廊建设等，构成战略优化的基础。这一基础进一步表现为，在参与"一带一路"建设国际多边合作的相关国家间，确立必要的战略合作共识并加以有效落实。

第二，"一带一路"建设国际多边合作可以进一步对接"一带一路"建设"项目落地阶段"和"规范建构阶段"的具体进程。无论是在相关项目的具体执行还是在相关规范的制定与运行中，国际多边合作所发挥的平台协调作用需要加以重视并给予相应的完善。比如，针对"一带一路"建设的诸多经济走廊建设，需要考虑在项目执行与规范实施层面的多国合作。既可以建立专门的管理机构比如委员会等，也可以推进可以作为规范的法律法规建设。

未来随着"一带一路"国际多边合作的推进，这一战略优化进一步表现为从政府到企业再到媒体与公众，对于"一带一路"建设的全方面参与。这一参与在对接上述进程的基础的同时，可以视为"一带一路"建设国际多边合作推进的具体布局与实践。

第三，"一带一路"建设国际多边合作的推进，可以有效对接全球治理与国际区域治理的相关进程与具体议题。比如，针对东南亚地区的区域协调发展问题，依托"一带一路"国际多边合作的推进，可以将上述问题以及相关议题纳入其中，进而推进"一带一路"建设国际多边合作的全面实施。

在落实"一带一路"建设国际多边合作在东南亚地区的具体实施中，需要考虑推进中国与东南亚国家建立健全多边合作协调机制并设置相应的规范给予保障。"一带一路"建设国际多边合作的推进，有助于进一步推进涉及区域协调发展问题的有效解决。再如，"一带一路"建设国际多边合作的推进，可以有效应对当前全球治理与国际区域治理相关进程中的具体问题。比如，面对"一带一路"建设沿线的三股势力的威胁，"一带一路"建设国际多边合作的推进，可以更为有效地落实"一带一路"沿线国家的共同发展。在经济发展的同时，也可以给予相应的安全保障，进而实现对于三股势力的遏制乃至最终根除。

结合"一带一路"建设的整体布局，中国与世界的关系的演变不仅取决于"一带一路"建设自身的演变，尤其中国在"一带一路"建设的未来发展中所具有的"领导与参与兼具"的角色以及相应的角色发挥。"一带一路"建设不能也不应被视为中国的战略，而是致力于中国与世界共同发展的主张。同时，在"一带一路"建设的发展中，中国与世界的关系的变化以及中国所具有的积极作用发挥，需要考虑相应的以中国的全球战略优化为依托，借助"一带一路"建设的推进，实现中国与世界的关系变化的良性运行。由此可以明确，

"一带一路"建设不能视为中国的战略举措，却也需要依托中国的全球战略，其背后的深层含义在于，这是"一带一路"建设所面临的复杂国际环境也是国际战略博弈自身的复杂性使然。

结构重组的定位与表现在于，借助中国与世界的关系的持续演变，中国对外战略实施所面临的全球范围内国际战略博弈将随之实现相应的结构重组。这一结构重组的进程主要表现为：

从结构重组的整体表象分析，结构重组主要体现为从国际区域治理到全球治理的相关战略结构进一步出现调整与升级。这一结构重组的指向在于优化"一带一路"建设国际多边合作的基本进程相关的国际战略结构，不仅要有效遏制霸权主义、强权政治的影响，而且要有效借助国际关系良性互动的现实与趋势，推进"人类命运共同体"的构建。

通过结构重组的具体表现分析，这一结构重组还涉及全球范围内国际格局的改变与优化。这一改变与优化不仅意味着临近世界舞台中心的中国能够在"一带一路"建设以及"一带一路"建设国际多边合作中发挥更为重要乃至决定性的作用，而且也意味着随着"一带一路"建设的推进，中国与世界关系的持续演变中，中国发挥的作用也将得到进一步提升，进而推进共同发展乃至"人类命运共同体"的构建。

结合对于结构重组的通盘考虑，除了国际战略博弈层面的相关变化，基于国际战略学的相关考虑，还需要关注到结构重组在中国国内的相关部署与实践。这一部署与实践大致体现为，从中国国际战略实施的国内基础阐释，包括中国自 2017 年中国共产党十九大后所开启的新征程以及在国家战略实施领域更为显著的国家治理体系和治理能力现代化的进程中，结构重组展现的现实与趋势。

首先，结构重组意味着对于良好的国家治理能力与治理体系的构建，包括有效的政策制定与执行能力、公共事务治理能力、区域管理与治理能力等，以及与之相对应的政策与行政的效果评价能力等。良好的国家治理能力和治理体系的构建，还涉及各级政府之间相关关系的统筹协调，并健全相应的机制。

与"一带一路"建设密切相关的是，随着"一带一路"建设的"项目落地阶段"和"规范建构阶段"的推进，尤其是更多项目的推进，需要中国国内治理提供必不可少的支持。这种支持迫切地体现为，将中央政府与地方政府、地方政府之间以及更为广泛的内地与沿海沿边地区的政府间关系，建立健全相对有效的协调与合作；同时，这一支持也体现为更为有效地运用相关项目相关的物质资源与制度创设、运行等。

其次，结构重组意味着更为有效的国家层面战略统筹与优化以及能力的提升等。这一统筹主要涉及中央与地方、地方与地方以及存在不同职能但却密切相关的政府部门之间开展更为有效的协调与合作，落实更为有效的治理能力构建。以此为基础，进一步明确国家层面的战略统筹与优化，进而落实相应的能力提升。

结合"一带一路"建设的国内效用阐释，中国国内的发展，在"一带一路"建设的积极引导下，已经展现出中央与地方、内地与沿海沿边地区以及政府部门之间的有效协调与合作，并进一步实现对于国家治理能力和治理体系打造的落实、优化。有必要明确的是，中国自身国家治理能力和治理体系的推进与实现，能够进一步向国际社会表明中国推进"一带一路"建设的决心与能力。

最后，结构重组也涉及包括国家治理的规范化构建，尤其是法治的不断实现与落实优化等。这一规范化构建更多地涉及对于国家治理提供相应的保障。这种保障主要包括制度与机制的创设与运行，确立对于国家治理的积极支持。同时，通过相应的支持构建对于国家治理的积极保障。

结合"一带一路"建设的现实与趋势考虑，"一带一路"建设的推进中，事关国家治理的规范化建构，能够为"一带一路"建设的推进提供良好的制度性保障。这一制度性保障除了为"一带一路"建设提供相应的支持，也能够向国际社会表明中国对于推进"一带一路"建设所落实的制度保障。结构重组同样也与中国自身的国家发展所取得的成果密切相关。到21世纪第二个十年中后期，持续40年的改革开放（自1978年），在其攻坚期的国家治理结构性变化更多地展现出中国自身发展所具有的相关成效。这一成效，不仅仅意味着国家治理与治理体系的现有格局在改革开放的攻坚期呈现出更为全面与深入的变化，而且在于借助这一成效进一步建构与优化中国改革开放持续发展的动力并提供相应的制度性保障。

继而，结合"一带一路"建设国际多边合作的现实与趋势考虑，国际多边合作表现为进一步诠释结构重组的现实性进程。对于中国，有效地参与国际多边合作的基础在于中国自身的积极作为，包括对外战略的部署与实践等。同时，需要明确落实中国的积极作为，需要依托未来中国自身发展的结构重组以及在未来国际战略博弈中的结构重组。这两者构成中国与世界的关系在"一带一路"建设持续发展中的关键所在，并有助于明确中国对于中国与世界的关系定位与演进的积极作为。

二 战略优化与结构重组的案例研究

"一带一路"建设国际多边合作的未来发展趋势中，主要涉及两个层面的国际多边合作推进，即国际区域治理层面和全球治理层面，但在内容上，需要明确强调"一带一路"建设国际多边合作在"项目落地阶段"和"规范建构阶段"需要尤为突出地重视在安全领域的积极作为，这源自安全领域是当前与未来"一带一路"建设需要明确强化与重视的领域。在国际区域治理层面，"一带一路"建设国际多边合作主要涉及中国与诸多参与"一带一路"建设相关国家之间有效的现实性合作项目以及与之密切相关的规范建设。上述国际多边合作，主要涉及的内容包括：第一，建立健全中国与"一带一路"建设沿线国家，至少包括重点国家之间的政府间安全协调的现实，以及与之密切相关的机制。具体涉及包括中国与各国之间的中央政府，以及国防、外交与安全等政府部门之间的协调；具体的机制涉及年度内的对话与会议、政府磋商与联络机制等。

以上海合作组织等国际多边合作框架下已有的协调为例，在其未来的发展中，应考虑在对接"一带一路"建设国际多边合作的同时，实现以对接为基础的升级。比如，在上海合作组织框架下已经形成的成员国国防部门之间的合作以及相关的机制，可以考虑推动这一机制对接"一带一路"建设，并落实为对接"一带一路"建设国际多边合作，实现以上海合作组织服务"一带一路"建设。同时，需要向参与"一带一路"建设的上海合作组织成员国明确，"一带一路"建设为其国家经济发展、社会稳定乃至国家治理带来收益。因而，对于"一带一路"建设国际多边合作的建议分析，不应局限于经济层面或者安全层面而应基于治理层面的整体性分析与论证。

第二，在应对涉及"一带一路"建设的安全危机与潜在风险时，应明确行之有效的行动预案。其中，不仅要针对传统安全领域的各种安全危机与潜在风险，而且对于各种非传统安全领域的危机与潜在风险也需要提供相应的准备。进而，这些行动预案以及必要的现实部署，需要将相应的准备转化为相应的"一带一路"建设国际多边合作所具有的安全威慑。

与此密切相关的是，考虑将前文分析中所涉及的中国已有的旨在落实"一带一路"建设安全保障的相关进程，加以必要的升级与优化。对于能够在"一带一路"建设国际多边合作涉及的安全协调中发挥重要作用的中国海外军事基地，需要给予必要的重视。在强化其必要军事职能的同时，将这一强化与"一带一路"建设的客观安全需求进行对接，并在"一带一路"国际多边合作的现实性安全保障的具体落实中得以明确。比如，在未来海上丝绸之路的安全保障推进与优化中，中国海军的航母战斗群可以在发挥有效安全威慑的同时，作为中国与参与海上丝绸之路建设相关国家之间落实相应安全合作的重要物质支撑。同时，对于航母战斗群所发挥的作用也不应局限于安全层面，也需要将其与涉及"一带一路"建设国际多边合作的外交互动加以必要的关联。

第三，落实与优化已有的涉及"一带一路"建设国际多边合作在"一带一路"沿线参与国家政府间得以落实的同时，非政府部门层面涉及安全事务的合作与协调也需要在相应的领域得以开展。其中，主要涉及中国与"一带一路"沿线国家的智库、媒体以及相关社会团体之间的各种对话与合作。

结合中国社会科学院国家全球战略智库已有的、涉及"一带一路"建设相关国家的智库合作为例分析，中国社会科学院国家全球战略智库通过落实中国与"一带一路"沿线国家间智库交流的合作中，主要涉及开展定期与不定期的智库交流活动，包括共同学术研究、学术会议等。对于"一带一路"建设国际多边合作，智库的作用在于进一步为现有的合作提供智力支持；对于国际多边合作相关的安全保障，智库的作用在于为相应的安全合作得以顺利推进提供必要的智力产品等。

与之相类似的是，在媒体合作方面，应至少考虑两个统筹，第一个统筹在于，统筹中国与"一带一路"沿线国家之间建立涉及"一带一路"的媒体合作与协调,包括各国针对"一带一路"建设媒体报道的协调,建立健全积极宣传、正面阐释"一带一路"建设的话语体系。通过相应的话语体系,进一步推动"一带一路"沿线国家对于"一带一路"建设的理解与支持。这些理解与支持,不仅局限于社会层面的公众等对于"一带一路"建设的理解与支持,而且需要将上述理解与支持进一步加以拓展与深化为"一带一路"建设得以推进的关键所在。第二个统筹在于,统筹"一带一路"建设的媒体宣传中,应进一步考虑落实"一带一路"沿线国家的媒体与西方主流媒体之间的合作与协调。这一合作与协调的目的在于,有效应对西方主流媒体对于"一带一路"建设的负面报道等。

同时,进一步考虑将"一带一路"建设的整体实施与上述相应的现实性部署、实践进行必要的统一协调,以满足中国与世界的关系变化所呈现的现实与趋势。即随着中国在中国与世界的关系之间所具有的"领导与参与兼具"角色得以不断彰显,中国与世界的关系的变化中,中国需要借助"一带一路"建设所具有的积极作用。这一作用的发挥,更多地取决于在"一带一路"建设的"项目落地阶段"和"规范建构阶段"对于"一带一路"建设安全保障给予必要的支持与落实。

依托上述阐释,"一带一路"建设国际多边合作和中国与世界的关系之间构成的辩证逻辑在于,"一带一路"建设国际多边合作的持续发展,以及其积极助力"一带一路"建设,对于未来进一步推进中国与世界的关系展现了应有的助力与支持。中国与世界的关系的再确立与发展,为"一带一路"建设国际多边合作的推进提供了现实性的背景。因此,整体审视"一带一路"建设国际多边合作推进背景下的中国与世界的关系演变,战略优化与结构重组是对于这一关系演变的积极释义,并能够为中国推进"一带一路"建设提供明确的导向与相应的评价标准等。从这一逻辑出发，中国对于"一带一路"建设国际多边合作的积极推动、有效保障，表现为中国与世界的关系的演进中中国作用的发挥在于国际国内两个领域的双重推进与统筹，进而展现中国对于世界的重要作用与意义。

结合"一带一路"建设国际多边合作推进的现实与趋势，中国与中东欧国家的"16＋1"框架对接"一带一路"建设的相关进程，关于两者所共同推进的未来发展的建议可以被视为典型的案例。"一带一路"建设的推进，更多地涉及在国际多边合作的框架下，进一步开展"一带一路"建设的具体进程——这是"16＋1"框架得以有效落实的关键所在。根据"一带一路"建设落实背景下的"16＋1"多边合作进程分析，大致形成如下局面："16＋1"框架下的中国与中东欧国家合作以多边合作的模式得以落实。进而，开展务实且有效的多边关系互动，具体建议涉及：

第一，基于"16＋1"框架下的政府间合作与协调，这一合作与协调的主要内容可以进一步依托"一带一路"建设的具体落实得以推进。结合"一带一路"建设相关的"五通"中"政策沟通"的实现，这一进程主要涉及政府间合作与协调的落实、完善。"政策沟通"的具体内容包括：在国际多边合作的模式下，推进中国与中东欧各国在政策领域的沟通，包括在各自政府部门之间经贸合作、科技合作、司法合作、教育合作等内容。同时，依托相应的智库合作，为政府合作提供必要的智力支持等。更为重要的是，随着相关合作的不断加深，中国与中东欧国家之间可以在外交、国防与安全等领域，开展相应的合作，包括反恐合作、非传统安全合作等事务。

第二，基于"16＋1"框架下，推进中国与中东欧国家之间的企业合作、社会团体合作等。依托国际多边合作的框架，尤其是在经贸金融、交通基础设施建设等领域，推进中国与中东欧国家的相关关系的发展,可以有效助力与提升"16+1"框架的充实。比如,在经贸金融领域,中国与中东欧国家相关合作的开展,对于能够促使中国与中东欧国家共同受益的经贸合作、对于有效保障中国与中东欧国家共同发展收益的金融合作,能够直接推进中国与中东欧国家合作的具体化。在对第六次中国—中东欧领导人会晤的相关评价中,有分析提出:此次会晤恰逢中国与中东欧国家合作启动五周年,虽然近几年全球贸易低迷,但中国与中东欧16国的进出口贸易仍逆势上扬,双方贸易额已从2012年的521亿美元增至2016年的587亿美元,增长13%。从合作的广度与深度看,从基础设施到高端装备、从金融合作到相互投资,双方合作不断提速,年年都有新成果。[①] 这一评价展示的是中国与中东欧国家在经贸金融合作领域所取得的显著成就。这些成就为有效助力中国与中东欧国家的合作,提供了相当显著的基础,这不仅在于依托紧密的经贸金融合作提升中国与中东欧国家之间的积极互动,而且在于依托中国与中东欧国家关系的发展推进相应的互利互惠的实现。

同时,从社会团体等领域的相关合作阐释,促进中国与中东欧国家之间在文化交流等领域开展相应的合作。与"16+1"框架得以有效充实进程中得到充分重视与有效落实的经贸合作、具有广阔前景的金融合作相比,包括"民心相通""跨文化交流"等诸多主题在内的社会文化合作需要在"一带一路"建设的相关落实进程中得以明确。换言之,这一建议也可以阐释为在"16+1"框架得以充实的进程中,应顾及"一带一路"相关的"五通",作为有效的引导与方向,充分注重"一带一路"建设引导下的"政策沟通""设施联通""贸易畅通"已然得以落实的进程作为基础,并以拓展深化"资金融通"

---

① 《中国与中东欧深化经贸务实合作》,《经济参考报》2017年11月29日。

与"民心相通"尚需要有效发展的进程作为引导，整体上推进"16+1"框架得以在真正意义上的落实。将"16+1"框架落实为"一带一路"建设在整个中东欧地区的合作重点得以明确。

第三，基于"16+1"框架下的国际多边合作，需要重视更多的双边层面与多边层面的交流，进而形成"以多边引导双边，以双边促进多边"的趋向。即根据"16+1"框架推进的现实考虑，这一框架依循"一带一路"建设的推进本身，对于多边合作的推进并不意味着否认对于双边合作的注重。对于"16+1"框架的相关评述，并不仅仅局限于中国与中东欧国家在"16+1"框架下的具体合作，而且也可以涉及中国与部分中东欧国家之间的合作（比如中国与维谢格拉德集团等）、涉及中国与中东欧国家在双边层面的合作，因而"16+1"框架本身在作为多边合作以推进"一带一路"建设的同时，也涉及"16+1"框架下的双边合作，构成双边与多边之间有效的统一与协调。

"16+1"合作快速发展关键在于践行了"平等协商、互利互惠、开放包容、务实创新"的合作理念。① 这一合作理念的实现，其基础在于中国与中东欧国家之间所建立并得以不断完善的多边合作。这一合作不单涉及"16+1"框架下相关合作的顺利开展，也涉及将"16+1"的相关合作给予必要的优化与整合。进而，可以明确的是，随着"一带一路"建设的积极推进，"16+1"框架的积极充实，不仅能够助力中国与中东欧国家的合作，而且能够支持中东欧国家在欧洲事务、欧盟事务中发挥更为积极的作用，从而助力欧洲与欧盟的发展。

整体审视中国与欧洲、中国与中东欧国家之间涉及"一带一路"

---

① 《李克强出席第六次中国—中东欧国家领导人会晤》，中国一带一路网，https：//www.yidaiyilu.gov.cn/xwzx/xgcdt/36895.htm，访问时间：2017 年 11 月 26 日。

建设的相关合作、互动进程，大致形成"一带一路"建设推进下国际多边合作的基本格局："一带一路"建设的推进，为中欧关系整体发展下落实有效的国际多边合作提供了契机与基础；"一带一路"建设具体项目的推进，为中欧关系、中国与中东欧国家关系的落实与深化提供了动力与支持；"一带一路"建设的相关制度化、机制化建设，对于有效提升与优化中欧关系也提供了相应的支持。除了上述意见，对于"一带一路"建设推进背景下涉及中欧关系、中国与中东欧国家关系的多边国际合作框架还需考虑相应的辅助性措施：第一，发挥对外宣传所具有的积极作用，不仅助力正常的国家间关系交往，而且也涉及对接"民心相通"的进程；第二，发挥智库对于"一带一路"建设落实所具有的支撑性作用，尤其是国家高端智库的作用发挥，在积极配合国家外交工作开展的同时，也可以为具体的外交工作提供助力；第三，中东欧国家自身的问题、欧洲国家自身的问题是客观存在的，因而需要关注到在多边合作框架下的具体进程中可能出现的困境与危机，需要预置先手棋。

结合"一带一路"建设的具体进程阐释，整体审视中国与欧洲、中国与中东欧国家之间所存在的博弈，需要积极引导。需要中国在更为广泛的战略层面与更为具体的政策层面，落实相应的部署以对应上述分析所涉及的相关措施。中国与欧洲、中国与中东欧国家之间的多边合作，构成"一带一路"建设在"项目落地阶段"与"规范建构阶段"所开展有效国际关系互动的基础。随着这一基础的不断落实、强化，也随着涉及"一带一路"建设的国际多边合作得以有效推进，涉及中国与欧洲、中国与中东欧国家在共同推进"一带一路"建设领域的相关建议需要得以明确重视。

结　论

　　"一带一路"建设国际多边合作，是中国推进"一带一路"建设的组成部分，也是当前国际关系现实演变的关键进程，因此需要对其给予必要的重视并贯彻相应的实践。"一带一路"建设国际多边合作的有效实现，是中国对于"一带一路"建设得以顺利推进的重要举措之一。尤为突出与必要的是，在国际多边安全合作领域落实来自中国的安全支持，是对"一带一路"建设的积极保障与动力所在，也是当前与未来充实"一带一路"建设的关键所在。从全球范围内的大国与负责任大国的视角分析，"一带一路"建设的提出与有效落实，是中国国际责任得以履行与不断完善的重要体现。进而"一带一路"建设得以有效实施，是在全球范围内推进和平与发展进程的"中国方案"。

　　继而从全球事务中中国作用发挥的现实与趋势分析，"一带一路"建设的提出、落实以及不断完善，是中国在全球事务中发挥积极而富有领导性作用的关键基础。这一关键基础得以有效建构，并不能离开为之提供有效助力的安全支持。这是分析与研究"一带一路"建设的基于中国安全支持的国际安全合作所具有的基本出发点，也是

324

分析未来以安全领域"一带一路"建设，进一步充实"一带一路"建设整体发展、完善的基本出发点。

国际多边合作，作为"一带一路"建设推进重要且不可缺少的路径之一，不仅能够为"一带一路"建设的推进提供相当有效的助力，而且随着"一带一路"的全面拓展与有效深入，"一带一路"建设的全面推进相关的"项目落地阶段"与"规范建构阶段"都需要重视国际多边合作所发挥的作用。同时，作为一种相当普遍且具有重要影响进而涉及国际多边合作战略博弈的国际关系现实，国际多边合作所展现的影响与意义已经逐步超越其作为推进"一带一路"建设的路径所发挥的作用，进而需要从更为广泛的全球战略与国家战略视角得以明确国际多边合作具有的战略性作用。

"一带一路"建设是构建我国开放型经济新体系的顶层设计，是实现中华民族伟大复兴中国梦的重大举措，是中国为世界提供的一项充满东方智慧、实现共同繁荣发展的方案，是构建人类命运共同体的伟大探索和实践。[①]"一带一路"建设的推进，是中国对于人类发展的贡献，更是实现"人类命运共同体"的积极努力。在"一带一路"建设推进整体布局、具体实践以及相关进程中，"一带一路"建设国际多边合作所发挥的作用需要得以明确彰显——国际多边合作作为"一带一路"建设的路径之一，也作为当代国际关系互动的现实之一，其具有的这一双重属性为有效实现"一带一路"建设多边推进提供了相应的基础、前提。同时，结合"一带一路"建设国际多边合作的现实以及相关的建议考虑，"人类命运共同体"的构建，为"一带一路"建设国际多边合作的推进提供了相应的指引、方向。以

---

① 潘盛洲：《构建人类命运共同体的伟大探索和实践——深入学习贯彻习近平同志关于"一带一路"建设的重要思想》，《人民日报》2017年4月19日。

“人类命运共同体”为导向的“一带一路”建设中，国际多边合作的作用需要给予相应的关注与重视。“一带一路”建设国际多边合作的推进，不应仅仅视为“一带一路”建设的重要且关键的路径之一，更需要将国际多边合作进一步纳入中国与世界的关系构建的核心进程，并积极实现对“人类命运共同体”的积极支持、助力与保障。

从面向未来的中国内政外交的全面统筹、综合布局与具体实践考虑，“一带一路”建设国际多边合作的确立与推进，是对中国外交“要推动共建‘一带一路’，深化同各国的广泛合作，促进共同发展”“要积极参与全球治理和多边事务，维护中国人民利益和全人类共同利益”[①] 等内容的积极诠释，并从这一诠释出发，进一步明确中国外交的未来实施中，实现包括“一带一路”建设、全球治理与国际多边合作之间的全面协调与统一在于：以实现“人类命运共同体”为目标，进一步积极发挥“一带一路”建设等相关进程的积极效用。同时，结合中国外交尤其是中国特色大国外交的布局、实践与有效驱动背景，推进中国自身的发展、中国与世界的共同发展等，更为有效与积极地通过“一带一路”国际多边合作呈现出中国对于“一带一路”建设、对于全球治理乃至对于构建“人类命运共同体”具有不可忽视也不能忽视的重要意义。

---

① 《习近平接见2017年度驻外使节工作会议与会使节并发表重要讲话》，新华网，http：//www. xinhuanet. com/politics/leaders/2017 - 12/28/c_ 1122181743. htm，访问时间：2017 年12 月29 日。

图书在版编目（CIP）数据

"一带一路"：多边推进与务实建设／王灵桂，李
永强著. -- 北京：社会科学文献出版社，2018.10
（上海研究院智库报告系列）
ISBN 978 - 7 - 5201 - 3628 - 0

Ⅰ.①一…　Ⅱ.①王…　②李…　Ⅲ.①"一带一路"
-国际合作-研究-中国　Ⅳ.①F125

中国版本图书馆 CIP 数据核字（2018）第 227192 号

·上海研究院智库报告系列·

"一带一路"：多边推进与务实建设

著　　者／王灵桂　李永强

出 版 人／谢寿光
项目统筹／杨　雪
责任编辑／连凌云

出　　版／社会科学文献出版社·区域发展出版中心（010）59367143
　　　　　　地址：北京市北三环中路甲 29 号院华龙大厦　邮编：100029
　　　　　　网址：www. ssap. com. cn
发　　行／市场营销中心（010）59367081　59367018
印　　装／三河市龙林印务有限公司

规　　格／开　本：787mm × 1092mm　1/16
　　　　　　印　张：21　字　数：271 千字
版　　次／2018 年 10 月第 1 版　2018 年 10 月第 1 次印刷
书　　号／ISBN 978 - 7 - 5201 - 3628 - 0
定　　价／98.00 元

本书如有印装质量问题，请与读者服务中心（010 - 59367028）联系